U1070968

船用柴油机
结构与燃烧性能研究

张 建 唐文献 编著

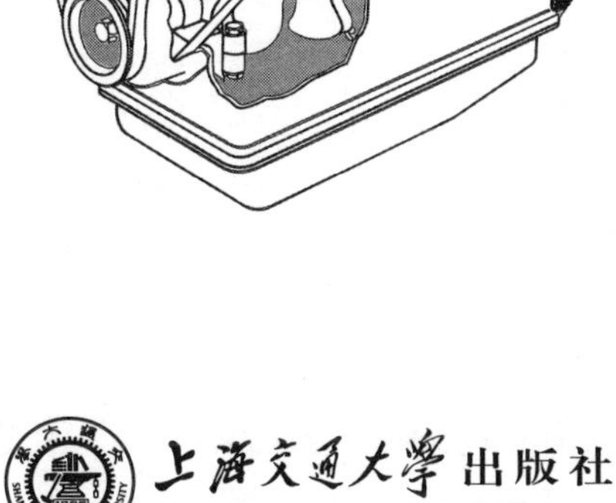

上海交通大學出版社
SHANGHAI JIAO TONG UNIVERSITY PRESS

内容提要

本书以船用柴油机为对象，系统地阐述了其运动部件动力学分析特性、典型结构强度特性和疲劳特性、活塞温度场特性、燃烧特性以及关键零部件典型加工工艺的研究分析方法和过程。

本书既可供从事船用柴油机设计的工程技术人员参考，也可供相关专业的研究人员及在校师生参考。

图书在版编目(CIP)数据

船用柴油机结构与燃烧性能研究 / 张建，唐文献编著. —上海：上海交通大学出版社，2016
ISBN 978-7-313-15384-5

Ⅰ. ①船… Ⅱ. ①张… ②唐… Ⅲ. ①船用柴油机—结构—研究②船用柴油机—燃烧性能—研究 Ⅳ. ①U664.121

中国版本图书馆 CIP 数据核字(2016)第 160581 号

船用柴油机结构与燃烧性能研究

编　　著：张　建　唐文献
出版发行：上海交通大学出版社　　地　　址：上海市番禺路 951 号
邮政编码：200030　　电　　话：021-64071208
出 版 人：韩建民
印　　制：上海宝山译文印刷厂　　经　　销：全国新华书店
开　　本：710 mm×1000 mm　1/16　　印　　张：17
字　　数：266 千字
版　　次：2016 年 7 月第 1 版　　印　　次：2016 年 7 月第 1 次印刷
书　　号：ISBN 978-7-313-15384-5/U
定　　价：49.00 元

前　言

船用柴油机因其热效率高、经济性好、容易启动、适应性强而广泛的运用于各种船舶、舰艇中，其已发展为民用船舶、中小舰艇和常规潜艇的主要动力装置。由于起步较晚，国内船用柴油机技术发展相对比较落后，虽然近年来国内加大柴油机技术的研究力度并引进国外先进技术，但总的来说国内柴油机技术与国外还有较大的差距。船用柴油机的结构和燃烧特性是柴油机技术里的关键部分，因此对船用柴油机的结构特性和燃烧特性进行研究具有很重要的意义。

本书是作者多年从事船用柴油机研究的成果总结，既可供从事船用柴油机设计的工程技术人员参考，也可供相关专业的研究人员及在校师生参考。全书共分为7章，第一章首先阐述了船用柴油机的结构组成和原理，然后详细地介绍了当前船用柴油机关键部件的研究现状；第二章阐述了船用柴油机动力学特性和分析方法；第三章阐述了船用柴油机的几种典型结构及其强度分析方法和分析过程；第四章着重阐述了船用柴油机典型结构的疲劳分析方法和分析过程；第五章阐述了船用柴油机活塞流固耦合分析方法和分析过程；第六章阐述了船用柴油机的燃烧性能分析方法和分析过程；第七章阐述了船用柴油机关键部件典型加工工艺的研究。

由于时间仓促，且作者水平有限，书中难免有遗漏之处，敬请各位同行和广大读者批评指正。

作　者

2015年7月

目　录

第一章　绪论 …… 1

1.1　背景与意义 …… 1

1.2　船用柴油机结构组成与工作原理 …… 3

1.2.1　船用二行程柴油机结构与工作工程 …… 4

1.2.2　船用四行程柴油机结构与工作过程 …… 5

1.3　船用柴油机关键部件性能研究进展 …… 6

1.3.1　柴油机机体研究现状 …… 6

1.3.2　柴油机曲轴研究现状 …… 7

1.3.3　柴油机连杆研究现状 …… 9

1.3.4　柴油机活塞研究现状 …… 10

1.3.5　柴油机燃烧特性研究现状 …… 12

第二章　船用柴油机运动部件的动力学特性 …… 15

2.1　动力学特性分析方法 …… 15

2.2　柴油机运动件动力学理论计算 …… 15

2.2.1　曲柄-连杆机构运动学 …… 15

2.2.2　曲柄-连杆机构动力学 …… 17

2.3　柴油机运动件多体动力学计算 …… 20

2.3.1　建立曲轴系统刚体模型 …… 20

2.3.2　建立曲轴系统柔性体模型 …… 22

2.3.3　仿真结果及分析 …… 29

2.4　本章小结 …… 37

第三章　船用柴油机典型结构的强度分析 …… 39
3.1　船用柴油机典型结构的强度分析方法 …… 39
3.1.1　船用柴油机机体结构强度分析方法 …… 39
3.1.2　船用柴油机曲轴结构强度分析方法 …… 49
3.1.3　船用柴油机连杆结构强度分析方法 …… 50
3.1.4　船用柴油机活塞结构强度分析方法 …… 56
3.2　船用柴油机机体结构强度 …… 58
3.2.1　机体结构与工作过程 …… 58
3.2.2　机体有限元建模 …… 64
3.2.3　机架、机座装配强度 …… 68
3.2.4　机架、机座热膨胀特性 …… 70
3.2.5　极限侧向力下的机架结构强度 …… 72
3.2.6　基于轴承力下的机座结构强度 …… 73
3.2.7　加工工艺对主轴承变形的影响 …… 76
3.2.8　接触特性评估 …… 77
3.2.9　贯穿螺栓结构强度 …… 79
3.3　船用柴油机曲轴结构强度 …… 84
3.3.1　曲轴结构与工作过程 …… 84
3.3.2　基于解析法强度校核 …… 86
3.3.3　基于有限元法强度校核 …… 102
3.4　船用柴油机连杆结构强度 …… 112
3.4.1　连杆结构与工作过程 …… 112
3.4.2　连杆组受力分析 …… 113
3.4.3　连杆组材料属性 …… 114
3.4.4　连杆有限元模型简化 …… 115
3.4.5　边界条件定义 …… 116
3.4.6　载荷步定义 …… 118
3.4.7　连杆的应力评价 …… 119
3.4.8　连杆接触面的评估 …… 122
3.5　活塞热机耦合特性 …… 124
3.5.1　活塞结构与工作过程 …… 124

3.5.2 活塞热机耦合建模 …… 128
3.5.3 活塞热机耦合分析结果 …… 133
3.6 船用柴油机典型结构的屈曲稳定性分析 …… 145
3.6.1 连杆屈曲稳定性 …… 146
3.6.2 活塞杆屈曲稳定性 …… 149
3.7 本章小结 …… 152

第四章 船用柴油机典型结构的疲劳特性 …… 154
4.1 船用柴油机典型结构的疲劳特性分析方法 …… 154
4.2 船用柴油机机体的疲劳特性 …… 155
4.2.1 疲劳破坏与材料的疲劳特性 …… 155
4.2.2 机架、机座疲劳分析建模 …… 156
4.2.3 疲劳分析结果评价 …… 160
4.2.4 贯穿螺栓疲劳分析 …… 161
4.2.5 疲劳因素对机体疲劳强度的影响 …… 162
4.3 船用柴油机曲轴的疲劳特性 …… 165
4.3.1 载荷计算 …… 165
4.3.2 有限元模型建立 …… 167
4.3.3 曲轴材料 …… 167
4.3.4 疲劳模型创建 …… 168
4.3.5 简化载荷法曲拐强度及疲劳计算 …… 169
4.3.6 协同法曲拐强度及疲劳计算 …… 171
4.3.7 结果分析与讨论 …… 175
4.4 船用柴油机连杆的疲劳特性 …… 175
4.4.1 连杆疲劳破坏与疲劳特性 …… 176
4.4.2 连杆应力状态及计算方法 …… 176
4.4.3 连杆疲劳分析 …… 178
4.4.4 螺栓疲劳分析 …… 181
4.5 船用柴油机活塞的疲劳特性 …… 184
4.5.1 工作应力特性 …… 184
4.5.2 活塞材料属性 …… 185

4.5.3 载荷输入 …… 186
4.5.4 疲劳分析影响因素 …… 187
4.5.5 活塞疲劳分析结果 …… 188
4.5.6 活塞螺栓动态疲劳强度 …… 190
4.6 本章小结 …… 194

第五章 船用柴油机活塞流固耦合特性 …… 195
5.1 活塞流固耦合特性分析方法 …… 195
5.2 活塞流固耦合特性 …… 197
5.2.1 活塞流固耦合模型 …… 197
5.2.2 活塞流体域建模 …… 198
5.2.3 活塞固体域建模 …… 200
5.2.4 活塞流固耦合分析结果 …… 204
5.3 本章小结 …… 207

第六章 船用柴油机燃烧性能 …… 208
6.1 船用柴油机燃烧性能分析方法 …… 208
6.1.1 性能分析技术路线 …… 208
6.1.2 扫排气、燃烧特性分析方法 …… 210
6.1.3 喷雾特性分析方法 …… 211
6.2 船用柴油机工作过程 …… 211
6.2.1 扫排气过程 …… 211
6.2.2 喷雾过程 …… 212
6.2.3 燃烧过程 …… 213
6.3 扫排气、燃烧特性 …… 215
6.3.1 计算模型 …… 215
6.3.2 网格划分 …… 216
6.3.3 初始条件及边界条件 …… 218
6.3.4 船用柴油机扫排气特性 …… 218
6.3.5 船用柴油机燃烧特性 …… 225
6.4 喷雾特性 …… 231

6.4.1 计算模型 …… 231
6.4.2 网格划分 …… 232
6.4.3 初始条件及边界条件 …… 232
6.4.4 船用柴油机喷雾特性 …… 233
6.5 本章小结 …… 234

第七章 船用柴油机关键部件典型工艺研究 …… 235
7.1 曲轴红套工艺分析方法 …… 235
7.1.1 曲臂感应加热中耦合场实现方法 …… 235
7.1.2 ANSYS 磁-热耦合仿真实例 …… 238
7.2 曲轴红套工艺分析 …… 242
7.3 红套工艺的制定 …… 251
7.4 本章小结 …… 252

参考文献 …… 254

第一章　绪　论

1.1　背景与意义

柴油发动机是一种把内能转化为机械能并输出的动力机械，柴油发动机是一种热机，也是一种内燃机。柴油发动机与其他类型的内燃机相比最大的优点是扭矩更大、功率更高、热效率好，同时还具备良好的经济性能。因此大功率的二行程低速柴油机在大型货运船舶中发挥着中流砥柱的作用。

船用的大功率柴油发动机主要包括低速柴油发动机、中速柴油发动机和高速柴油机，其中低速柴油机指的是转速小于 300 r/min 的柴油机。由于其具备转速低、油耗小、功率大、经济实惠等优点被广泛地应用于大型的船舶主机中，低速柴油机另一个较为突出的地方在于其结构相对简单、工作寿命长、工作过程可靠而且还具备能使用劣质燃油的显著特点。在转速方面，由于船舶动力装置的螺旋桨工作效率与自身的转动速度成反比，所以当螺旋桨的转速变低，其工作效率则会反而越高。因此低速柴油机的低转速这一特点可以使得其输出的螺旋桨推进效率得到提高，从而使得在相同转速情况下时，船舶的航行速度也会得到提高。在燃油消耗率方面，低速柴油机的油耗较其他类型的柴油机更低，目前，低速机的最低油耗已经接近达到 123 克每马力小时，这也让船舶的运行成本相对较低；在结构设计方面，由于低速柴油发动机的结构设计较其他机型更为简洁，因此具有较高的可靠性和更长的工作使用寿命的优势。据资料显示，当前世界上建造的 2 000 吨级的船舶中有 70%是使用低速柴油机作为船舶主机的，而在远洋货轮、油轮以及 LNG 船等大型船舶中低速柴油机占据绝对的优势。

目前，国内制造的船用大功率柴油机几乎都是购买国外设计产品的专利进行加工建造，在关键技术上严重缺乏自主知识产权，在技术层面上也缺少应有的创新性，无法跟上先进国外先进技术的更新换代。长此以往只会增加对国外技术的依赖性，使得国内技术无法实现实质意义上的进步，从长远发展目标来看，关键装备应该更快地由中国制造变成中国设计。

随着船用柴油机设计和制造技术的发展，船用柴油机将在性能参数上、产业规模角度和国际格局方面不断发展前进。首先是低速柴油机的性能参数上，为了实现功率的提升，柴油机的结构性能参数在不断变大，例如最大爆发压力、活塞的平均位移速度、气缸缸径等重要参数。性能的不断提升也会伴随着对机体材料与强度要求的提高，因此机体组的结构强度与刚度也会更好，且整体亦能满足轻量化的要求。从国内的产业规模上来看，伴随着国内大型船舶工业的发展，对低速柴油机的市场需求也在不断扩大。资料显示 2011 年国内船舶建造完成约 6 770 万吨，对应如此大的市场完成量所需要的船用低速柴油机的马力逼近 1 600 万，近两年低速柴油机的市场需求也在不断增大。从国际格局上来看，近年来亚洲逐渐成为国际船舶工业的中心区域，相应的船用低速柴油机制造加工业也相对集中在中、日、韩这三个国家。因此船用低速柴油机的设计与制造会在东亚地区达到进一步的发展与繁荣局面。

目前，国内自主研发的低速船用柴油机仍然在起步阶段，很多设计过程都需要不断地去摸索与探讨，并在这过程中不断地积累设计与仿真经验。本书选择船用低速柴油机零部件疲劳特性仿真分析作为研究内容，对现阶段低速柴油机的自主研发具有一定参考价值，也有助于 CAE 仿真技术在机械设计领域的经验积累与应用推广。

随着 CAE 技术的不断成熟与革新，有限元分析与仿真技术在产品的设计过程中逐渐扮演着重要作用。特别是在大型结构件的研制过程中，由于产品体积重量过大、制造成本高等特殊性，设计阶段不断的修改完善模型无法进行不断的实时的试制更新，此时有限元仿真技术的优势就得到了很好的发挥。在低速柴油机机体的研制阶段，有限元技术便得到高效的应用：概念设计阶段，应用有限元法建立机体组的不同模型来对比分析各种机体组方案优缺点，从而确定柴油机机体组总体的结构方案；在机体组的详细设计阶段应用有限元技术建立机体的局部零件模型，对设计的零件进行建模分析，校核零件的静强度、疲劳寿命等；在柴油机的样机试制阶段，针对加工制造以及装配阶段出现的问题进行预仿真分析可以高效地解决机体组装配加工等实际工艺问题。因此在像船用低速柴油机机体组这类大型产品的研制过程中，有限元技术可以极大地缩短研发周期，降低研发成本同时提高研发的效率。

现阶段国内的发动机行业的发展仍然远远落后于西方发达国家，发动机作为机器与设备的心脏有着不可或缺的作用。在船用低速柴油机方面国内制造的船用低速机也几乎是购买国外设计产品的专利进行加工建造，严重缺乏自主知识产权，在技术层面上也缺少创新性，无法跟上国外先进产品的更新步伐。长此以往只会增加对国外技术的依赖性使得国内技术无法实现实质意义上的进步。因此在不断引进国外技术的同时，还要积极为走出去的战略做好准备。低速柴油机的自主研发与制造可以使得民族工业实现长足地发展，并在研发过程中不断积累实践经验，从而真正实现船用柴油机技术的自主性和创新性。

作为船舶的零部件之一，柴油机仍是目前船舶设备不可或缺的心脏模块，船舶的性能水平往往和其配备的柴油机性能息息相关，例如柴油机的功率、油耗等参数都关系到船舶整体性能。柴油机制造技术的提高也不断带动船舶配套工业的均衡发展，船用柴油机设计与制造技术的进一步的提高，将会有利于配套船舶制造业实现实质性的飞跃。

1.2 船用柴油机结构组成与工作原理

就整体构造而言，船用柴油机在结构组成上均包括两大机构与五大系统：曲柄连杆机构、配气机构、燃油供给系统、润滑系统、冷却系统、启动系统和增压系统。曲柄连杆机构包括活塞连杆组、曲柄飞轮组等主要运动部件；配气机构由气门组、气门传动组等零部件组成。燃油供给系统的功用是按照一定的需求向柴油机缸内提供适量的燃油，以便燃烧做功；润滑系统主要由机电泵、机油散热器、机油滤清器等组成，为柴油机内部各摩擦副提供润滑保证运动件的可靠性与耐久性；冷却系统的功用是对柴油机的高温零件进行冷却，保证零部件的正常工作；启动系统则主要包括启动机、传递机构和相应的启动装置，以提供外力使柴油机由静止状态转入工作状态。

柴油发动机的工作原理与汽油发动机相比有许多类似的过程，例如在它们的每一个工作循环内都会包含：进气、压缩、做功、排气四个过程。然而它们也具有很多的不同点，例如由于柴油机所使用的燃料为黏度较大的柴油，因此较汽油更加不容易蒸发，再者柴油机的自燃温度要比汽油稍低，因此柴油机的发火方式与汽油机相比就显得不同。当然，它们最大的不同之处在于：柴油发动机气缸内的燃气是压燃的方式，而并非由火花塞点燃；另一方面，柴油机作业时，吸入气缸内的气体即是空气而非汽油机中吸入的燃油混合气。以上特点可以使得二行程低速柴油机能具备大功率、大扭矩和较高的经济性等显著的特点与优势。

1.2.1 船用二行程柴油机结构与工作工程

在结构组成上，二行程柴油机也具有自身的特殊性，例如活塞连杆部的十字头组和活塞杆都是四行程柴油机所不具备的结构，因此其在工作工程上也具有一定的特殊性。

图 1.1 船用二行程柴油机

船用二行程低速柴油机(见图 1.1)，它的工作行程主要包括两个，第一行程是进气及压缩行程，第二行程是做功和排气行程。在进气压缩行程中，活塞沿竖直方向往复向下运动至下死点前约 39.5°(曲柄转角)位置时，气缸体中的扫气口开始张开，新鲜的压缩空气气流便开始进入气缸内，由于扫气口设计成一定的特殊形状，新鲜空气的气流进入气缸的过程中可以形成旋转的气流，从而实现清扫气缸内的废气的特殊作用，进气过程会一直持续到下死点后约 39.5°(曲柄转角)的位置时停止，在这段时间内活塞组件会沿竖直方向由下死点向上止点处运动，与此同时扫气口也逐渐达到关闭状态。随着活塞组件的运动，缸内的新鲜空气不断地被压缩直至上止点的状态，此时压缩空气的温度将趋于 600℃左右。当活塞组件完全位于上止点状态时，燃油此时便经高压喷油泵喷出并被均匀雾化进入气缸的燃烧室中，由于上止点状态时空气已经被高度压缩，它的温度已经超过燃油的自然温度，燃油会立即发生爆燃，燃油爆燃时燃烧室中的最大爆发压力降可接近 20 MPa，紧接着做功行程随即启动。气缸内燃烧的气体不断膨胀使得活塞组件沿竖直方向向下死点位置运动，当活塞组件运动到下死点位置的前 39.5°时气缸体的扫气口开始随着曲轴的转动而打开，在扫气口打开前夕排气过程开始，随着排气阀门的打开燃烧的废气由排气阀门排出气缸体，废气随后会再经过柴油机的排气歧管进入缸体一侧的涡轮增压器组件。随着活塞组继续向下止点的运动，气缸体缸内的压力随之不断减小直至趋向小于增压压力时，增压器将新鲜空气开始进入缸内达到将废气彻底扫出的效果。最后排气阀门被关断，排气过程也随之结束进而完成一整个工作循环。

1.2.2　船用四行程柴油机结构与工作过程

四行程柴油机(见图 1.2)的工作是由吸气、压缩、做功和排气这四个行程来完成的，这四个过程构成了一个工作循环，活塞连杆组完成四个行程才能完成一个工作循环。第一行程为吸气行程。它的任务是使气缸内充满新鲜空气。当吸气行程开始时，活塞位于上止点，气缸内的燃烧室中还留有一些废气。当曲轴旋转肘，连杆使活塞由上止点向下止点移动，同时，利用与曲轴相联的传动机构使进气阀打开。随着活塞的向下运动，气缸内活塞上面的容积逐渐增大，气缸内的空气压力低于进气管内的压力，因此外面气体就不断地充入气缸。当活塞向下运动接近下止点时，冲进气缸的气流仍具有很高的速度，惯性很大，为了利用气流的惯性来提高充气量，进气阀在活塞过了下止点以后才关闭。随即开始第二行程，压缩行程。压缩时活塞从下止点向上止点运动，这个行程的作用是提高空气的温度，为燃料发火做准备，并为气体膨胀做功创造条件。当活塞上行，进气阀关闭以后，气缸内的空气受到压缩，随着容积的不断变小，空气的压力和温度也就不断升高，压缩终点的压力和湿度与空气的压缩程度有关，即与压缩比有关。压缩行程结束后做功行程开始。在这个行程开始时，大部分喷入燃烧室内的燃料都燃烧了。燃烧时放出大量的热量，因此气体的压力和温度便急剧升高，活塞在高温高压气体作用下向下运动，并通过连杆使曲轴转动对外做功。随着活塞的下行，气缸的容积增大，气体的压力下降，工作行程在活塞行至下止点，排气阀打开时结束。第四行程是排气行程。排气行程的功用是把膨胀后的废气排出去，以

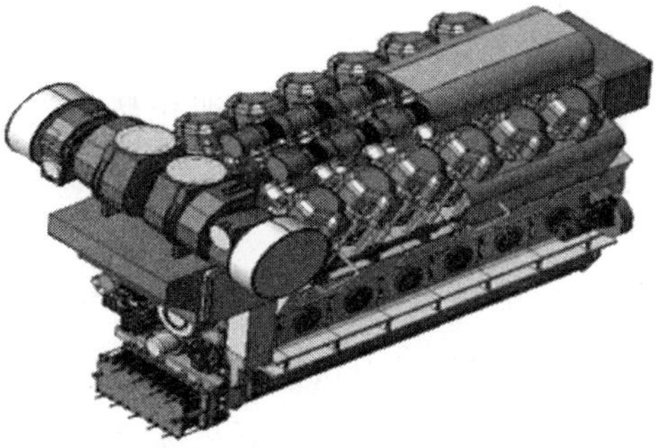

图 1.2　船用四行程柴油机

便充填新鲜空气，为下一个循环的进气做准备。当工作行程活塞运动到下止点附近时，排气阀开起，活塞在曲轴和连杆的带动下，由下止点向上止点运动，并把废气排出气缸外。在四行程柴油机的四个行程中，只有第三行程才产生动力对外做功，而其余三个行程都是消耗功的准备过程。为此在单缸柴油机上必须安装飞轮，利用飞轮的转动惯性，使曲轴在四个行程中连续而均匀地运转。

1.3 船用柴油机关键部件性能研究进展

1.3.1 柴油机机体研究现状

船用柴油机机体在结构上偏大，工作状态时所受载荷也较为复杂，仿真模拟时工作量巨大，因此对船用柴油机机体的进行准确的仿真分析难度大。目前，在国内外广大学者也已经对柴油机机体开展了大量相关的研究和试验探索。

昆明理工大学邢正双等对新型卧式双缸柴油机进行了多体动力学及机体结构强度研究，对机体的刚、柔性体模型进行了仿真与对比分析，同时对机体进行了强度分析，最后对机体进行了动态特性试验研究，为机体的结构改进提供一定的修改依据。大连海事大学的张博雄等以6S50MC型船用柴油机为仿真模型，综合考虑了主轴承力、十字头组件的横向力以及缸内爆发压力等因素，对柴油机机体进行了模态仿真以及动态响应仿真，算出了柴油机机体的固有频率与振型，并进一步对柴油机的关键振动模块的速度与位移进行了仿真，得到了该型柴油机的振动规律，为柴油机的结构性能优化设计提供了一定分析依据。李欣等对某高强化V型柴油机进行了系统动力学分析，并将获取的动态载荷应用于机体的有限元分析，计算了机体在外力下的动态响应，得出了V型柴油机机体隔板处应力历程与由不同侧缸的最大爆压所引起隔板对称位置应力分布趋势大致相反的结论。Nenad Vulić等以船用四行程柴油机为仿真模型，根据克罗地亚船级社规范具体分析了柴油机曲轴的结构强度，提出了适用于船级检验的通用有限元方法。A. V. Hansen等应用线弹性力学和三维有限法元对二行程柴油机的焊接结构强度进行了研究，探讨了残余应力对焊接强度的影响。N. Lalor等对柴油机机体组件进行了模态仿真分析，总结出了机体模态振动的三个类型，探讨了整体运动模态、机体油底壳模态和其他局部区域的模态。

在柴油机疲劳特性方面，中北大学的张连钵等对某柴油机机体的疲劳寿命预测方法进行了研究，分别开展了机体在机械载荷作用下的动态应力应变数据获取方法的研究、机体的疲劳寿命预测分析方法研究以及疲劳危险部位影响因素敏感度研究。并最终得出了一种比较可行的柴油机机体疲劳预测方法，以及机体易发生疲劳的薄弱位置，校核了机体的疲劳强度满足设计要求，为柴油机机体的结构设计提供了参考。大连交通大学的张晓艳等以某型机车柴油机为仿真模型，对其机体进行了相关的疲劳仿真分析，在对结构主应力和等效应力进行相关的应力幅值计算后提出了较为合理的应力幅值的计算方法，为机车柴油机的设计制造提供了参考依据。孙耀国、杜海明等基于材料的 S/N 曲线，根据四缸柴油机的工作特性对某型柴油机机体的疲劳特性进行了分析，仿真得出了该型机体的疲劳薄弱区域，并从应力场的角度对比讨论了疲劳安全系数与静强度的相同点与不同点。M. M. Rahman 等应用随机载荷法研究了表面处理方式对二行程柴油机活塞和缸套疲劳寿命的影响，探讨了微观结构对机体结构强度与疲劳特性的影响，并针对机体的微观结构提出了增强疲劳寿命的可行性措施，为缸套的设计提供了参考依据。M. Shariyat 等针对 CNG 内燃机为研究对象，对其进行了燃烧、传热以及动力学仿真分析，研究了热机耦合条件下的疲劳寿命，并与实验测量数据进行了对比讨论，实验结果和分析结果达到了很好的一致性，最后以此提出了针对内燃机的疲劳分析规范与准则。

1.3.2 柴油机曲轴研究现状

自 80 年代末以来，多体动力学技术发展迅速，出现了很多应用方法，且应用到了多体系统的分析中。首先出现的多刚体动力学是将运动机构中的各个运动构件视为刚体进行计算分析，随后产生的刚柔耦合多体动力学以及多柔体动力学是多体动力学与有限元等技术的结果。随着技术的发展，柴油机动力学的分析变得越来越方便和精确。对于曲轴的强度计算基本上都是针对其疲劳强度进行的计算，首先求出在曲轴危险区域（如曲柄销与曲臂的倒角处，主轴颈与曲柄的过渡圆角处和曲柄销油孔附近）的最大等效应力，然后将该曲轴所允许的疲劳强度值与危险点处的最大等效应力值进行比较得到安全系数，从而评价曲轴强度。曲轴的可靠性和寿命影响着柴油机的整个工作状况，柴油机疲劳寿命研究，也成为研究的热点技术。同时曲轴红套工艺所涉及的感应加热技术也是研究的难点和重点。

在曲轴动力学方面：国外 Yasin Yilmaz 利用多体多力学理论对平衡块配置对主轴承载荷及曲轴弯曲应力的影响进行了详细的研究；国内郝志勇利用多体动力学软件 Adams 建立六缸柴油机刚体与柔体的模型，对比分析了不同柴油机模型的各部件之间的主要作用力，分析了曲轴系统柔体动力学模型和刚体动力学模型的各自的特点及优缺点，最后用实测结果证实，柔体模型能更好的反映出柴油机曲轴系统实际的动力学特性。

在曲轴强度方面：国外 Gul Cevik 针对曲轴破坏一般发生在倒角处，利用有限元软件建立单拐模型，对曲轴倒角处进行应力计算及疲劳分析，对比分析了倒角处滚压前后的疲劳强度，并用实验证明了滚压能提高疲劳极限；国内王良国建立曲轴的单拐有限元模型，对曲轴在交变载荷下的疲劳强度进行了详细的校核，最后针对该曲轴进行疲劳试验，并充分验证了曲轴有限元分析和计算结果的正确性。

在曲轴疲劳方面：国外 Do-Hyun Jung, Hong-Jin Kim, Young-Shik Pyoun 等通过获取曲轴弯曲疲劳极限的 $S-N$ 曲线，对曲轴进行可靠性评价。为了进一步评价，进行了原始曲轴的弯曲测试和失效模式分析，经过计算得出试样的数目、加载力和测试时间。基于试验结果，采用 Weibull 分析对曲轴的形状和比例系数进行了评估。同样的，计算出在 50%置信水平下的 $B10$ 寿命和平均无故障时间，为提高曲轴的可靠性建立了基础。国内张国庆等利用 $S-N$ 和局部应变法计算了曲轴的疲劳寿命；武秀根基于疲劳累积损伤法则，建立曲轴整体有限元模型，对其疲劳寿命进行了数值研究。

在曲轴红套工艺方面：国外 Y. Favennec、S. C. Chen、C. A. Santos 和 Eduardo N. Dvorkin 等人研究了加热参数对工件温度的影响，他们研究的共同点是建立的电磁场、温度场模型比较符合实际情况，对材料物理参数的变化进行了恰当的处理，通过有限元方法对模型进行了离散，得到的理论值与实验结果较为相近；国内杨晶等人仿真分析了连铸方坯的感应补热过程中温度场分布情况，建立了二维耦合场模型，对连铸方坯温度演变的规律做出了较为详细的定性分析；王玉会等人利用 ANSYS 软件对连铸坯热送直轧整个过程进行了模拟，对连铸直轧感应补偿加热过程的仿真计算具有一定的借鉴意义。

1.3.3 柴油机连杆研究现状

柴油机曲柄连杆机构是柴油机中的关键零部件，发动机工作可靠性在很大程度上与连杆的可靠性密切相关，若连杆机械失效，往往会引起柴油机其他零部件的严重损坏，并且能危及船舶的航行安全。国内外在这方面投入了大量的人力和物力进行研究，曲柄连杆机构的可靠性已经成为当前的研究热点。

连杆的强度计算，在有限元应用于连杆分析以前是对连杆小端、杆身和大端分别按均匀平面曲梁和直梁计算，由于没有考虑截面的变化以及载荷和计算公式的简化，计算精度较差。20 世纪 80 年代末到 90 年代初常用常单元插值、线性单元插值和边界元等方法对连杆进行平面应力应变分析。在早期，连杆的计算分析一般采用经验公式。有限元理论和方法提出后，迅速在连杆分析上得到广泛应用。刘存香以柴油/乙醇双燃料发动机连杆作为研究对象，对其在各种工况下的力学特性进行研究，得出该连杆在接近实际工况下的应力、应变分布情况，为柴油机连杆的改进和新产品开发提供依据。吴泓等采用MSC/MARC 程序及三维多体接触的方法，对 G32 柴油机连杆的应力场和位移场进行了数值模拟，降低了机械负荷，改善了应力分布。浙江大学李一民等，通过油膜压力映射的方法对连杆施加载荷，计算了考虑油膜润滑时连杆强度，并与不考虑油膜润滑时连杆强度结果进行对比，结果表明考虑油膜润滑的连杆强度计算方法更加符合实际工况。邓兆祥等针对 N485 型号的柴油机连杆进行了静强度分析，计算连杆在拉、压 2 种工况下的应力分布与变形，找出了连杆应力集中区域，从而为连杆的改进设计提供指导依据。吕彩琴等采用有限元法对两种不同方案的连杆小头油孔进行了分析。通过对其主要部位的应力、连杆大头、小头轴孔的纵、横向变形对比研究优化出最佳方案，结果表明油孔夹角为 60°时，油孔的位置恰好能避开连杆小头的高应力区。

自 20 世纪 30 年代提出疲劳概念以来，疲劳、疲劳强度以及疲劳寿命计算就一直是学术界研究热点，在连杆疲劳强度研究方面国内外的学者都做了大量的研究。S. Griza，F. Bertoni，G. Zanon，A. Reguly 等以汽车柴油机连杆螺栓为对象，研究由于柴油发动机引起的破坏根源。通过对破坏的连杆螺栓进行拉伸测试，另外一个螺栓也发生疲劳破坏。通过有限元分析得到预紧力与疲劳破坏裂纹扩展的关系。最后得出结论：在螺纹与连杆盖接触地方增加凹槽以及增加螺栓预紧力都会降低应力幅值。江苏大学屠丹红等，应用有限元分析技术对连杆组进行了三维非线性分析，分析涉及接触和疲劳问题。用基于 Von Mises 屈服条件引入修正的 Goodman 法计算构件的疲劳安全系数，并以云图的形式显示疲劳安全系数的分布，计算结果与实际情况相符。哈尔滨工程大学王银燕等建立了直列式柴油机连杆疲劳强度可靠性的计算模型，以 6 200ZCL 型柴油机连杆为实例对象计算其在无限寿命下的疲劳强度，用等效方法给出相当疲劳强度均值和方差的具体表达式，较好地解决了柴油机连杆的疲劳强度可靠性问题。湖南大学曾林利用 ANSYS 软件对 4V－105 型柴油机连杆进行参数化建模，并进行 ANSYS 前处理，根据连杆的载荷特性进行载荷分析，应用 ADAMS 对 4V－105 型柴油机连杆进行动力学仿真，根据分析结果，对连杆有限元模型加载并求解，对其进行结构疲劳强度分析。

1.3.4 柴油机活塞研究现状

国内外研究机构对活塞的研究分析早在 20 世纪 80 年代就开始了，研究内容主要集中在活塞温度场、热应力以及机械强度等方面。在活塞热分析方面，不管是瞬态传热还是稳态传热，对活塞温度场的研究焦点主要集中在活塞的传热过程以及如何获取准确的活塞边界条件等方面，通过数值计算模拟活塞温度场分布；在活塞结构强度方面，随着柴油机向高功率、高速度等方向发展，给活塞带来的热负荷和机械负荷变得更为剧烈和复杂，因此对活塞进行热机耦合分析也是目前国内外学者较为关注的方面，对指导柴油机研发设计也具有十分重要的意义。

活塞温度场模拟过程中最关键的问题就是边界条件，前期研究方法主要是传统方法即利用经验和半经验公式求取其各表面对流换热系数。这些传热基本公式是由努赛尔特综合对流换热和辐射换热基础上总结，后经伯立林格、伯虑斯哥夫以及文泰恩等人在实验基础上对公式修正而来，最后埃舍伯格在对二行程柴油机试验的基础上得出了缸内燃气瞬时换热系数公式；研究活塞温度场时需要确定边界条件的区域主要为活塞顶部燃气侧面，可由 Woschni 公式获得，活塞侧面与冷却液边界上的对流换热系数可由 Dittns-Boelter 公式得到，活塞内部冷却腔的对流换热系数则由热平衡关系得到。同时有限元技术的出现和发展，人们逐渐运用该技术解决活塞温度场问题。Li 对本身结构具有对称性的活塞模型进行进一步简化，对 1/4 模型进行简单模拟分析得到活塞燃烧边界条件，其所得结果与实验测量结果吻合；与此同时，国内研究学者中北京理工大学的原彦鹏等人在经验公式基础上对不同冷却腔结构的活塞进行冷却腔壁面对流换热系数计算，对获得的不同温度场结果进行分析研究。随着计算机技术的发展并与有限元技术相结合，出现了大量商用 CAE 软件，为获得更为准确的边界条件提供了可能。目前国内外研究学者主要运用 CFD 技术研究活塞冷却腔壁面的对流换热系数。国内研究学者中，孟凡明等人主要针对活塞裙部进行有限元分析，最终得到该区域的温度场与曲轴转角之间的关系；姜明等人则是对活塞耦合模型的瞬态传热过程进行分析，并利用有限元软件模拟出温度场结果。在国外，伊朗的 A. Mohammadi 等人对火花点燃式发动机展开研究，发现气缸内的对流换热系数是关于位置的函数并且与曲轴转角相关；Hidehko Kajiwara 等人在认为活塞内部冷却腔内滑油填充率不变情况下将其壁面分为三个区域，并利用公式求出每个部分的对流换热系数，从而得出不同滑油填充率和活塞运动速度下的冷却腔壁面对流换热系数，最终得出活塞温度场分布结果；Roberto Nigro 等人采用简易的活塞冷却腔模拟活塞振荡冷却过程，在已知滑油在腔内分布情况的基础上，对冷却腔二维模型在不同滑油填充率下壁面对流换热系数进行模拟。在传热试验方面，国外研究机构也做了大量工作，英国里卡多公司为研究活塞内部热流流向和分配状况，建立了多台热流和热导试验台。

在活塞应力场分析方面，国内外学者也做了大量研究工作，早期由于受计算设备限制，研究主要是围绕二维模型进行，该方法对模型进行一定简化，不仅不能反映真实的活塞模型特性，而且也无法反映热传导、热应力场和热变形等情况；其中吴昌华、何秉初等人采用上述方法对模型简化后进行应力场分析，但并未涉及热机耦合分析；佟景伟等人则是在已知活塞温度场的基础上对整个活塞进行热机耦合分析，在分析过程中将温度场作为稳态情况进行研究；随着计算机技术的发展，越来越多的研究学者以有限元技术为核心的分析软件进行耦合状态下活塞应力场分析，并且主要以三维分析为主。在国内，吉林大学方华等人对活塞进行了热应力、热应变、热机耦合应力以及变形分析，得出在热机耦合作用下活塞头顶部到底部径向变形量呈递减趋势；王礼丽等人则是利用商业软件 MSC. Marc，以热传递第三类边界条件理论为基础，将分析得到活塞温度场作为活塞应力场分析的边界条件，为活塞热机耦合计算做准备；大连理工的白敏丽等人利用 STAR - CD 对活塞组耦合模型进行传热模拟，得出活塞温度场结果，而该校的冯立岩等人则在此基础上对活塞组进行进一步分析，研究其在热机耦合作用下强度性能。同济大学的楼狄明等人对某型机车柴油机的活塞的传热过程进行了研究，最终模拟计算出与实际温度相吻合的温度场，并对不同载荷工况下的活塞进行了应力应变分析。国外 M. Tahar Abbes 等人对某型号直喷式柴油机活塞也进行热机耦合分析预测该活塞在耦合作用力下应力场分布状况；而 F. S. Silva 对活塞内部各区域进行热机疲劳分析，预测研究区域的疲劳寿命和疲劳损伤值；在实验方面国外也做了大量工作，例如，德国马勒公司建立了 35 个整机试验台通过整机试验方式对各类活塞的可靠性进行研究。

德国人 A. 沃勒于 1847—1889 年首次提出 $S-N$ 曲线及疲劳极限的概念，为常规疲劳试验奠定了基础。经过后续学者的不断完善，使得人们对疲劳机理有了更加深入的了解，并且应用于实际的生产和生活中。目前，在进行活塞机械疲劳可靠性分析时通常会考虑热负荷的影响，活塞疲劳研究部位主要集中在销孔、环岸以及燃烧室等部位。国内，北京理工大学、浙江大学、同济大学、武汉大学等对活塞部件的热疲劳性能做了大量试验研究；北京航空航天大学等单位则是对材料的高温蠕变特性进行研究；其中雷林基对 4100 增压柴油机进行温度场测试并以此对活塞进行强度预测；任长春对 280 机车的活塞进行温度场模拟并预测其失效情况；谢琰等人对某柴油机活塞进行热机耦合分析，并得出在低频热疲劳下活塞的循环次数，为活塞的结构改进和优化提供依据。国外，Munto R. 等人利用挤压铸造技术研究铝合金在柴油机活塞中的应用；Vertin，Kerth D 利用自然吸气发动机对活塞进行加速性试验考核其可靠性；Brezonick 研究了重力铸造成型的铸铁活塞的寿命；K. Voit 等人则是结合有限元计算、材料 $S-N$ 曲线、断裂力学理论等研究活塞的寿命，在活塞可靠性研究领域取得了较大的突破。

1.3.5 柴油机燃烧特性研究现状

柴油机缸内的燃烧过程非常的复杂，它涵盖涉及多种学科理论，如燃烧学、流体力学和传热。随着计算机的问世与科技的高速发展，柴油机的各种燃烧模型取得了很多重大成果。近几年，国内外许多著名的研究机构对新时代内燃机燃烧理论、技术展开大量且深入的研究。典型代表有：均质充量压缩着火燃烧 HCCI、伞形喷雾燃烧、MK 燃烧、HCDC 均质充量-喷雾复合燃烧以及低温燃烧 LTC。它们的特点都是在发生燃烧反应前获得较稀的、高度混合或部分混合的预混合气，实现低温预混合燃烧。

燃烧性能方面，Gan S.，Ng H. K.，Pang K. M. 等人研究了直喷柴油机均质充量压缩着火燃烧的实现及对排放物的影响。Bansei Kobayashi，Shinii Najima，Masato Mikami 等人研究了燃料挥发性对 PCCI 柴油机烧热特性的影响。我国关于内燃机模拟计算燃烧及排放性能的研究起步相对较晚。1980年，胡国栋教授以降低柴油发动机排放为研究目标，率先提出了新型燃烧模式——提前预热的混合气，创新发明了伞形喷雾燃烧模型，并进行了深入的研究。其系统的重要思想是利用呈伞状的喷油器，将此工作循环的所有燃油，在点火始点前喷入燃烧室，这样形成均匀而稀薄的混合气控制其在上止点之后着火，从而实现快速燃烧，由于缸内压力与温度得到控制，达到共同降低 NO_x、碳烟生成与排放的目的。天津大学将多脉冲喷射下形成的可控预混压燃燃烧与能实现稀扩散燃烧的 BUMP 燃烧室进行有机结合，在较低负荷时，选择可控预混压燃燃烧模式，在较高的负荷时，采用复合燃烧模式，开发出了 Mulinbump-HCCI 复合燃烧技术。

扫气性能方面，Guenter Elsbett，Zongying Gao，Zhong Wang 等人研究了具有可控转换缸套的四行程对动活塞柴油机的扫气性能、热损耗和热效率的影响。研究表明：可控转换缸套的四行程对动活塞柴油机扫气面积更大，扫气性能更好；燃烧室表面积更小，热损耗减少，相应的热效率提高。大连理工大学的陈石、吴春杰研究了二行程柴油机设计参数对扫气过程的影响，研究结果表明：转速的改变对扫气过程影响很大，设计时尽可能让其在低转速工况下运行；气口设计对扫气的影响相对较小，可降低气口的设计要求，以减少设计和工艺成本。北京航空航天大学的杜发荣、蒋彬研究了气口参数对二行程重油发动机扫气性能的影响，研究结果表明：扫气口仰角决定了气缸内扫气盲区和扫气损失的大小，仰角越大，扫气盲区越小，同时扫气口的流通面积也逐渐减小。

喷雾特性方面，Dec 等人利用一台试验发动机，研究了影响缸内实际喷雾贯穿距的因素，研究结果表明：缸内气体温度和密度强烈影响贯穿距离，明显比早期在定容室内静态试验结果要缩短，用于蒸发燃油的能量主要来自卷吸进入喷雾体内高温气体，蒸发主要发生在发火点的上游区域，在发火燃烧后喷雾贯穿长度并没有明显降低。W. Hentchel 等人在欧洲柴油机联合研究项目中，建立了模拟程序的各种物理模型，对柴油机燃油喷射、混合气形成、燃烧和污染物生成等基础现象进行了详细的试验和理论研究。北京理工大学李向荣等自行设计了喷雾模拟试验装置，利用电控单体泵喷油系统和高速摄影系统，得到了柴油的雾化形成图片，总结了密集型喷雾的结构特征，并依据高喷射压力、背压试验条件对广安喷雾贯穿距离计算公式进行了修正。江苏大学尹必锋等搭建了 EFS8400 喷雾测试台架，通过阴影法借助图像采集软件获取了喷雾的宏观图像，同时运用 Fluent 软件建立了喷雾离散相模型，研究了压力、喷孔结构等参数对喷雾特性的影响。山东大学杨永广等介绍了喷雾特性的现代测试技术（激光全息技术），比较了几种测试技术的优缺点以及适用范围，分析了喷雾测试技术的发展，希望为柴油机喷雾特性的研究提供参考。吉林大学侯玉晶等为了探明喷射压力的高低对燃烧过程的影响机理，建立了2.0 L 型高压共轨直喷柴油机燃烧系统的仿真计算模型，以试验结果为基础，仿真分析喷射压力的提高对雾化质量以及混合气形成和燃烧过程的影响规律。

第二章　船用柴油机运动部件的动力学特性

2.1　动力学特性分析方法

船用柴油机动力的核心部分包括曲轴、主轴承、连杆和活塞。在整个曲轴系统中，曲轴通过轴承连接连杆，连杆通过活塞销连接活塞，活塞受到气缸内气体燃烧产生的周期性作用力。柴油机通过曲柄-连杆机构将活塞的往复运动转换为曲轴的回转运动，使气缸内燃油燃烧时所产生的热能转变为曲轴输出的机械功。对曲轴系统进行动力学计算传统方法是利用理论计算方法。但在柴油机工作时，各个连接部件的轴承间存在油膜，并且在实际情况下，各个部件都是在外力作用下会产生微小形变的柔性体，各个部件之间的相互作用力非常复杂。因此，采用传统的方法很难准确地计算出曲轴各主轴承的载荷、连杆对曲柄销的作用力和曲轴的输出特性。随着计算机技术的发展，运用多体动力学的方法来分析曲轴系统各个部件间的作用力，可以提高计算精度，降低计算成本。同时能够为柴油机曲轴、连杆、活塞等各个运动件的优化设计及校核分析提供更准确的参考。下面就对上述运动件的动力特性分析方法进行详细介绍。

2.2　柴油机运动件动力学理论计算

2.2.1　曲柄-连杆机构运动学

1）活塞的位移、速度、加速度

(1) 活塞的位移 x。当曲柄销转过角 α 时，活塞向下运动至 A 点，相应的位移为 x。由图 2.1 的几何关系可得：

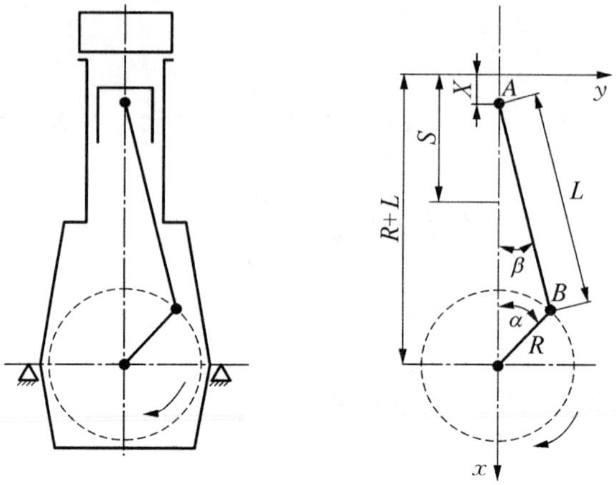

图 2.1　曲柄-连杆机构

$$x = R(1-\cos\alpha) + L(1-\cos\beta) \tag{2.1}$$

由于

$$\lambda = \frac{R}{L} = \frac{\sin\beta}{\sin\alpha} \tag{2.2}$$

$$\cos\beta = \sqrt{1-\sin^2\beta} = \sqrt{1-\lambda^2\sin^2\alpha} \tag{2.3}$$

所以

$$x = R(1-\cos\alpha) + L(1-\sqrt{1-\lambda^2\sin^2\alpha}) \tag{2.4}$$

(2) 活塞运动的速度 v。活塞运动速度随着时间变化而变化，是位移对时间的一阶导数。将活塞位移公式(2.1)对时间求导就得到活塞运动速度公式为：

$$v = \frac{\mathrm{d}x}{\mathrm{d}t} = \frac{\mathrm{d}x}{\mathrm{d}\alpha}\cdot\frac{\mathrm{d}\alpha}{\mathrm{d}t} = R\omega\,\frac{\sin(\alpha+\beta)}{\cos\beta} \tag{2.5}$$

(3) 活塞运动的加速度 α。活塞运动的加速度也是随着时间变化而变化，将速度公式(2.5)对时间进行一次求导，即可获得活塞加速度公式为：

$$\begin{aligned} a = \frac{\mathrm{d}v}{\mathrm{d}t} = \frac{\mathrm{d}v}{\mathrm{d}\alpha}\cdot\frac{\mathrm{d}\alpha}{\mathrm{d}t} &= R\omega^2\left(\frac{\cos(\alpha+\beta)}{\cos\beta} + \frac{\cos\alpha}{\cos^2\beta}\cdot\frac{\mathrm{d}\beta}{\mathrm{d}\alpha}\right) \\ &= Rw^2\left(\frac{\cos(\alpha+\beta)}{\cos\beta} + \lambda\,\frac{\cos^2\alpha}{\cos^2\beta}\right) \end{aligned} \tag{2.6}$$

2）连杆的平面运动

柴油机工作时，通过连杆把活塞的上下往复运动变化为曲轴的回转运动。连杆的运动相对较为复杂，其中连杆小端 A 跟着活塞销沿气缸中心线作上下往复运动；但是大端 B 点随曲柄销沿着曲柄半径作旋转运动。这就使整个连杆在平面内做复杂的摆动，为了准确描述连杆的摆动情况，一般用连杆摆角 β 来表示。

（1）连杆摆角 β。如图 2.1 所示，连杆相对于气缸中心线摆动角度位移用 β 表示。由式(2.2)得：

$$\beta = \arcsin(\lambda \sin\alpha) \tag{2.7}$$

（2）连杆摆动的角速度 $\dot{\beta}$。将式(2.7)对时间进行一次求导便可以得到连杆摆动角速度的公式为：

$$\dot{\beta} = \frac{\mathrm{d}\beta}{\mathrm{d}\alpha} \cdot \frac{\mathrm{d}\alpha}{\mathrm{d}t} = \omega \frac{\mathrm{d}\beta}{\mathrm{d}\alpha} = \omega\lambda \frac{\cos\alpha}{\cos\beta} = \omega\lambda \frac{\cos\alpha}{\sqrt{1-\lambda^2 \sin^2\alpha}} \tag{2.8}$$

（3）连杆摆动的角加速度 $\ddot{\beta}$。将式(2.8)对时间求导，得到连杆摆动角加速度公式为：

$$\ddot{\beta} = \frac{\mathrm{d}\dot{\beta}}{\mathrm{d}\alpha} \cdot \frac{\mathrm{d}\alpha}{\mathrm{d}t} = \omega \frac{\mathrm{d}}{\mathrm{d}\alpha}\left(\omega\lambda \frac{\cos\alpha}{\cos\beta}\right) = -\omega^2\lambda(1-\lambda^2) \frac{\sin\alpha}{\sqrt[3]{1-\lambda^2 \sin^2\alpha}} \tag{2.9}$$

2.2.2 曲柄-连杆机构动力学

柴油机工作时，作用在曲柄-连杆机构上的力主要有：

（1）气缸中的气体压力。

（2）运动件的惯性力。

（3）运动件的重力。

（4）负载机构的反作用扭矩和部件之间的支承反力。

（5）构件相对运动时产生的摩擦力。

在中高速柴油机中，运动部件的重力相对于部件惯性力或爆发压力等作用力而言很小，通常不用考虑。在分析构件受力和强度时，摩擦力的影响较

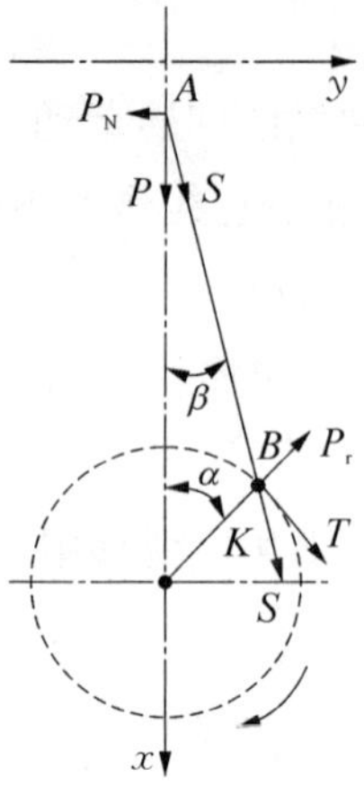

图 2.2　曲柄-连杆机构受力

小，通常也可以不考虑。柴油机的负荷，如带动螺旋桨、发电机等，同曲轴的输出扭矩相平衡。至于支承反力，应是曲轴平衡的一个内容。而对于曲柄-连杆机构作用最大的力源主要是缸内燃气压力及各个运动件的惯性力，如图 2.2 所示。

(1) 曲柄-连杆机构的往复惯性力为：

$$P_j = -m_j a = -(m_p + m_{ca})a \tag{2.10}$$

式中，m_p 为活塞组换算质量；m_{ca} 为连杆小头换算质量；a 为活塞加速度。

(2) 曲柄-连杆机构的离心惯性力为：

$$P_r = m_r R\omega^2 = (m_d + 2\, m_{cb})R\omega^2 \tag{2.11}$$

式中，m_d 为曲柄的换算质量；m_{cb} 为连杆大头换算质量；

(3) 气体作用力为：

$$F_g = \frac{\pi D^2}{4} p_g \tag{2.12}$$

式中，p_g 为气缸内燃气压力。

(4) 活塞受力。活塞所受的总力主要有气缸内燃气压力及活塞组的往复惯性力为：

$$P = F_g + P_j \tag{2.13}$$

活塞受到的总力传递给连杆，由于连杆存在一定的摆角 β，所以可以将其分解成两个分力：

$$P_N = P\tan\beta = P\frac{\sin\alpha}{\sqrt{\frac{1}{\lambda^2} - \sin^2\alpha}} \tag{2.14}$$

$$S = \frac{P}{\cos\beta} = \frac{P}{\sqrt{1 - \lambda^2 \sin^2\alpha}} \tag{2.15}$$

其中，S 为垂直于气缸壁的活塞侧推力和沿着连杆中心线的连杆推力。

(5) 曲柄销受力。连杆推力 S 由活塞销传给连杆，再传给曲柄销；在曲柄销处再分解成两个分力，分别为沿着曲柄中心线方向作用的法向力 K 和垂直于曲柄并带动曲柄进行旋转运动的切线力 T，公式为：

$$K = S\cos(\alpha+\beta) = P\left(\cos\alpha - \frac{\lambda\sin^2\alpha}{\sqrt{1-\lambda^2\sin^2\alpha}}\right) \tag{2.16}$$

$$T = S\sin(\alpha+\beta) = P\left(\sin\alpha + \frac{\lambda\sin 2\alpha}{2\sqrt{1-\lambda^2\sin^2\alpha}}\right) \tag{2.17}$$

(6) 主轴承受力。主轴承受左右两缸作用力影响，图 2.3 为该 V 型船用柴油机主轴承受力图，将主轴承左右两侧曲柄销上的作用力根据作用距离分配到左右主轴承上，再矢量叠加，只要求出曲柄销上的受力，便可求出个各个主轴承上的受力。

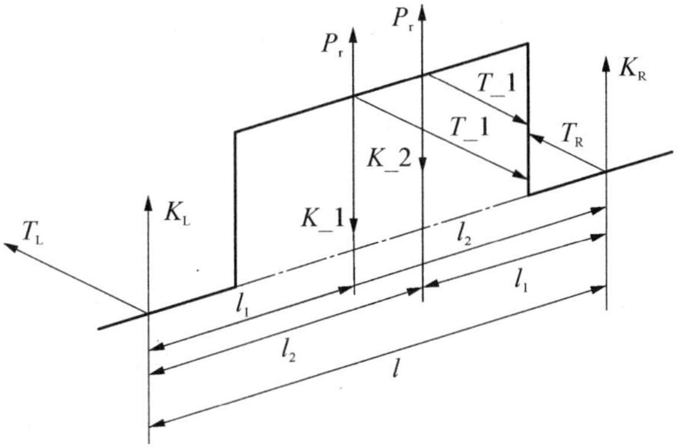

图 2.3　主轴承受力图

主轴承法向力为：

$$R_K = K_L + K_R + T_R \tag{2.18}$$

主轴承切向力为：

$$R_T = T_L + T_R + K_R \tag{2.19}$$

式中，K_L 为主轴承左侧曲柄销对其的法向力；K_R 为主轴承右侧曲柄销对其的法向力；T_L 为主轴承左侧曲柄销对其的切向力；T_R 为主轴承右侧曲柄销对其的切向力。

2.3 柴油机运动件多体动力学计算

2.3.1 建立曲轴系统刚体模型

Virtual Engine 中的模型分为 3 个层次：模板（Template）、子系统（Subsystem）和装配体（Assembly）。

(1) 模板是由高级用户建立的一系列参数化模型。在模板中可以创建最基本的几何特征、约束关系、环境变量等，将模型进行参数化，以便在基于该模板的子系统中修改模型。

(2) 子系统是一个特定模板的实例，是根据特定的发动机参数对模板的参数按照需要进行设定，从而得到的一个特定的发动机模型。

(3) 装配体是一个或者多个子系统和一个测试台（Test rig）的集合。测试台是一个特殊模板，软件根据发动机计算的一般过程制定了一系列常用的测试台模板，该模板也可以由用户根据需求自己定义，用于在子系统间传递信息，并为求解器（Adams/Solver）提供求解信息。因此一个完整的装配体应该包括创建模板、创建子系统和创建装配体 3 个步骤。

Virtual Engine 采用子系统文件和属性文件来管理整个模型的数据。子系统文件包含子系统的基本信息，如发动机基本参数（气缸数量、缸心距）、基本的几何参数（缸径、主轴承尺寸）和各子部件坐标及方向等，模型中所有子部件共享这些信息；属性文件包含了子部件的详细信息，如部件的几何尺寸、转动惯量、质心坐标等。通过调用子系统和属性文件的数据组合成完整的模型，模型结构如图 2.4 所示。

1) 建立曲轴模板文件

建立柴油机曲轴模板文件主要包括创建曲轴模板、创建曲轴系统的基本拓扑关系和创建各零件（曲轴、连杆、活塞等）3 个步骤。

(1) 基于曲轴系统（Cranktrain）模块（Major Role）创建曲轴系统模板。建立的曲轴模板中只包括一些基本变量，如：地面坐标系、重力加速度等。

(2) 基于曲轴模板创建通信器（Communicator）、坐标系（Construction

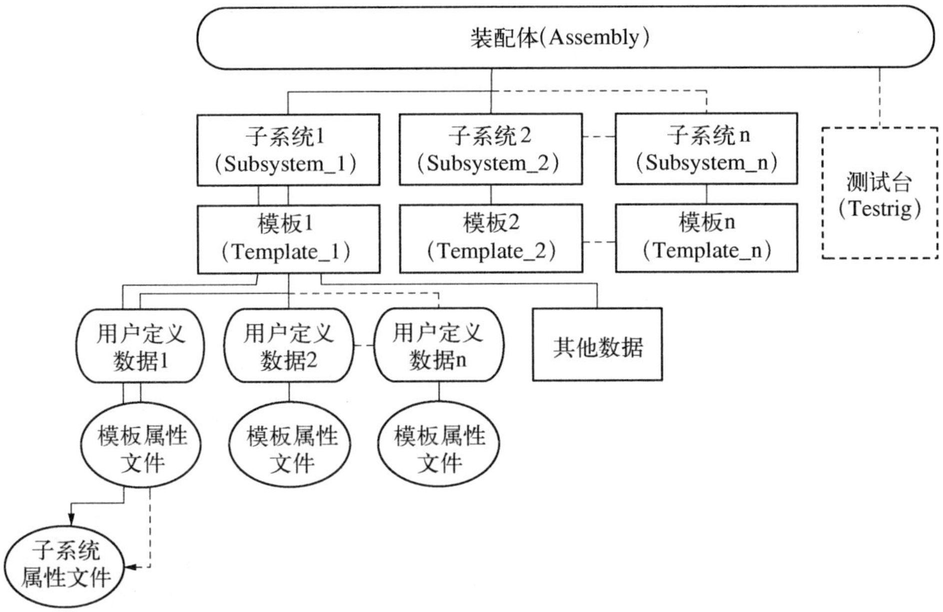

图 2.4　Virtual Engine 模型数据结构

Frames)和发动机全局数据集(Engine Global Dataset)等初始拓扑结构。其中通信器用于传递曲轴子系统在装配中的位置和方向信息,坐标系用于确定基于曲轴系统在装配中的位置和方向。发动机全局参数包括了柴油机的基本信息如行程数、气缸数量、气缸排列方式、缸心距、发火顺序和轴承布置等。

(3) 根据柴油机的初始拓扑关系,创建曲轴系统各个部件的详细信息,如曲轴、连杆、活塞、活塞销、机体及部件间相互约束关系和环境载荷(缸压、温度)。其中部件间约束关系根据曲轴系统各个部件实际的约束关系定义,如曲轴轴颈与机体除止推轴承外都是圆柱副、活塞与气缸体是圆柱副,活塞与活塞销是转动副等。

2) 建立曲轴子系统

完成曲轴模板后,可建立基于模板的曲轴子系统。根据实际柴油机各个部件的具体参数(见表 2.1),修改子系统文件和部件属性文件,包括各个部件的尺寸、质心坐标、转动惯量、缸压曲线、温度等数据,建立如图 2.5 所示的曲轴系统刚体动力学模型。

表 2.1 柴油机基本参数

参 数	参 数 值	参 数	参 数 值
缸径	390 mm	主轴颈长度	170 mm
行程	550 mm	主轴承直径	420 m
连杆长度	1 200 mm	曲柄销直径	380 mm
缸心距	840 mm	曲臂厚度	168 mm
V型夹角	50°	曲臂宽度	590 mm
飞轮转动惯量	1 500 kg・m²	发火顺序	1-7-5-11-3-9-6-12-2-8-4-10
曲柄销长度	334 mm	连杆长度	1 200 mm

3) 建立装配体

将上述曲轴子系统与测试台装配，建立曲轴装配体，对曲轴进行动力学计算，得到包括主轴颈载荷，曲柄销载荷、活塞对气缸体侧压力等一系列载荷数据。

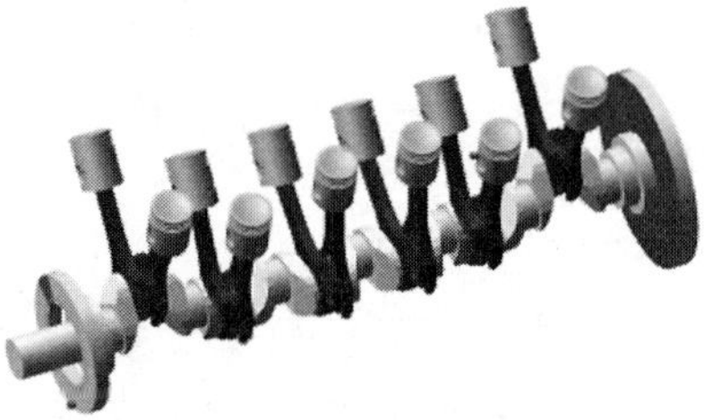

图 2.5 曲轴系统刚体模型

2.3.2 建立曲轴系统柔性体模型

基于刚体模型的曲轴动力学分析与传统的理论计算都将曲轴视为分段单拐且部件连接刚度无限大，但曲轴是复杂的弹性连续体，曲轴在工作过程中，主轴颈及曲柄销受到高压油膜的弹性约束，其运动形态相当复杂。因此，必须通过建立曲轴的柔性体动力学模型来模拟其真实的动态特性。Virtual Engine 中柔性体基于模态理论，主要步骤如下：

(1) 对曲轴、连杆、机体进行网格划分，定义材料及单元属性，同时设置用于连接各部件的连接点（RBE2 或 RBE3）。

(2) 用有限元软件进行模态分析获得模态中性文件（MNF）。

(3) 将曲轴、连杆、活塞的模态中性文件导入多体系统中替换原来的刚体部件，设置柔性体之间的连接类型，求解计算。

1) 在 CAE 软件中进行建模

(1) 曲轴、连杆、机体等部件的 CAD 建模。根据柴油机零部件的尺寸参数及 CAD 图，利用三维建模软件 UG 建立曲轴、连杆、机体等各个部件的三维模型，如图 2.6 和图 2.7 所示。由于柴油机 CAD 零件图主要用于加工制造，细节特征非常多，应该根据需要，选择性的保留部分对后续分析有影响的细节特征，对零部件具体处理如下：

图2.6　连杆 UG 模型

图 2.7　曲轴 UG 模型

曲轴是分析的重要部件，针对不同的分析，分别建立不同的模型。针对动力学分析，在保证整体尺寸的情况下，忽略倒角、螺栓孔及油孔等对整体质量影响较小的细节，为了保证曲轴柔性体整体刚度的准确性，应该将平衡块和曲拐视为一个整体，同时也将飞轮与曲轴建为一体，如果分开建模再用刚性连接，会影响曲轴整体刚度，对模态分析的精度产生影响；针对曲轴强度分析，则需要保留对曲轴强度有影响的一些细节特征，如曲柄销与曲臂连接处的倒角，主轴颈处的倒角，油孔等。

连杆应该忽略大端盖与杆身的连接关系，轴瓦与连杆的装配关系，将其建为一个整体。

机体不是运动件，虽然参与动力学计算，但建立机架模型只是为了曲轴与主轴承的连接，所以机体忽略大部分特征，只保留主轴承座的部分特征。

(2) 划分网格及定义连接点。将曲轴、连杆、机体的三维模型导入 Hypermesh 中进行网格划分，网格划分主要考虑单元类型和单元数量。体单元类型有四面体、五面体、六面体单元，在相同单元密度下，六面体单元的精度最高，四面体单元的精度最低。由于网格划分的技术特性，六面体网格的划分适应性没有四面体好，尤其是像曲轴这样的复杂零件，六面体网格难以划分，所以对曲轴、连杆、机体均采用适应性较好的四面体单元进行网格划分。增加单元数量能提高计算精度，但计算时间也会增加，由于模态分析特性,网格密度对模态计算的影响有限。所以在符合分析精度要求的情况下,应该尽量地减小单元数量,提高计算效率。

生成柔性体中,最重要的就是定义连接点,所有部件之间的力都是通过连接点传递的,通常采用 RBE3 点来模拟轴承间的作用力。主轴承及曲柄销轴承都采用的是弹性液动轴承,在曲轴主轴颈及曲柄销上沿着轴线方向均匀分布三个 RBE3 点,见图 2.8 所示,每个 RBE3 点分别绑定对应轴颈处外表面节点,如图 2.9 所示,RBE3 点的位移受被绑定节点位移控制。考虑到计算效率,应该约束 RBE3 点的部分自由度,减小计算规模,曲柄销($P1$)主要受径向力与切向力,所以仅保留径向及切向自由度。曲轴止推轴承处主轴颈($M2$)不但受到径向力和切向力,还受到来自止推轴承对其的轴向力,其他主轴颈($M1$)仅受径向力和切向力。曲轴在飞轮处($S3$)受到飞轮对其的扭矩,所以保留其轴向的转动自由度,如图 2.10 所示。

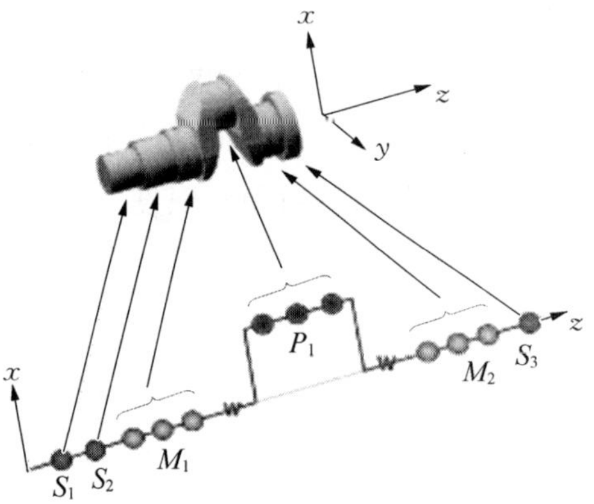

图 2.8 曲轴连接点分布图

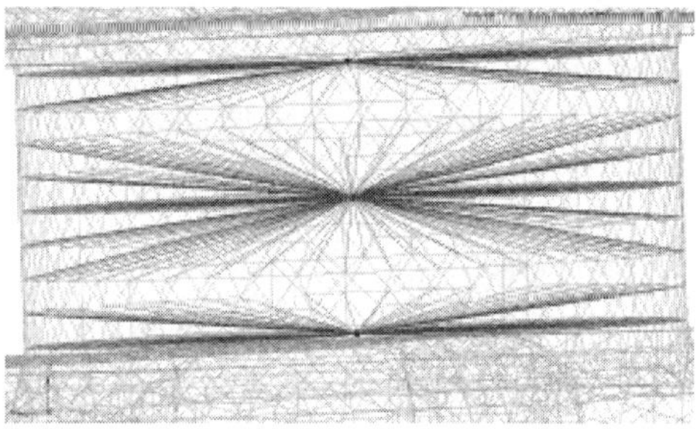

图 2.9 主轴颈连接点(RBE3)

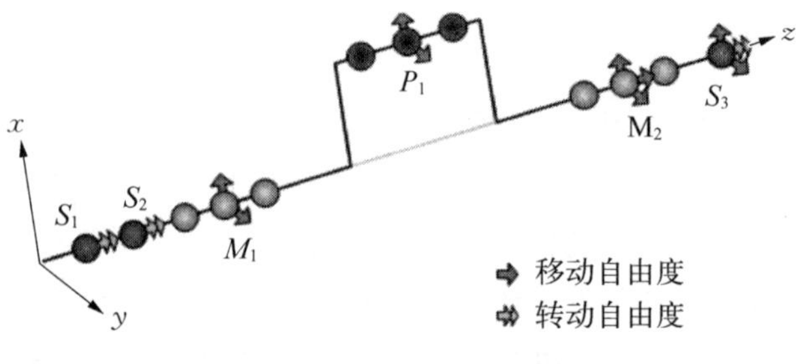

图 2.10 各连接点(RBE3)的自由度

2）模态分析及生成模态中性文件

模态是指机械结构系统固有的振动特性，每一阶模态都对应特定的固有频率、阻尼比和振型。这些模态参数可以通过数值计算或者实验分析去获得。对于复杂系统的振动特性可以认为是由许多模态线性叠加在一起的结果，这样一个系统振动特性的分析过程就为模态分析。模态分析的结果揭示了结构各部分振动的强弱分布及抗振薄弱区域。模态分析的方法主要有两种：计算模态分析法与实验模态分析法。通过计算机数值计算的方法获得结构的模态，称为计算模态分析法；通过实验的方法，在实验中输入信号和输出信号经过参数识别从而获得结构的模态，称为实验模态分析法。模态属于结构或部件自身的固有属性，任何结构或部件都存在固有频率和对应的模态振型，运用模态分析方法获得结构在某一特定频率范围内的各阶主要模态的特性，就可以预测结构在此频率范围内，在外部与内部各种激励下的振动响应。因此，模态分析逐渐成为现代机械结构动态设计、设备的故障诊断和预报以及噪声控制等方面的重要方法，其分析结果可作为其他动力分析的基础，如谐响应分析、谱分析和瞬态动力学分析等。

模态分析是通过有限元软件进行模态计算分析获得。将划分好网格及定义完连接的曲轴、连杆、机体提交给 Nastran 进行模态计算，得到模态分析结果及模态中性文件(MNF 文件)。由于对系统的动力学响应影响最大的是系统低阶模态的固有频率，所以对于曲轴、连杆、机体一般只需要计算前 20 阶主要模态，如表 2.2 所示。由于前 6 阶是刚体模态，不予考虑，下面选取曲轴的第 7 至第 12 阶模态进行说明。定义 z 向为曲轴轴向，x 为靠近自由端的 $6^{\#}$ 曲拐对应方向。

表 2.2　曲轴各阶模态　　单位：Hz

阶次	7	8	9	10	11	12	13
频率	14.1	15.2	38.2	40.6	42.9	57.4	76.3
阶次	14	15	16	17	18	19	20
频率	96.4	99.7	102.2	123.0	145.7	159.8	169.2

第 7 阶模态如图 2.11 所示：主要以 y 向的一阶弯曲为主，自由端振幅较大。

图 2.11 第 7 阶 模 态

第 8 阶模态如图 2.12 所示：主要以 x 向的一阶弯曲为主，自由端振幅较大。

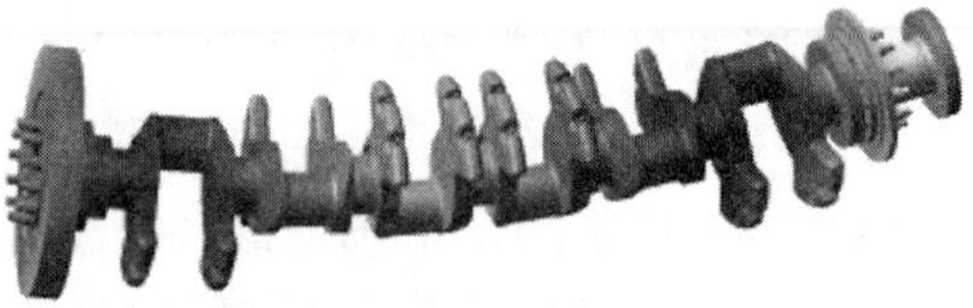

图 2.12 第 8 阶 模 态

第 9 阶模态如图 2.13 所示：主要以 y 向的二阶弯曲为主，自由端振幅较大。

图 2.13 第 9 阶 模 态

第 10 阶模态如图 2.14 所示：主要以 x 向的二阶弯曲为主，自由端振幅较大。

图 2.14 第 10 阶 模 态

第 11 阶模态如图 2.15 所示：主要以 z 轴的扭转为主，靠近自由端的 $6^{\#}$ 曲拐上的两平衡块振幅较大。

图 2.15 第 11 阶 模 态

第 12 阶模态如图 2.16 所示：主要 z 轴的大幅伸缩为主，并有 x 向小幅弯曲，自由端及靠近自由端的平衡块振幅较大。

图 2.16 第 12 阶 模 态

3）将刚体部件替换成柔性体进行计算

将生成的曲轴、连杆、机体的柔性体文件（MNF）导入 Virtual Engine 中，替换刚体的曲轴、连杆、机体，如图 2.17 所示。

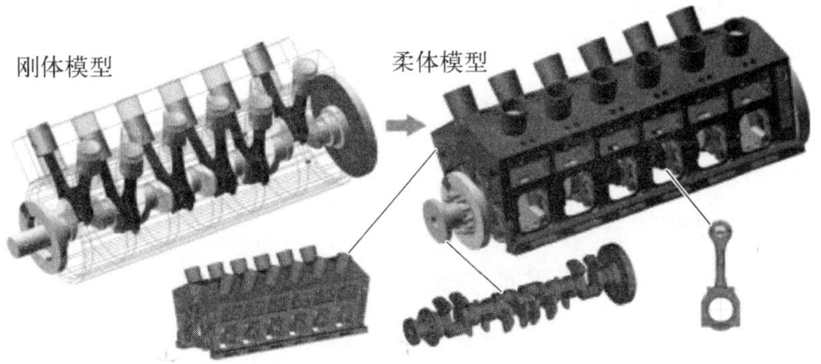

图 2.17 曲轴系统柔体模型

柔体之间通过之前建立的连接点（RBE3）建立约束和传递力。力的传递通过建立弹性液动轴承来控制，其基本的理论如下：

（1）柔性体基本理论。柔性体采用修正的 Craig-Bamptom 模态法，用少数低阶模态描述复杂的动力学特性。

柔性体位移方程为：

$$\boldsymbol{M}\ddot{U}+\boldsymbol{K}U=f(t) \tag{2.20}$$

式中，U 是节点位移；$\boldsymbol{M}$ 是质量矩阵；$\boldsymbol{K}$ 是刚度矩阵；$f(t)$ 是关于时间函数的激励。

柔性体 x 点的位移为：

$$U(x,\ t)=\sum_{i=1}^{n}\phi_i(x)q_i(t) \tag{2.21}$$

式中，$\phi_i(x)$ 组成模态矩阵 ϕ ；$q_i(t)$ 为振型系数。

将式(2.20)代入式(2.21)得模态坐标下的位移方程为：

$$\boldsymbol{\phi}^{\mathrm{T}}\boldsymbol{M}\boldsymbol{\phi}\ddot{q}+\boldsymbol{\phi}^{\mathrm{T}}\boldsymbol{K}\boldsymbol{\phi}q=\boldsymbol{M}_{\mathrm{r}}\ddot{q}+\boldsymbol{K}_{\mathrm{r}}q=\boldsymbol{\phi}^{\mathrm{T}}f(t) \tag{2.22}$$

式中，$\boldsymbol{M}_{\mathrm{r}}$、$\boldsymbol{K}_{\mathrm{r}}$ 分别为模态质量和模态刚度。

(2) 柔性体动力学方程。由于曲轴主轴颈同时受到高压油膜及外部载荷作用，其动力学方程为：

$$\boldsymbol{M}_{\mathrm{s}}\ddot{\boldsymbol{u}}_{\mathrm{s}}+\boldsymbol{K}_{\mathrm{s}}\boldsymbol{u}_{\mathrm{s}}=\boldsymbol{F}_{\mathrm{s}}+\boldsymbol{F}_{\mathrm{a}} \tag{2.23}$$

其中，$\boldsymbol{M}_{\mathrm{s}}$ 为曲轴轴颈质量矩阵；$\boldsymbol{u}_{\mathrm{s}}$ 为曲轴轴颈位移矩阵；$\boldsymbol{F}_{\mathrm{s}}$ 为轴颈所受油膜力矩阵；$\boldsymbol{F}_{\mathrm{a}}$ 为轴颈所受外载荷矩阵。

轴承轴瓦动力学方程为：

$$\boldsymbol{M}_{\mathrm{b}}\ddot{\boldsymbol{u}}_{\mathrm{b}}+\boldsymbol{K}_{\mathrm{b}}\boldsymbol{u}_{\mathrm{b}}=\boldsymbol{F}_{\mathrm{b}} \tag{2.24}$$

其中，$\boldsymbol{M}_{\mathrm{b}}$ 为轴瓦质量矩阵；$\boldsymbol{u}_{\mathrm{b}}$ 为轴瓦位移矩阵；$\boldsymbol{F}_{\mathrm{b}}$ 为轴瓦所受油膜力矩阵。

(3) 连接柔性体弹性动力润滑轴承的 Reynolds 方程。曲轴主轴颈与轴瓦直接采用弹性液动润滑轴承连接。其流体动力润滑的扩展 Reynolds 方程为：

$$\begin{aligned}&\frac{\partial}{\partial x}\left(\bar{\theta}\cdot\varphi_x\cdot\frac{h^3}{12\eta}\cdot\frac{\partial\bar{p}}{\partial x}\right)+\frac{\partial}{\partial z}\left(\bar{\theta}\cdot\varphi_z\cdot\frac{h^3}{12\eta}\cdot\frac{\partial\bar{p}}{\partial z}\right)\\&=\frac{\partial}{\partial x}\left[\bar{\theta}\cdot(\bar{h}_T+\sigma_{\mathrm{c}}\cdot\varphi_{\mathrm{s}})\frac{\mu_1+\mu_2}{2}\right]+\frac{\partial(\bar{\theta}\cdot\bar{h}_T)}{\partial t}\end{aligned} \tag{2.25}$$

其中：$\bar{\theta}$ 为平均填充率，表示空穴效应的影响；η 为机油黏度；$\bar{p}$ 为平均油膜压力；φ_x、φ_z 分别为 x、z 方向的压力流量因子，表示表面粗糙度对压力流量的影响；φ_s 为剪切流量因子，表示表面粗糙度对剪切流量的影响；σ_c 为两表面的综合粗糙度，$\sigma_c=\sqrt{\sigma_1^2+\sigma_2^2}$，$\sigma_1$、$\sigma_2$ 分别为主轴承轴颈和轴瓦的表面粗糙度；μ_1、μ_2 分别为轴颈和轴瓦周向运动速度；h 为名义油膜厚度；$\bar{h}_T$ 为实际油膜厚度平均值，包括粗糙度和弹性变形影响；t 为时间；x、z 分别为沿圆周方向坐标和沿轴向坐标。

2.3.3　仿真结果及分析

1）模型验证

为验证建立的动力学模型及仿真结果的正确性，将刚体模型的动力学结果与之前的理论计算结果进行比较，图 2.18 为 3# 主轴承载荷(从自由端到飞轮端分别定义 1# ～7# 主轴承)。可以看出刚体模型结果与理论计算基本一致，存在的细微不同，主要是理论计算使用的数学模型相对简化，未考虑部分惯性力、重力等。图 2.18 的结果充分证明了所建动力学模型的正确性，为下文的研究奠定了基础。

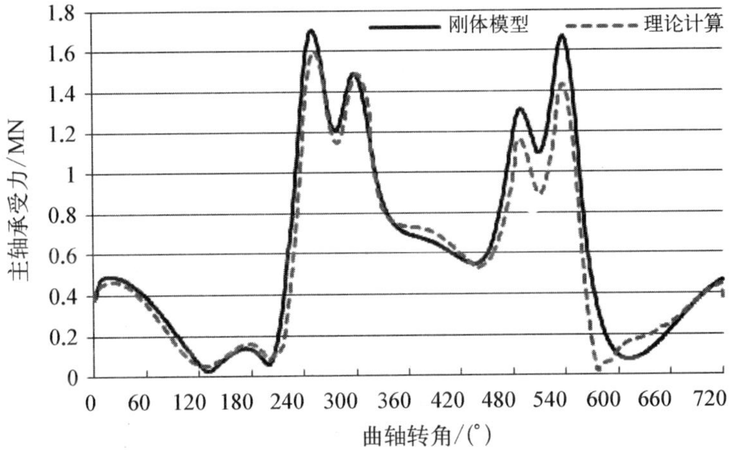

图 2.18　3# 主轴承载荷

2）曲轴曲柄销受力

柔体动力学的曲柄销受力(从自由端到飞轮端分别定义 1# ～12# 曲柄销)如图 2.19 所示，由于柔体曲轴在受到外力作用下会产生变形且变形并不一致，所以各个曲柄销的受力并不完全相同，存在细微变化，尤其是在最大爆发压力处，曲轴变形最大，影响了曲柄销的实际受力情况。

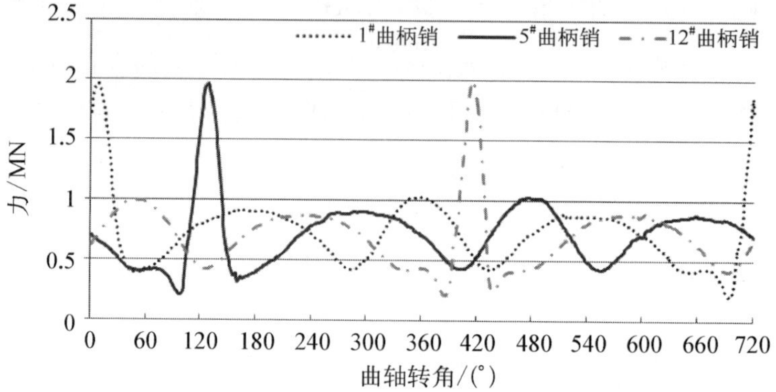

图 2.19　各个曲柄销受力

通过对比分析刚体模型与柔体模型的曲柄销受力，如图 2.20 所示。刚体模型曲柄销最大载荷为 2.21 MN，柔体模型曲柄销最大载荷为 2.01 MN，柔体曲轴变形降低了曲柄销的最大载荷，但使曲柄销的最小载荷增加了，由于减小了载荷峰值，曲柄销的受力情况有所改善。

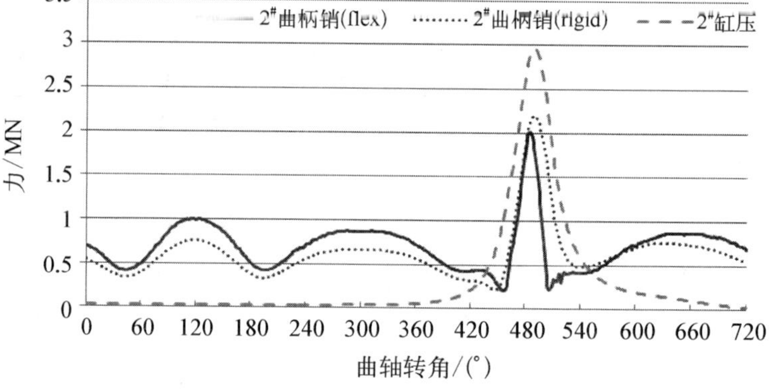

图 2.20　刚体模型与柔体模型曲柄销受力对比

3）曲轴主轴承载荷对比

柔体动力学的曲轴主轴颈与机体上的主轴承通过高度非线性的弹性流体液动轴承耦合，得到各个主轴承的载荷，而普通多体动力学则通过节点直接耦合，通过比较可以看出，液动轴承耦合的柔性体轴承受力与普通刚体轴承的受力并不完全一致，尤其在最大受力处，柔性体曲轴受力后变形产生附加力，因此柔性体的曲轴轴承受力略大于刚体轴承受力，如图 2.21～图 2.24 所示。

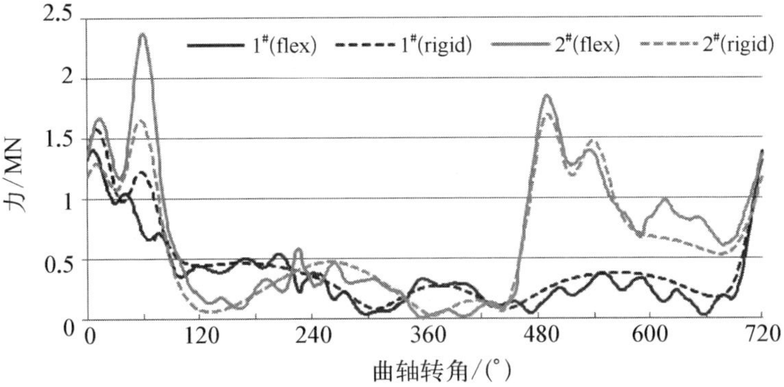

图 2.21　1#、2# 主轴承受力

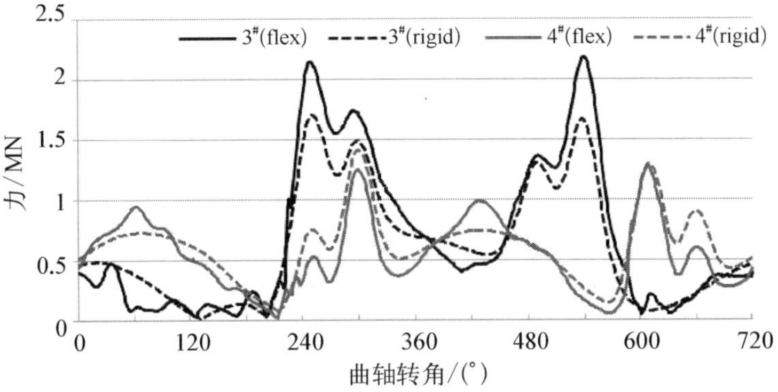

图 2.22　3#、4# 主轴承受力

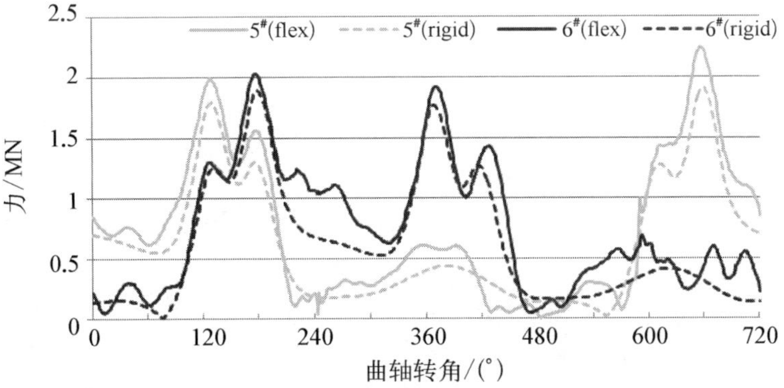

图 2.23　5#、6# 主轴承受力

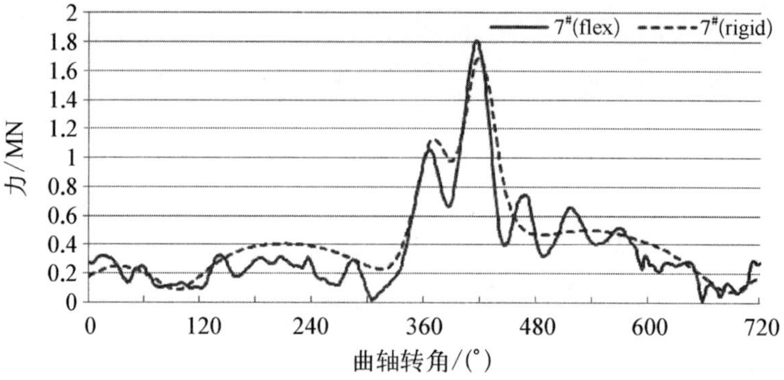

图 2.24 7# 主轴承受力

1#、7# 主轴承主要受单侧两缸爆发压力影响，最大载荷都出现在单侧两缸最大爆压之间，分别为 1.79 MN 和 1.77 MN；2#、3#、4#、5#、6# 主轴承都出现 2 个波峰，为相邻两侧四缸爆发压力所致，每个波峰都出现在单侧两缸最大爆发压力之间，各个主轴承的峰值载荷如表 2.3 所示，其中 2# 轴承在 68°时，峰值载荷达到了 2.47 MN，易引起轴承与轴颈间的干摩擦。

表 2.3 主轴承峰值载荷比较

主轴承编号	峰值载荷/MN		载荷比较
	柔　体	刚　体	
1#	1.79	1.58	+13.3%
2#	2.47	1.66	+48.8%
	1.84	1.69	+8.9%
3#	2.08	1.71	+21.6%
	2.17	1.67	+29.9%
4#	1.26	1.42	−11.3%
	1.27	1.30	−2.3%
5#	2.02	1.79	+12.8%
	2.21	1.91	+15.7%
6#	2.08	1.89	+10.1%
	1.90	1.77	+7.3%
7#	1.77	1.69	+4.7%

4）曲轴主轴承各部分受力

在主轴承受力分析中，将主轴承沿着径向分为三个承载部分，即左边、中心、右边，每个部分的载荷由均布的4个节点控制，如图2.25所示。

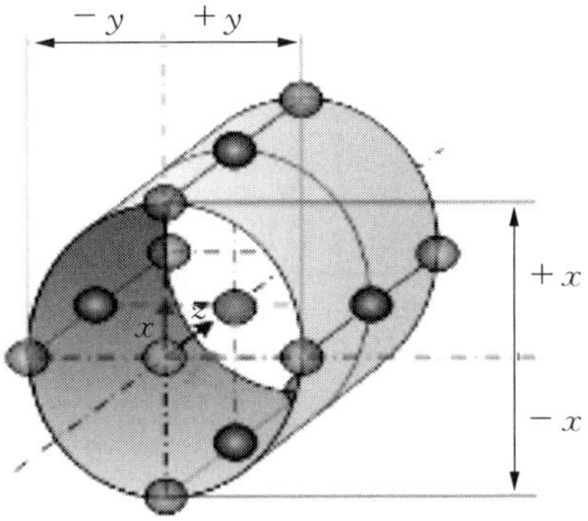

图2.25　主轴承3个部分

1# 主轴承右边的受力明显大于左边，如图2.26所示，右边载荷最大值为1.05 MN，出现在1# 缸最大爆发压力附近。这是由于1# 主轴承只受右侧两缸的爆发压力，所以右边受力比较大，磨损也比较严重。

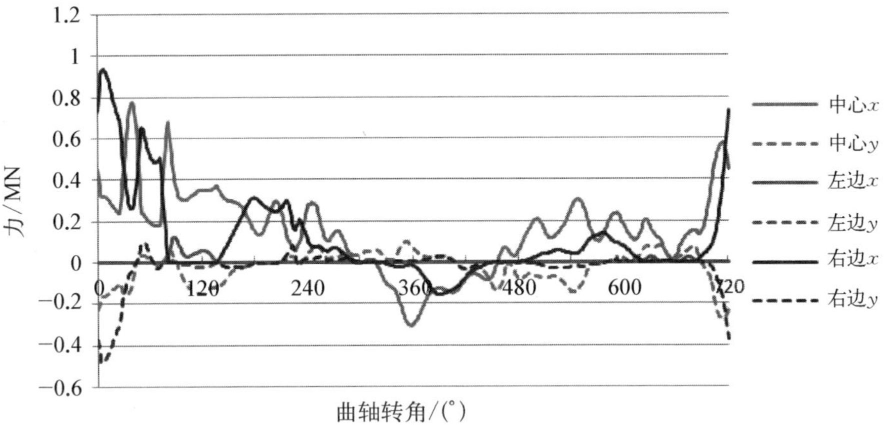

图2.26　1# 主轴承三部分载荷

2# 主轴承各部分载荷如图2.27所示，在曲轴转角60°左右，受2# 主轴承左侧7# 气缸（V型机气缸分A、B两列，A列编号1# ～6# 气缸，B列编号7# ～12# 气缸）爆发压力影响，2# 主轴承载荷主要集中在左侧，最大值为1.38 MN；在曲轴转角490°左右，受2# 主轴承右侧2# 气缸爆发压力影响，2# 主轴承载荷向右边分布，右侧载荷最大值为1.09 MN。

3# 主轴承各部分载荷如图2.28所示，在曲轴转角252°左右，受3# 主轴承右侧3# 气缸爆发压力影响，3# 主轴承载荷向右边分布，右侧载荷最大值为1.17 MN；在曲轴转角542°左右，受3# 主轴承左侧8# 气缸爆发压力影响，3# 主轴承载荷向左边分布，左侧载荷最大值为1.06 MN。

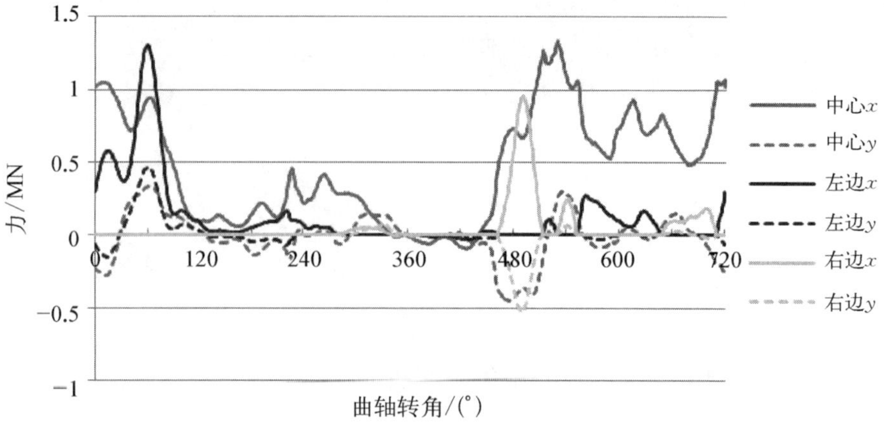

图 2.27　2# 主轴承三部分载荷

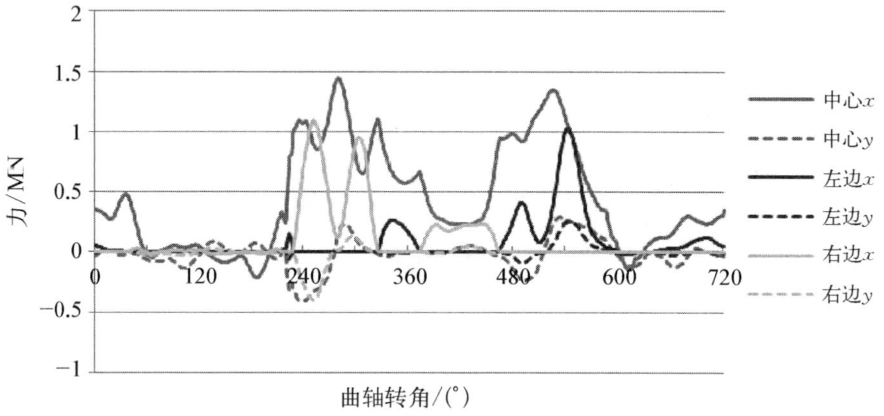

图 2.28　3# 主轴承三部分载荷

4# 主轴承各部分载荷如图 2.29 所示，在曲轴转角 298°左右，受 4# 主轴承左侧 9# 气缸爆发压力影响，4# 主轴承载荷向左边分布，左侧载荷最大值为 0.945 MN；在曲轴转角 611°左右，受 4# 主轴承右侧 4# 气缸爆发压力影响，4# 主轴承载荷向右边分布，右侧载荷最大值为 0.879 MN。

5# 主轴承各部分载荷如图 2.30 所示，在曲轴转角 127°左右，受 5# 主轴承右侧 5# 气缸爆发压力影响，5# 主轴承载荷向右边分布，右侧载荷最大值为 0.961 MN；在曲轴转角 664°左右，受 5# 主轴承左侧 10# 气缸爆发压力影响，5# 主轴承载荷向左边分布，左侧载荷最大值为 1.40 MN。

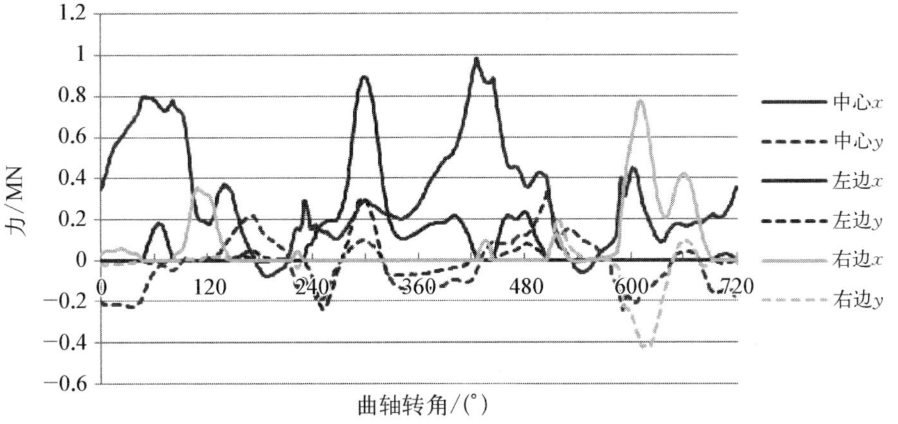

图 2.29　4# 主轴承三部分载荷

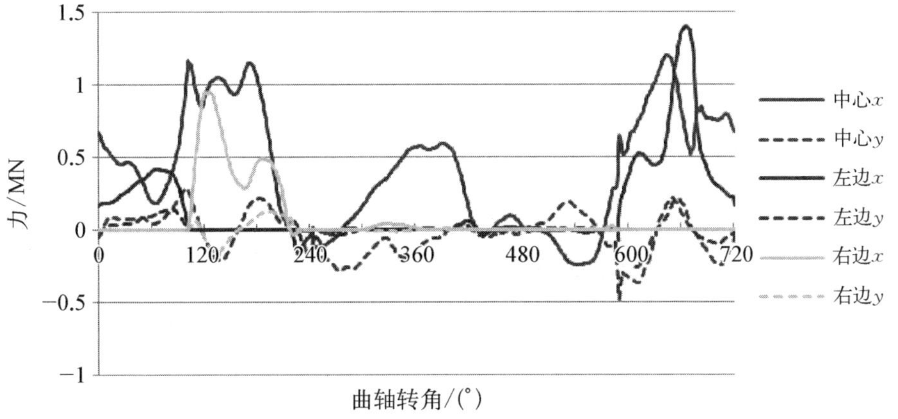

图 2.30　5# 主轴承三部分载荷

6# 主轴承各部分载荷如图 2.31 所示，在曲轴转角 135°左右，受 6# 主轴承左侧 5# 气缸爆发压力影响，6# 主轴承载荷向左边分布，左侧载荷最大值为 0.713 MN；在曲轴转角 373°左右，受 6# 主轴承右侧 6# 气缸爆发压力影响，6# 主轴承载荷向右边分布，右侧载荷最大值为 1.27 MN。

7# 主轴承各部分载荷如图 2.32 所示，由于只受左侧两缸爆发压力影响，7# 主轴承载荷向左侧分布，在 418°时左边载荷最大值为 1.31 MN。

1# 与 7# 主轴承只受到单侧气缸对其的作用力，所以存在偏磨现象，造成主轴承轴瓦的单边磨损，2#、3#、4#、5#、6# 主轴承同时受到两侧爆发压力，在一个周期内(720°)，轴承的左右两边分别承受一个峰值载荷，主轴承轴瓦的磨

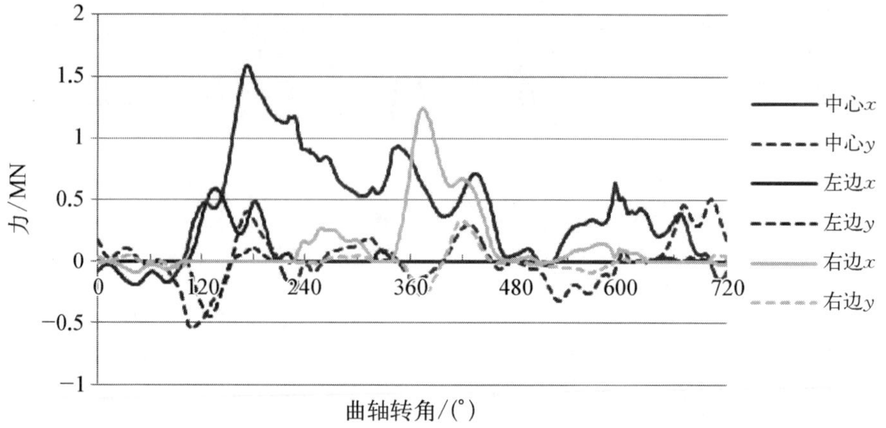

图 2.31　6# 主轴承三部分载荷

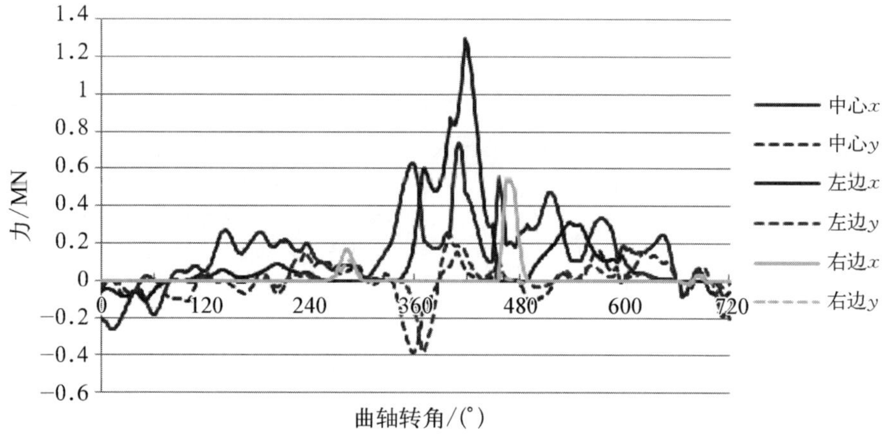

图 2.32　7# 主轴承三部分载荷

损较为均匀。

5）轴承载荷分布

在传统近似计算中，轴承载荷都是以余弦函数分布的形式加载在轴承上。但在实际曲轴轴承中，由于曲轴的弹性变形与主轴承间油膜的作用，其载荷分布并不是呈余弦函数分布，图 2.33～图 2.34 为 1# ～7# 主轴承的第一个最大峰值载荷沿轴向的分布，大部分载荷的分布都是有一定斜率的曲线，这是由于峰值载荷主要由主轴承单侧两缸的爆发压力影响，爆发压力侧的轴承载荷显著大于另一侧，导致载荷分布呈近似斜线的分布，而近似计算中，认为载荷在轴承中心，所以轴承载荷按照余弦分布。6# 主轴承峰值载荷基本按照余弦函数分布，这是由于6#主轴承两侧气缸发火相近，两侧爆发压力在6#主轴承两侧形成平衡，可等效为轴承中间的集中力，所以主轴承载荷分布呈近似余弦函数的分布。

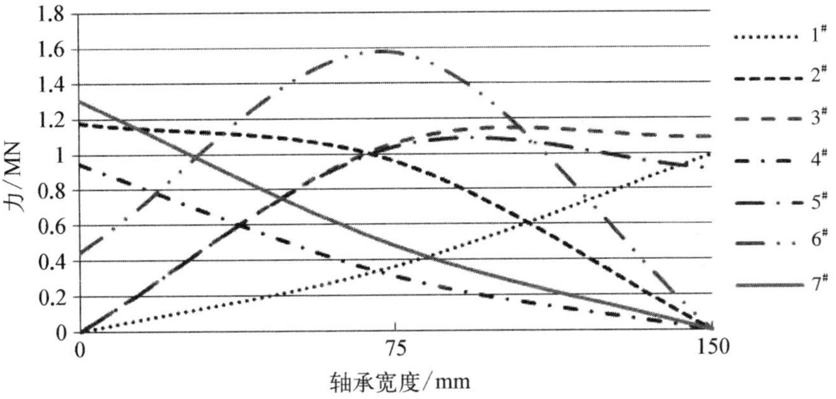

图 2.33　主轴承轴承载荷分布

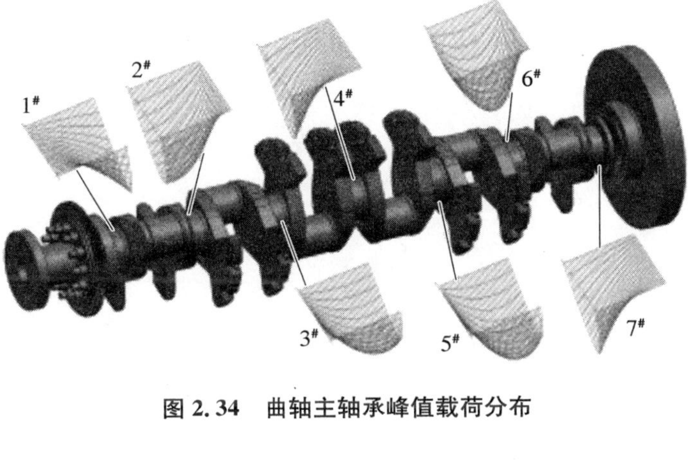

图 2.34　曲轴主轴承峰值载荷分布

2.4　本章小结

本章以某新型船用柴油中速机为研究对象，在了解了国内外对曲轴研究内容和方法的基础上，明确了研究思路和方法，对曲轴进行多体动力学分析，重点研究了曲轴主轴承载荷及其分布情况。现将本章的研究总结如下：

（1）利用柴油机设计手册的经典计算公式，进行了柴油机曲轴系统的动力学计算，获得了活塞侧压力、曲柄销载荷、主轴承载荷等一系列动力学数据。

（2）根据柴油机曲轴系统的实际参数，运用多体动力学理论，建立了柴油机曲轴系统的刚体动力学模型，通过与理论计算得到的动力学数据进行比较，验证了该曲轴系统刚体动力学模型的正确性。

（3）将柴油机曲轴系统主要部件（曲轴、连杆、机体）转换为柔性体，替代原来动力学模型中刚体部件，建立了柴油机曲轴系统的柔性体模型，通过比较刚体模型与柔性体模型的动力学特性，发现柔性体模型的结果更接近真实的情况，柔性体模型能更好的模拟柴油机实际载荷。引入液动轴承计算模型来模拟真实部件间的轴承作用，计算分析了主轴承的载荷分布情况，发现主轴承载荷分布并不均匀，与通常认为的余弦分布也有较大的差距，部分主轴承存在偏磨现象。

第三章　船用柴油机典型结构的强度分析

3.1　船用柴油机典型结构的强度分析方法

船用柴油机的典型结构主要有机体、曲轴、连杆和活塞，针对不同的典型结构，其强度分析方法也不同。本章将逐一介绍船用柴油机各典型结构的强度分析方法。

3.1.1　船用柴油机机体结构强度分析方法

1）机体分析流程图

对柴油机机体进行了相关分析计算与研究，具体流程如图 3.1 所示。

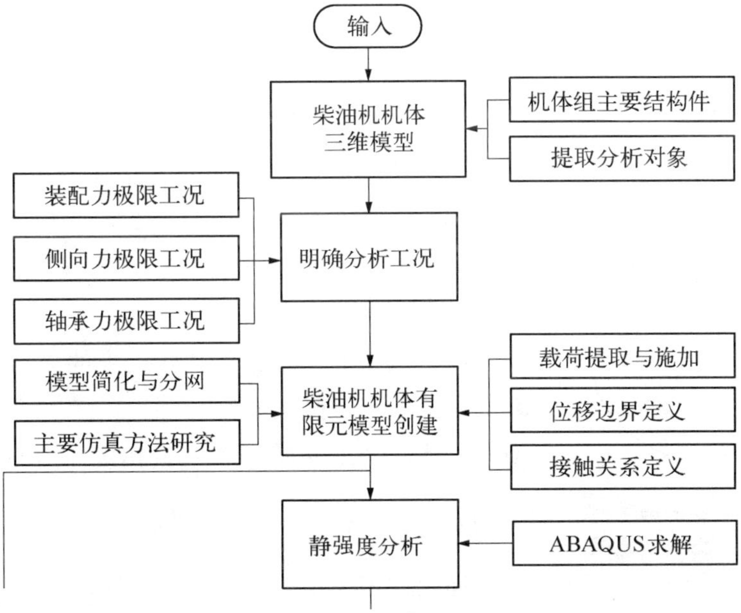

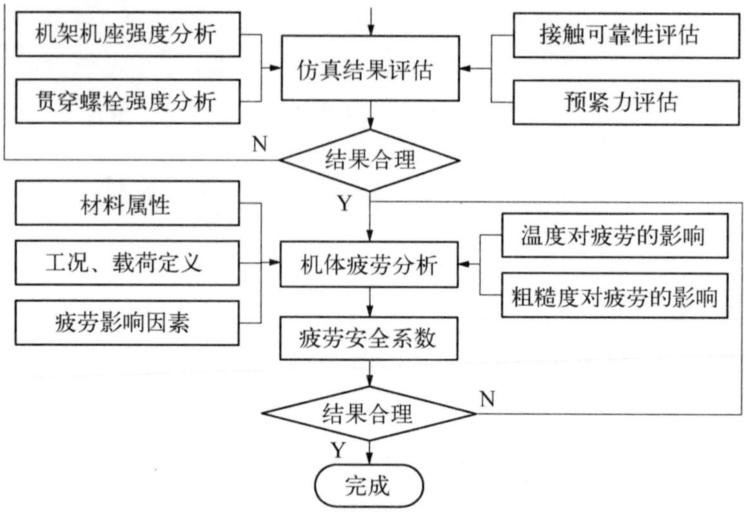

图 3.1　技 术 路 线 图

2）机座轴承力仿真方法

在柴油机中，活塞连杆组的惯性力、重力以及爆压力等载荷均通过曲轴传递给机座的主轴承上，一般认为主轴承上的油膜压力按照余弦曲线的形式分部于主轴承座上。动力学计算所得的主轴承压力是一个有方向的集中力，为了较为真实地复现轴承受力情况，现将集中力转换为均布力的形式施加在主轴承上。

(1) 解析法。设压强 p 在圆柱面周向的分布规律为：$p = A\cos\left(\frac{\pi}{2\alpha}x\right)$，

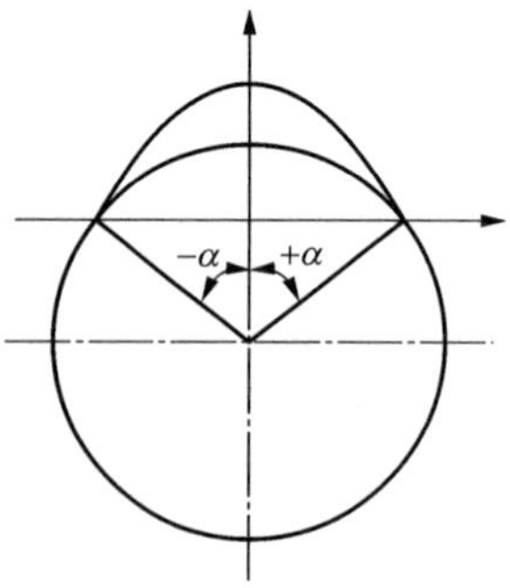

图 3.2　轴承余弦力分布示意图

其中 $x \in [-\alpha, +\alpha]$，验证可知压强 p 在 $[-\alpha, +\alpha]$ 的圆周角度范围内是按照余弦分布(见图 3.2)，其中 A 为未知系数，且圆周半径为 R，圆柱面轴向宽度为 L。

则在圆周上一段微元圆弧面上的压力 $F = p \cdot a$，其中面积 $a =$ 微元弧长 $\times$ 轴向宽度，因此，$a = R \cdot \mathrm{d}x \cdot L$，那么在 $x \in [-\alpha, +\alpha]$ 角度为内的合压力值可用 $F = \int_{-\alpha}^{+\alpha} A\cos\left(\frac{\pi}{2\alpha} \cdot RL\,\mathrm{d}x\right)$来表示，以上所求 F 为弧面法向压力值，那么竖直方向的分力只需乘以

$\cos x$，即：

$$F_1 = \int_{-\alpha}^{+\alpha} A\cos\left(\frac{\pi}{2\alpha}x\right) \cdot \cos x \cdot RL\,\mathrm{d}x \tag{3.1}$$

$$F_1 = \frac{4\pi\alpha}{\pi^2 - 4\alpha^2} \cdot \cos\alpha \cdot ARL \tag{3.2}$$

其中特殊地，当 $\alpha = \frac{\pi}{2}$ 时，$F_1 = \frac{\pi ARL}{2}$。

若已测得力 F_1，则通过积分即可求得系数 A 的值，也就求得压强 p 在 $[-\alpha,\ +\alpha]$ 范围内的分布公式。

由上式可知在角度范围内的竖直方向合力 F 是角度 x 的一个函数，其中压强 p 沿着圆柱面的轴向仍是按照常数分布，若压强 p 在圆柱面轴向也要按照余弦分布，则此时的压强 $p_2 = p \cdot \cos\left(\frac{\pi}{L} \cdot y\right)$，其中变量 $y \in \left[-\frac{L}{2},\ +\frac{L}{2}\right]$，此时的压强 p_2 为关于角度 x 和宽度 y 的函数，即：

$$p_2 = A\cos\left(\frac{\pi}{2\alpha} \cdot x\right) \cdot \cos\left(\frac{\pi}{L} \cdot y\right) \tag{3.3}$$

那么微元弧面（此时的宽度不再是 L，而是 $\mathrm{d}y$）上的法向压力 $F_2 = AR\cos\left(\frac{\pi}{2\alpha} \cdot x\right) \cdot \cos\left(\frac{\pi}{L} \cdot y\right)\mathrm{d}x\,\mathrm{d}y$，再乘以 $\cos x$ 就得到竖直方向上分力，由此可得竖直方向上的总分力 F_3 的表达式为：

$$F_3 = \int_{-\alpha}^{+\alpha}\int_{-\frac{L}{2}}^{+\frac{L}{2}} AR\cos\left(\frac{\pi}{2\alpha} \cdot x\right) \cdot \cos\left(\frac{\pi}{L} \cdot y\right)\mathrm{d}x\,\mathrm{d}y \tag{3.4}$$

$$F_3 = A \cdot \frac{8Rl\alpha\cos\alpha}{\pi^2 - 4\alpha^2} \tag{3.5}$$

若已知竖直方向的力 F_3，则通过积分即可求得系数 A 的值，也就求得压强 p 在 $x \in [-\alpha,\ +\alpha]$，$y \in [-\alpha,\ +\alpha]$ 范围内的分布公式。

（2）有限元计算验证。上述已给出单向余弦力的分布公式，下面就对给出的计算公式进行分析验证，思路即是将积分所得的和有限元计算出的反力 RF 进行对比。在一圆柱面模型内施加一个分布的余弦力，其中柱面半径 $R=$

100 mm,角度区间,圆柱面的长度 $L=400$ mm,模型底面节点均刚性耦合至底面下端的一中心点。模型的前处理在 ANSA 中完成,将导出的有限元模型提交 ABAQUS 运算后得出应力分布规律和支反力 RF 的值,结果如图 3.4 和表 3.1 所示:

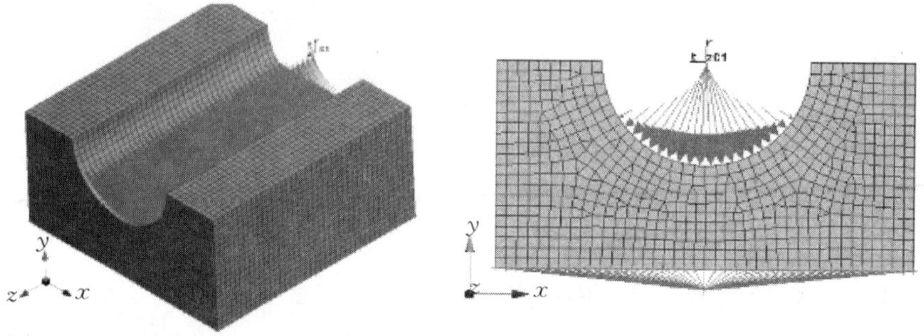

图 3.3 分 析 模 型

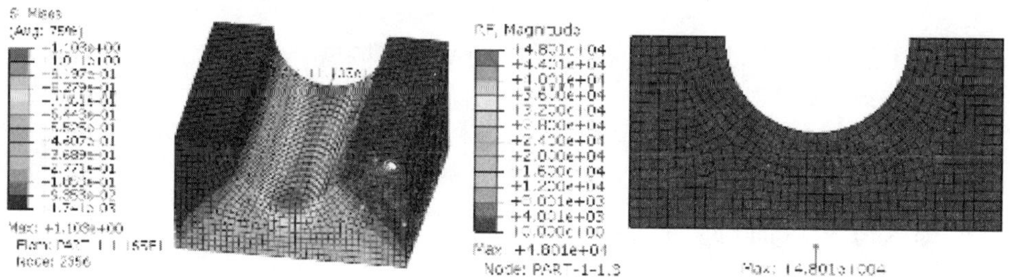

图 3.4 长度 L 上应力和支反力分析结果

表 3.1 计算参数与结果

角度范围 α /rad	半径 R /mm	长度 L /mm	合力理论值 /N	合力仿真值 /N	误差 /%
	100	400	48 000	48 010	0.020 8

据以上给出的单向余弦力的计算公式带入给定的半径、角度和长度值求得:与仿真结果的支反力 48 010 N 相比,误差仅为 0.020 8%,可以认为几乎相等,说明了理论推导公式的正确性。

在上述单向余弦力的基础上使压力在沿柱坐标的 z 向也呈余弦力分布,则其中柱面半径 $R=100$ mm,角度区间 $\left[-\frac{\pi}{3}, +\frac{\pi}{3}\right]$,圆柱面的长度。模型的前处理完成后，将建好的有限元模型提交 ABAQUS 运算后得出应力分布规律和支反力 RF 的值，结果如图 3.5 所示。

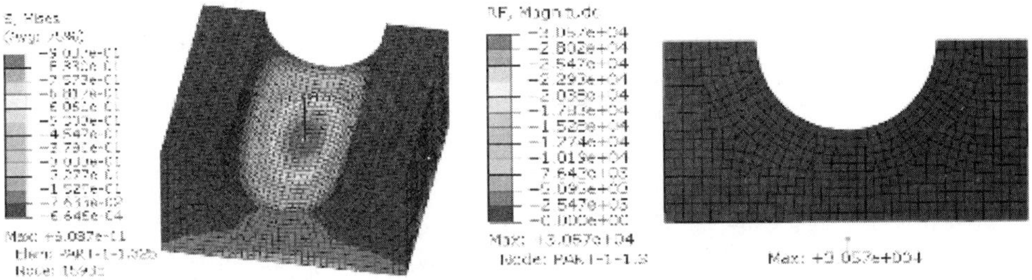

图 3.5　长度 y 上应力和支反力分析结果

表 3.2　计算参数与结果

角度范围 α /rad	半径 R /mm	长度 y /mm	合力理论值 /N	合力仿真值 /N	误差 /%
	100	[−200,200]	30 557.75	30 570	0.04

据以上给出的单向余弦力的计算公式带入给定的半径、角度和长度值求得：与仿真结果的支反力 30 570 N 相比，误差仅为 0.04%，可以认为几乎相等，说明了理论推导公式的正确性。

(3) 比例法。由以上的理论计算可知，当压力按照单向余弦力的规律分布时，根据上述求得的合力计算公式可以看出，合力 F 是压强的一个积分，当角度范围 x、半径 R 和长度 L 完全确定时，合力 F 的值与余弦力 P 的幅值系数 A 成正比，因此可以通过试错法来先加载一个幅值 $A_1 = 1$ 的余弦力，从而通过分析得到一个支反力 F_1，设实际的幅值为 A，同时已知实际的合力为 F。根据实际的幅值，从而求得实际的系数 A。

同样的，当压力按照双向余弦力的规律分布时，根据上述求得的合力理论计算公式也可以看出合力 F 与幅值系数 A 的正比关系，因此同样可以通过试错法求得实际的幅值系数 A。有了实际的幅值系数 A 就可按照真实的余弦力表达式进行加载进行仿真计算。

(4) 方法对比。针对上述的两种仿真求解余弦力分布的方法做以下的分析对比，可根据不同情况来进行分布公式求解方法的选择(见表 3.3)。

表 3.3 方法对比

	解析法	试错法
原理	数值积分	合力与余弦幅值的正比关系
主要步骤	① 列出压力压强关系的表达式； ② 对合力积分求出真实的幅值； ③ 加载余弦力公式进行分析。	① 预先设置一个幅值进行加载； ② 仿真得出合力结果； ③ 利用正比关系求得真实幅值； ④ 加载实际的余弦力公式进行最终分析。
误差	完全根据理论计算没有误差，与仿真情况有一定差距。	基于模型误差、仿真误差求出的真实幅值 A 更适合用于二次仿真。

表 3.3 归纳了解析法和试错法两种方法的原理、主要工作和误差之间的区别。从两种方法所要做的主要工作可以看出，试错法需要对模型进行两次分析，解析法只需积分求得幅值 A 因此更为简便。另一方面，由于试错法所求出的 A 是根据有限元模型和仿真求得，因此求得的幅值 A 中有实际的模型精度与分析误差的影响，用于最终的仿真分析反而显得更加准确。由于机架的仿真计算耗时长，本文仍采用解析法的数值进行轴承力的加载。

3) 螺栓连接仿真方法

在船用柴油机中所采用的最多的连接方式除了焊接即为螺栓连接，在机体的各个关键零部件之间，其连接方式均为螺栓连接。例如缸盖螺栓将缸盖、缸套固定于气缸体上；贯穿螺栓将气缸体、机架和机座三者紧密地连接成为一个整体；主轴承螺栓用于固定压紧主轴承盖；以及在机架机座间还有着辅助连接定位的多组螺栓等等。在这些螺栓连接系统中，有些螺栓连接系统是仿真计算需要重点观察的，而有些螺栓连接则不是分析的重点。对于复杂模型的仿真计算，往往由于计算规模较大而导致计算过程漫长复杂，因此，对于非关注区域的螺栓连接进行适当简化同时又能保证模型原始的正确连接关系显得很有必要。因此，对于这些螺栓连接，本文采用一维梁单元和分布耦合的方式进行简化模拟。为校核此种简化方法的可行性，现对一简单模型进行相应的对比分析。

对比分析的模型如图 3.6 所示的螺栓连接系统，其中包括双头螺柱、螺母、被连接件 1 和被连接件 2，双头螺柱将被连接件紧密地连接在一起。

方案一：建立螺栓的实体模型，根据真实连接情况，建立接触对模拟与被连接件之间的接触关系如图 3.7 所示。

方案二：建立螺栓连接的一维简化模型，应用分布耦合的方式定义螺栓与被连接件的接触关系如图 3.8 所示。

现对比实体模型与简化模型的仿真分析结果。

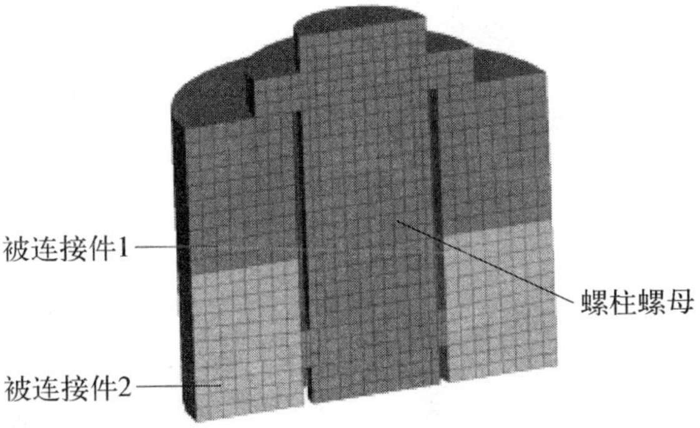

图 3.6　螺 柱 连 接

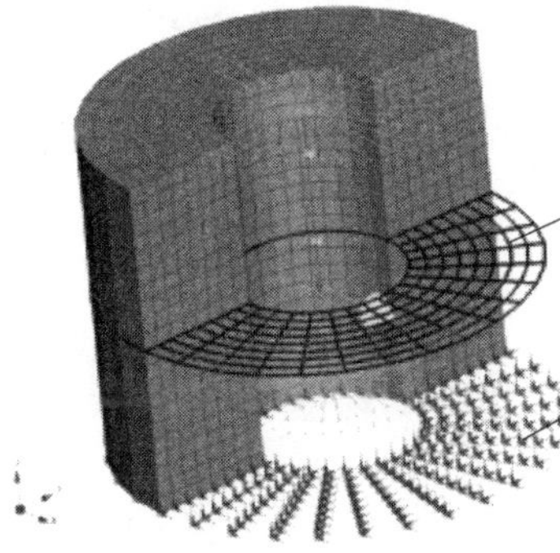

图 3.7　简化螺柱连接

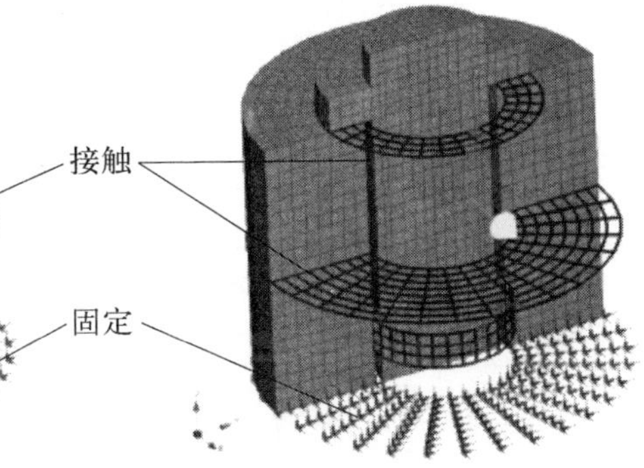

图 3.8　螺柱连接 3D 模型

两者的计算结果如图 3.9 和图 3.10 所示。从应力云图可以看出，采用简化方式得到的计算结果与实体模型的计算结果在应力分布规律上完全相同，仅在应力的数值上有一定的差距。不论是被连接件的应力分布还是被连接件之间的接触压力，其分布规律都是一致的。在表 3.4 中列出了各项结果的具体数值，从应力数值上可以看出，采用简化后的螺栓连接件上的各项应力值和接触压力都有不同程度的变化。其中，被连接件与螺母接触处的应力误差最大，达到 25%；连接件之间的接触压力误差最小仅为 2.2%。从简化的角度来看，当不关注被连接件的强度，而只需保证连接的可靠性时，采用简化方法是完全可行的。

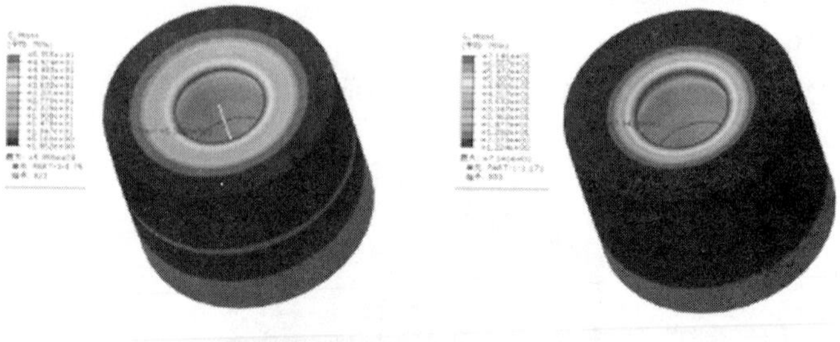

图 3.9　被连接件应力值

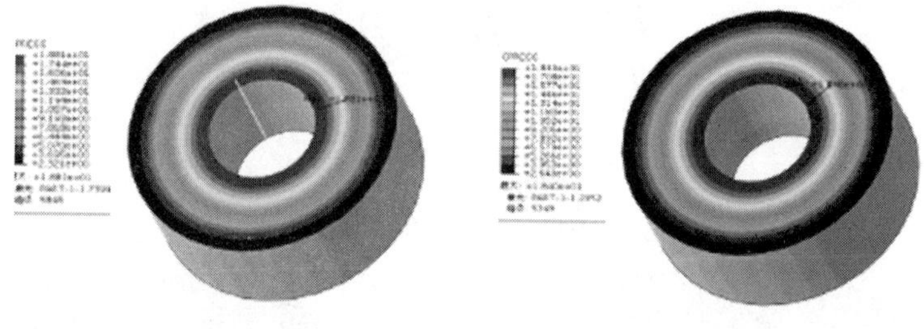

图 3.10　连接件接触压力

表 3.4　分析结果对比

结构强度/ MPa	3D 实体方法	梁单元、耦合方法	误差值
螺母连接区域	71.41	53.55	−25%
螺纹连接区域	48.66	42.82	−12%
连接接触压力	18.4	18.81	2.2%

贯穿螺栓连接是机体仿真分析的重点，此时就必须保证 6 根贯穿螺栓的真实性，在分析过程中建立贯穿螺栓的三维模型，对其与被连接件的接触关系进行准确的定义，最后对其应力、疲劳结果进行分析。机架与机座之间的 12 个辅助连接螺栓不是此次分析的重点，建立其实体模型会大大增加仿真前处理工作量和分析收敛的难度，最终得到的结果也是收效甚微。经过上述分析的对比验证，在机体分析的模型中螺栓连接采用的建模方式如表 3.5 所示。

表 3.5　螺栓连接建模方式

	贯穿螺栓	主轴承螺栓	缸盖螺栓	机架、机座连接螺栓
个数	6	6	24	12
模型	实体单元	实体单元	实体单元	梁单元、耦合

4）非线性收敛控制方法

仿真分析过程中，往往会出现非线性的情况，非线性的出现将对模型计算的收敛性产生很大的影响，如果非线性处理不恰当将会大大增加仿真分析的收敛难度，使得模型无法求解。仿真过程中的非线性主要包括几何非线性、材料非线性和边界非线性。在机体的有限元分析中模型均为小变形，不会出现大变形的情况，机体所采用的模型均为线弹性材料且构件的承载均在材料的弹性范围之内。因此机体分析包括几何非线性与材料的非线性，唯一对收敛性有影响的就是边界的非线性。在机体模型中由于整个模型有大量零件组成，而两个零件之间必然会定义接触属性，有些时候两个零件之间的接触还存在过盈的情况，因此接触问题是影响机体计算收敛性的关键问题。提高收敛性的途径：接触简化、算法控制、接触面网格控制、载荷加载过程控制、过盈施加过程控制。

(1) 接触简化。对于分析的不关注区域，该区域在分析的模型中往往是为了载荷的施加与传递，因此这些区域的接触关系就可以通过绑定约束来简化影响收敛性的接触关系。例如缸体与缸套的接触位置，由于不是分析的关心区域，因此将其接触关系简化为绑定约束，以提高收敛性。然而机架与机座等接触区域是分析的关键区域，因此这些区域的接触关系不能采用绑定简化。需要定义接触的螺栓连接区域。可以采用螺栓简化的梁单元与耦合的形式来降低收敛的难度。

(2) 算法控制。在定义接触关系时初始的接触属性为点面之间的接触，但是往往由于两个接触面之间不平整导致接触不均匀而影响收敛性，因此为了降低收敛难度可以采取下列几种算法控制来实现：将接触属性定义为“面面接触”、接触主面扩展、接触面容差调整。面面接触是将接触面作为一个整体进行接触，可以减小接触面的上应力集中；接触主面扩展可以将接触的主面面积做稍微扩展以保证接触的从面在分析中一直位于主面的区域中；接触面的容差调整则是将建模过程中的间隙误差强制进行消除，保证两接触面在分析开始时即能贴合上，这也有利于观察接触面之间的接触压力与接触开口值来评价接触的可靠性。

(3) 接触面网格控制。一接触对的两个接触面上的网格质量对接触收敛性与计算结果有着直接的影响。在两接触面上如果能做到接触面平整并且接触面上的节点对应一致，可以更加有利于面面直接光滑平整地接触上；而且由于节点一致，力可以通过节点与节点之间实现均匀的传递，接触面上的单元的应力值也会分布更加均匀减少应力集中和应力值不连续的情况。

(4) 载荷加载过程控制。在船用柴油机的分析中往往会出现一些数值较大的载荷，如果载荷施加的过程不够平滑，则容易导致单元的扭曲和失效，从而出现计算无法收敛的情况，为了减小大载荷对计算的影响，在分析过程中本文采用了不同梯度法的加载过程，不仅保证了载荷的准确加载，也使得载荷在加载的过程中能平滑过渡，大大提高了收敛容易度。类似地，接触过盈的施加也会对计算收敛性产生较大影响，因此在过盈的施加过程中同样采取了不同梯度的加载形式，以提高复杂模型的收敛容易度。如图 3.11 所示，对于预紧力现在第一分析步中加载 10%的量值，使模型的接触关系能平稳地建立起来，再于后续的分析步中加载 100%的预紧力。过盈量是建立幅值曲线，按照幅值曲线的规律进行加载，初期加载的过盈量较小且增长率小(如在 0.1 的时间增量步中施加 1%的过盈)，当过盈接触的关系建立起来，再按照正常的加载过程进行过盈的施加，过盈量的加载过程如图 3.12 所示。

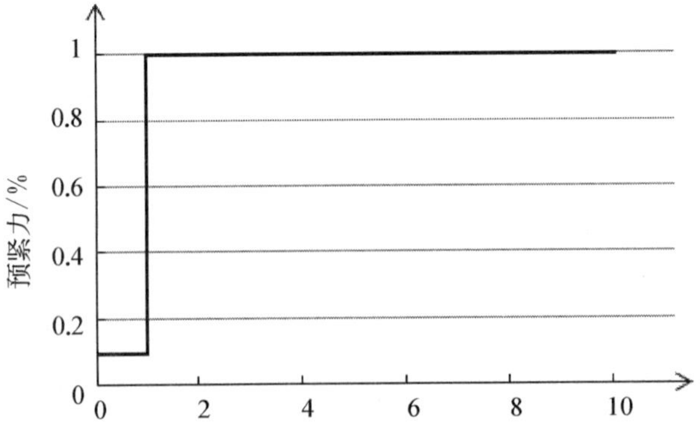

图 3.11　螺栓预紧力加载过程

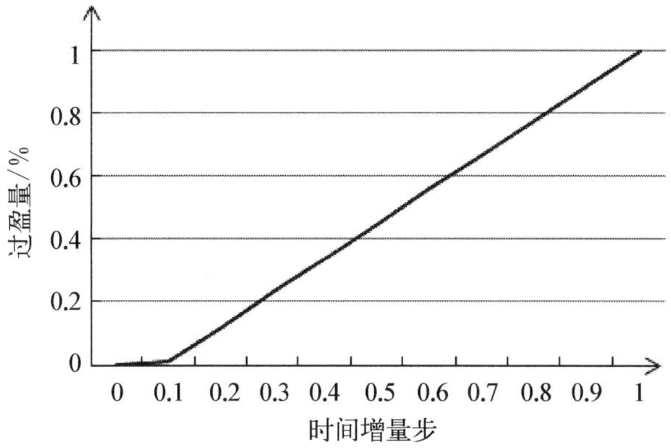

图 3.12　过盈量加载控制

3.1.2　船用柴油机曲轴结构强度分析方法

对柴油机曲轴进行了相关分析计算与研究，主要研究路线如下：

(1) 利用三维建模软件 UG 完成对柴油机曲轴、连杆、机体的建模。

(2) 利用传统理论计算方法对曲轴系统进行动力学计算。

(3) 利用动力学软件 Virtual Engine 建立曲轴系统多刚体模型，并得到曲轴系统的动力学特性，包括曲柄销载荷、主轴承载荷等。

(4) 利用 Nastran 软件将多刚体系统中的曲轴、连杆、机体进行柔性化，并导入 Virtual Engine 中通过弹性动力润滑耦合各个柔性部件，建立曲轴系统的多柔体动力学模型，分析柔性体模型的动力学特性，并与刚体模型结果进行对比。

(5) 利用国际船级社协会(IACS)制订的曲轴疲劳强度校核 (IACS UR M53)规范对曲轴的强度进行校核。

(6) 利用有限元分析软件 Abauqs 对曲轴的不同工况进行静态分析，并校核其强度。

(7) 利用 FEMFAT 软件对曲轴单拐进行疲劳分析，分析曲轴在最大工况载荷下的疲劳安全系数。

(8) 利用 ANSYS 软件进行曲轴感应加热数值仿真，对曲轴红套工艺进行分析并完成曲轴红套工艺的制定。

具体流程如图 3.13 所示。

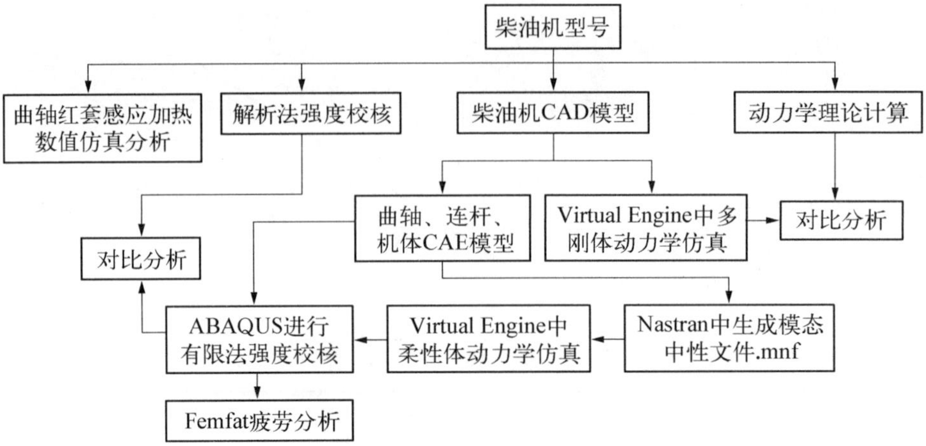

图 3.13 技术路线

3.1.3 船用柴油机连杆结构强度分析方法

1）技术路线

连杆技术路线如图 3.14 所示，从图中可以看出对连杆组件的分析主要有 3 条路线：第一条路线是进行连杆的屈曲分析；第二条路线是进行连

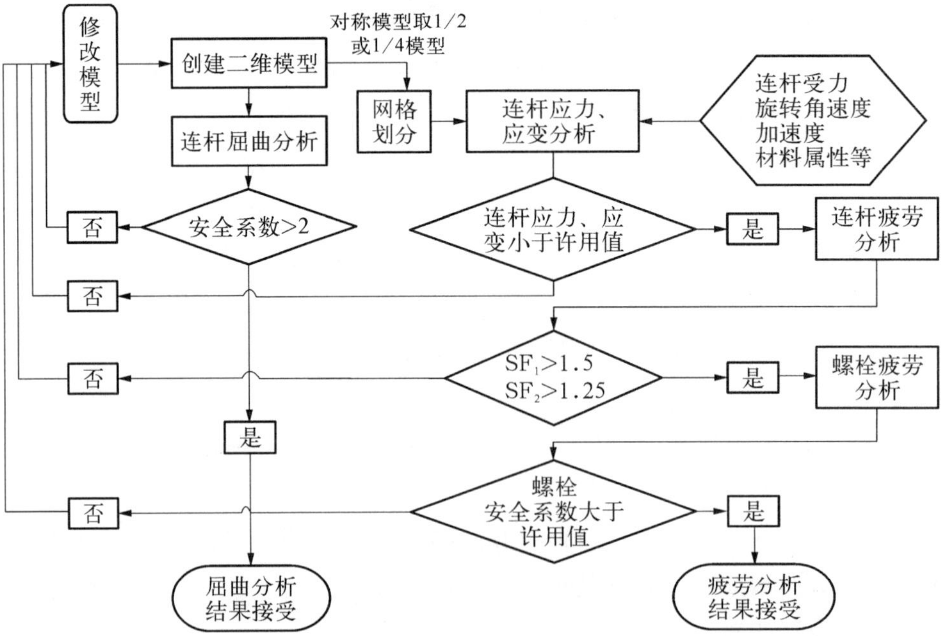

图 3.14 连杆强度分析技术路线

杆的应力应变分析；第三条路线是对连杆及螺栓进行疲劳计算。在此过程中，任何一步计算结果不满足要求都要回到模型的修改，改进设计重新进行计算。

2）连杆单元类型选择选取法

ABAQUS 中有各种单元类型，选取什么样的单元类型对分析结果影响很大。为了研究不同单元类型对应力结果的影响，以如下实例进行说明。例子中模拟了一个悬臂梁受压的工况，如图 3.15 所示。图中，$a=10$ mm，$b=5$ mm，$F=100$ N，$l=200$ mm。

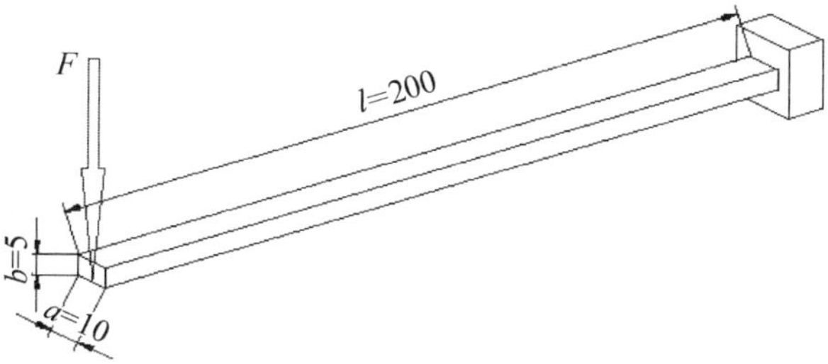

图 3.15　悬臂梁受压工况

（1）用理论公式进行计算。对于图示的梁模型，可采用纯弯曲梁计算方法，对于纯弯曲梁，截面上的正应力计算公式为：

$$\sigma = \frac{M}{I_z} y \tag{3.6}$$

式中，M 是横截面的弯矩；y 是横截面上的一点到中性轴的距离。在工程实例中，M 和 y 可以用绝对值代入求解，所求点的应力类型则直接根据梁的受力变形状态来判断。

对于矩形截面，惯性矩的计算公式为：

$$I_z = \frac{bh^3}{12} \tag{3.7}$$

选取中间截面中心处进行研究，则此时 $M=Fl/2$，$y=b/2$，$h=a$ 将数值代入公式，求解出中间截面处的正应力为 $\sigma=240$ MPa。

（2）有限元计算。应用 ABAQUS 软件，使用不同的单元类型来建立悬臂梁的有限元模型来对其截面处应力值进行研究。结果如表 3.6 所示。

表 3.6　不同单元类型计算结果对比

单元类型	弯曲最大应力数值/MPa					
	厚度方向层数	16	8	4	2	1
C3D8R		225.9	213.3	192	159.4	140
C3D8		238.3	236.6	233.3	228	285.9
C3D20R		240	240	240	240	240
C3D20		240	240	240	240	240
C3D8I		240	240	240	240	240
C3D8H		238.3	236.6	233.3	228	220
C3D4		263	233.3	225.5	190.6	94.8
C3D4H		230	235.2	240.4	204.4	105.5
C3D10		240	240	240	240	240
C3D10I		240	240	240	240	240
C3D10M		235	241	253.8	269.7	288.5
C3D10H			241.2	242.3	245.8	273.5

结合理论计算结果以及有限元分析结果我们可以得出进行有限元计算时候选择三维实体单元类型的基本原则：

① 对于三维实体模型，尽量采用扫略网格划分方法进行网格划分，从而提高计算精度。

② 若使用自由网格划分办法，则 Tet 单元类型应该选择二次单元。

③ 尽量减少使用线性缩减积分单元，避免应力集中问题。

④ 在可压缩的材料中使用二次积分单元，同时合理布置网格疏密程度。

⑤ 针对不同的接触变形问题合理使用线性 Quad 或 Hex 单元。

⑥ 为了提高求解精度，可以在弯曲变形的实例中合理使用非协调单元。

对于三维实体模型，六面体单元是最佳的网格类型，但是对于结构较复杂的模型来说，进行六面网格划分是很难实现的。所以只能使用四面体单元和五面体单元来对模型进行网格的划分。在模型的网格划分过程中应该尽量减少 C3D6、C3D4 等精度较差的单元的使用。网格密度的增大有助于求解精度的提高。

二次四面体单元可以被一些前处理软件用来进行自由网格方针求解，用它们所建立的有限元模型都能较合理地反映模拟结果，但对于接触问题则较难实现。对于二次四面体单元所建立的有限元模型的求解计算速度，较相应六面体单元所建立的有限元模型的求解速度来说还是较慢的。如果模型只采用线性四面体单元而且网格规模也很小的话，计算精度是不高的。

3）连杆六面体网格划分方法

（1）导入 UG 模型并进行几何清理。划分正确的网格第一步必须保证几何模型是正确无误的，几何清理与检查就显得至关重要。首先，模型中存在的小倒角小圆角可事先在 UG 软件中删除，因为这些小特征处的分析结果不是关注的对象而且它们对分析结果没有明显影响。在 UG 软件中做完模型简化即可转化为式 iges 或者 step 中间格式导入 ANSA 中完成进一步的几何清理，最后使得模型的几何完全正确且封闭，并通过 tool-check-geometry 检查模型几何正确性。检查的内容包括：窄面、坍塌面、重叠面和自由边等等。最后几何清理完成的模型如图 3.16 所示。

图 3.16　几何清理后连杆模型

（2）网格划分思路。由上图可知，连杆由连杆杆身、连杆上盖、连杆下盖、轴瓦及螺栓组成，且连杆是上下左右对称模型，为提高划分效率取连杆四分之一模型进行网格划分，划分顺序依次为轴瓦和螺栓、上盖、杆身、下盖。

（3）轴瓦和螺栓六面体网格划分。在划分轴瓦和螺栓面网格时由于采用六面体网格划分（见图 3.17，图 3.18），在其引导面上必须保证面网格都为四边形。由于轴瓦上保留了油槽等结构，需对其进行多次分割使其全部划分成六面体网格，轴瓦的和螺栓的关键部位需减小网格尺寸将网格加密。

图 3.17　轴瓦六面体划分

图 3.18 螺栓六面体划分

(4) 连杆上盖六面体网格划分。连杆上盖利用对称的原理切分成四分之一模型进行有限元网格的划分。其结构较为复杂,体的个数将会很多。对油管部分先进行处理,去掉一层,然后确定分网的顺序为从上到下,其中有些小的部分采用的思路为从前向后。为了形象地看出划分思路,先将划分好的网格进行不同属性(见图 3.19)的显示。油孔和螺栓孔的地方为划分难点,油孔的地方是将有台阶的一层单独处理,螺栓孔的地方由第二层的网格能清楚的看出。

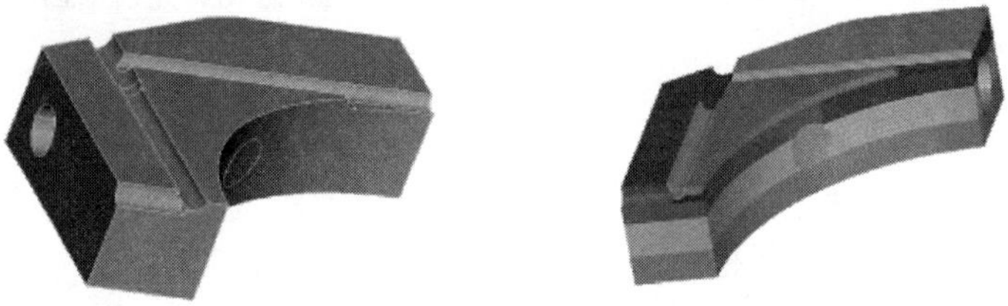

图 3.19 连杆上盖六面体网格划分

(5) 连杆杆身六面体网格划分。如图 3.20 所示,先将杆身分块,采用 map 命令从上到下依次划分,难点在处理四分之一的油管部分,划分方法参照上盖油管处。

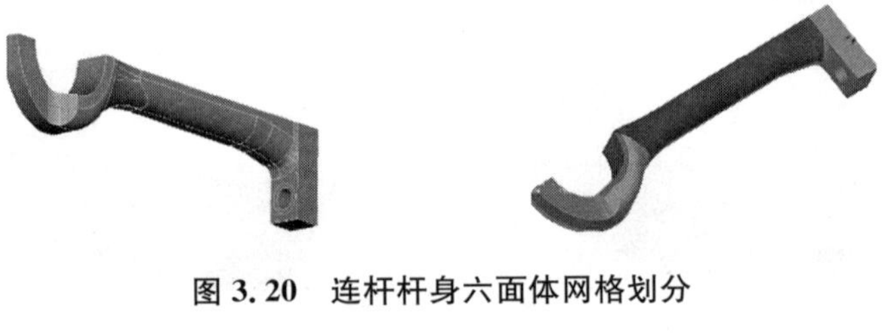

图 3.20 连杆杆身六面体网格划分

(6) 连杆下盖六面体网格划分。同样，连杆下盖的网格划分也采用四分之一模型。切分好进行补面生成封闭的体。经过分析可知，该模型要经过多个体的切割才能通过 MAP 功能生成六面体网格。整体的划分思路为从上到下，主要难点为孔的位置的处理以及大的倒圆角的处理。如图 3.21 对于孔的处理所采用的三层切分的方法基本适用于所有的孔的处理。以螺栓孔为中心，最上层的倒角解决办法是切出一薄层，然后以倒角的另一半作为主面的一部分就能通过 MAP 功能实现六面体网格的生成。

图 3.21　连杆下盖六面体网格划分

(7) 网格质量检查。划分完主面和引导面的网格后进行面网格的质量检查，对检查出不合格的单元进行修改，对单元尺寸、节点位置进行调整。可用于改善网格质量的方法有：移动单元节点 improve-move、重构网格 shell. mesh-recons、调整网格质量 shell. mesh-fix qual、平滑网格 shell. mesh-smooth 等等。其中 improve-move 可以自由调整节点位置，改善单元角度和雅克比；shell. mesh-recons 能选择要重构的面进行网格重构，能有效减少三角形的数量提高单元的质量；shell. mesh-fix qual 可以在设定单元质量参数之后自动地调整不满足要求的单元，大大提高工作效率；shell. mesh-smooth 可以使得单元的角度过渡更加平滑，从而改善网格质量。

在面网格质量都满足之后开始生成体网格，生成轴瓦和螺栓体网格方法均为 Map 算法，依次选择主面、从面和引导面来生成体网格。最后，按 F11 进行体网格的质量检查，网格质量评价参数主要为：长宽比、雅克比、单元角度。设置的评价参数如图 3.22 所示，其中面网格的质量参数设置的稍高一些，有助于生成更佳的体网格。

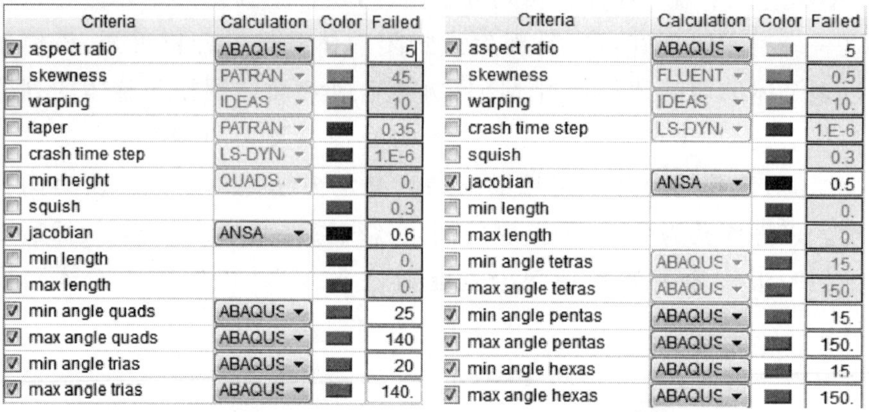

Criteria	Calculation	Color	Failed
☑ aspect ratio	ABAQUS		5
☐ skewness	PATRAN		45.
☐ warping	IDEAS		10.
☐ taper	PATRAN		0.35
☐ crash time step	LS-DYN.		1.E-6
☐ min height	QUADS.		0.
☐ squish			0.3
☑ jacobian	ANSA		0.6
☐ min length			0.
☐ max length			0.
☑ min angle quads	ABAQUS		25
☑ max angle quads	ABAQUS		140
☑ min angle trias	ABAQUS		20
☑ max angle trias	ABAQUS		140.

Criteria	Calculation	Color	Failed
☑ aspect ratio	ABAQUS		5
☐ skewness	FLUENT		0.5
☐ warping	IDEAS		10.
☐ crash time step	LS-DYN.		1.E-6
☐ squish			0.3
☑ jacobian	ANSA		0.5
☐ min length			0.
☐ max length			0.
☐ min angle tetras	ABAQUS		15.
☐ max angle tetras	ABAQUS		150.
☑ min angle pentas	ABAQUS		15.
☑ max angle pentas	ABAQUS		150.
☑ min angle hexas	ABAQUS		15
☑ max angle hexas	ABAQUS		150.

图 3.22　网格质量检查

(8) 生成连杆四分之一网格模型。将划分好的几个零件进行装配。因为保持了原有的坐标系的位置不变,所以只要将几个零件导入到一个文件下就可以了。图 3.23 便是装配好的连杆组的四分之一模型。

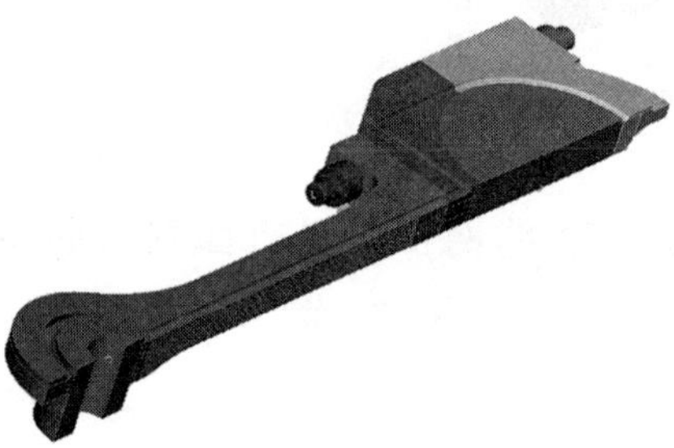

图 3.23　连杆四分之一网格模型

针对上述的网格类型、网格划分技巧,对连杆六面体网格划分所采用的软件为 ANSA。作为一款功能强大的有限元前处理软件,ANSA 的网格划分的正确性与速度都是较为出众的。而且它还能快速、有效地读取结构复杂的模型,这也使得很多复杂的前处理问题迎刃而解。ANSA 以它出色的灵活性与通用性著称,主流的 CAD 数据接口都有集成,同时它还能有效正确地呈现出模型的本质特征,能极大地方便对模型的前处理。

3.1.4　船用柴油机活塞结构强度分析方法

根据实际工况可知,活塞工作时需要综合考虑热负荷以及机械负荷的共同作用,故采用热机耦合法对活塞进行性能分析。热机耦合分析时,由于活塞应力应变场取决于温度场,但温度场不受应力应变场的影响,所以采用顺序耦合方法进行分析。按照该方法主要思路制定分析流程:首先确定活塞温度边界,并将温度边界加载到有限元模型上求得活塞热应力,然后加载各类机械负荷，最终分析得到活塞在热负荷和机械负荷共同作用下的应力应变状态。

图 3.24 是活塞热机耦合分析流程。本章以热力学、热传递以及弹性力学理论知识为基础，通过有限元软件对活塞进行热机耦合分析，首先利用模型前处理软件对活塞三维模型进行网格划分建立活塞有限元模型，随后对活塞内部组件进行属性定义和载荷和边界定义，其中载荷主要包括活塞所受热负荷和机械负荷，热负荷可通过流固耦合分析得到，机械负荷则由经验公式求解得到；最后定义载荷分析步，进行仿真分析。

经过有限元分析计算后可以根据活塞的位移、应力应变以及接触状况等结果对活塞的刚度、强度以及接触特性进行评价；最后通过经验公式对活塞杆的稳定性进行分析，预测活塞杆的屈曲特性。上述分析流程即为活塞的热机耦合分析流程，通过该流程可以对活塞以及活塞组各部件的性能进行全面分析与评价。

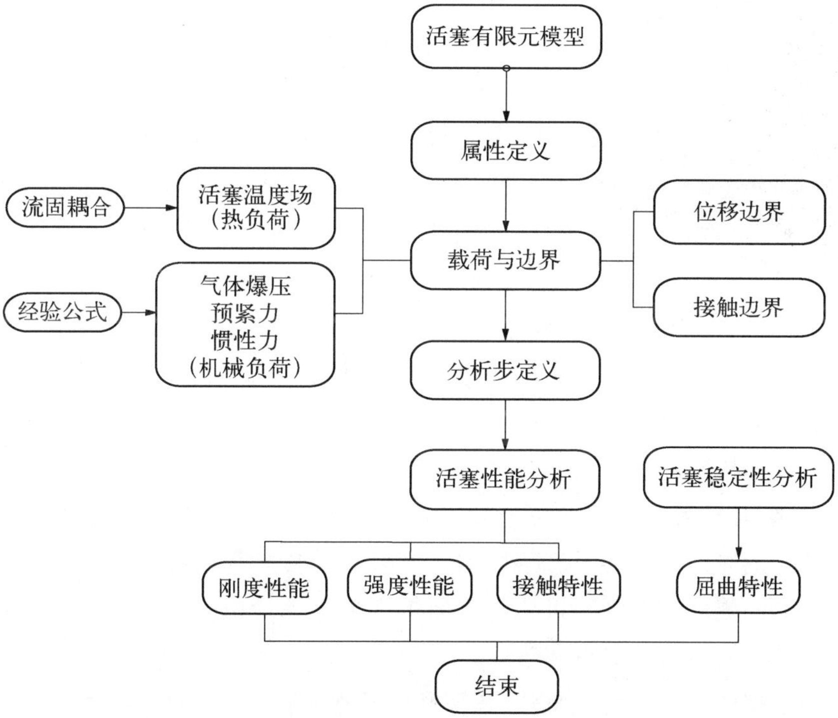

图 3.24　活塞热机耦合分析流程

3.2 船用柴油机机体结构强度

3.2.1 机体结构与工作过程

1）机体结构

低速柴油机的机体主要由机座、机架、贯穿螺栓和气缸体四大主要部件组成。低速柴油机机座多为两部分组成，其中轴承座区域为铸钢材料铸造，而机座外围的区域则是用船用钢板焊接制成。机座上的主轴承座都配有一个轴承盖，它们通过一组高强度螺柱通过液压拉伸器进行连接紧固。在机座的后端，安装有推力轴承和链传动等传动装置，在机座的前端区域则安装有一个轴向减震器，它的作用是缓冲轴向窜动。机座的主要作用是承担柴油机全部的重量，同时各运动部件的多种载荷也会最终传递到机座身上，并且在船舶遭遇较强的风浪时机座还要承受额外的弯曲、扭矩等附加载荷。由此可见机座必须具有相当的强度和刚度，因为如果载荷导致了机座变形严重，则曲轴的对中精度便受到极大的影响，这会导致主轴承的过度磨损甚至会引起柴油机停车。

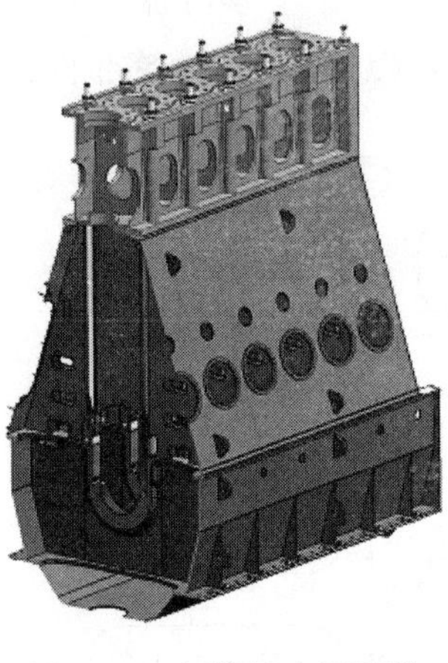

图 3.25　机体组主要部件

柴油机的机架是安装在机座的上部，是由多个部分焊接组成的，焊接所用的材料为 CL. B 船板。机架一般安装于垫块之上，然后再通过长的地脚螺栓固定于柴油机机座上。低速柴油机机架的主要功能是支撑气缸体，与机座组成曲柄箱，其最大的特点即在于机架的导板为十字头滑块提供导向并承受十字头传递的侧向力。同时机架后端还安装有链传动等机械结构，因此要求机架有足够的强度与刚度。机架的侧面板上装有钢质机架门，可以便于检查十字头、曲柄销轴承、主轴承和连杆。

贯穿螺栓是用于将气缸体、机架和机座连接在一起的连接单元，贯穿螺栓的安装预紧则是通过液压拉伸器 90～150 MPa 的力来实现。同时将贯穿螺栓的夹紧圈与机架上的对应配合孔定位装配，以消除贯穿螺栓的横向振动而导致螺栓断裂的情况。贯穿螺栓的所受的载荷主要包括：预紧力、气体爆压力、热膨胀力等等。

柴油机的气缸体随柴油机规格的不同,可以是整体结构或者分段结构组成。气缸体是通过贯穿螺栓固定于柴油机的机架上方,从而与机架、机座形成一个整体。气缸体的顶部的各个孔是用于安装气缸套,底部的圆孔则用于安装用于密封刮油的活塞杆填料函机构。虽本节不对气缸体进行详细的仿真分析,但是其对机架机座的边界条件有着重要影响,因此在分析的模型中依旧包括气缸体部件。

2）机架机座受力分析

与中高速柴油机不同,低速柴油机工作过程中活塞往复上下运动一次即可完成进气、压缩、做功和排气四个行程,因此低速柴油机机体的受力特点也较中高速柴油机有一定的区别。对机体的受力进行必要的简化分析与认识是对机体进行准确的边界加载的首要任务,只有得到了柴油机在工作过程中的准确边界条件才能保证仿真计算的可信度与准确度。

机架机座在柴油机的工作过程中承受的载荷主要包括：机体的自重力、螺栓的预紧力、热载荷、气体压力、十字头的侧向力以及主轴承力。明确机架机座的受力状况将更有助于边界载荷的提取与约束边界条件的施加,为后续的仿真分析奠定良好的基础。

在机体所受的载荷中,根据柴油机的设计模型,可以很快捷地明确机体的自重与螺栓的预紧力,螺栓的预紧力可以根据设计要求的设计值进行加载,而气体压力、十字头侧向力和主轴承力需通过理论公式的推导计算或者通过动力学软件进行仿真求得。由曲柄连杆机构的受力情况可以知晓,十字头承受着气体作用力和活塞的往复惯性力。柴油机机座上主轴承的受力情况较为复杂,每一档主轴承受到的载荷包括：相邻的两个连杆轴颈上的连杆推力以及相邻曲柄的旋转惯性力。

若根据理论公式计算,柴油机的首、末位主轴承上的力可直接由理论公式求出,其他主轴承所受的力即为相邻曲柄载荷的矢量之和。依据相应的发火顺序,即可求得按发火顺序得到的相邻的曲柄之间的相位角之差,从而求得各组轴承所受的合力大小与方向。若通过动力学软件进行仿真求解,只需在模型的基础上输入柴油机基本参数即可获取主轴承的载荷大小,本节采用的方法是动力学软件进行仿真获取载荷值。

(1) 基于主轴承力的工况选取。以柴油机的作业特点以及在工作过程中所受到的载荷为依据,选取的工况必须是最有代表性以及负荷最恶劣的工况,同时还尽量包含一些特殊情况下的极限工况。例如,在柴油机的工作过程中会出现单缸失火的情况,因此计算的工况中就必须包括这样的极限工况。同时,柴油机的整个工作过程中受到的主要负荷包括:重力、装配力、热载、气体力、十字头侧向力以及轴承压力等,因此在工况的选取中就应涵盖这些载荷的额定工况。根据上述柴油机的工作特点,现选取的计算工况主要为 11 步(见表 3.7),其中分析步 5 到分析步 7 为柴油机的额定工况,分析步 8 和分析步 9 为单缸失火工况。

表 3.7　分析步说明

分析步	工况载荷	分析步	工况载荷
Step1	重力、过盈、10%螺栓预紧力	Step7	轴承力水平向左最大
Step2	100%螺栓预紧力	Step8	单缸失火轴承力向下最大
Step3	热载荷	Step9	单缸失火轴承力向上最大
Step4	螺栓长度固定	Step10	十字头侧向力水平向右最大
Step5	轴承力幅值最大	Step11	十字头侧向力水平向左最大
Step6	轴承力水平向右最大	Step12	卸载

由于螺栓预紧力较大,因此在施加百分之百预紧力前,在第 1 分析步中施加一个稍小的载荷,使得机体中各个接触对能平稳地接触上;其次再在随后的第 2 分析步中加载全部螺栓预紧力,这样更有利于计算的收敛。第 3 分析步是进行热负荷的加载,观察热负荷对柴油机机体受热膨胀的影响趋势与变形量级。第 4 分析步是将螺栓长度固定,可以更真实地模拟在后续分析步中其他载荷加载时螺栓的受力变化。第 5 分析步到第 9 分析步是考虑主轴承力在各种极限工况下对机体的强度影响。第 10 和 11 分析步是考虑十字头侧向力对机体强度的影响。

主轴承力的获取是通过 Virtual Engine 动力学计算提供的载荷数据,各个轴承座的载荷曲线如图 3.26 所示,在轴承水平载荷分布图 3.26 中可以看出:载荷步 6 是水平正向载荷最大工况,2 号主轴承的水平向的分力达到最大值;载荷步 7 是水平负向载荷最大工况,6 号主轴承的水平负向载荷达到最大值;由图 3.27 可见,载荷步 8 和 9 为单缸失火时轴承竖直向载荷数据,载荷步 8 中 5 号主轴承的竖直负向载荷达到极值;载荷步 9 中 6 号主轴承的竖直向载荷达到正向最大。载荷步 5 为轴承力幅值最大工况；载荷步 10 和 11 是考虑十字头侧向力时的相应的主轴承载荷分布。

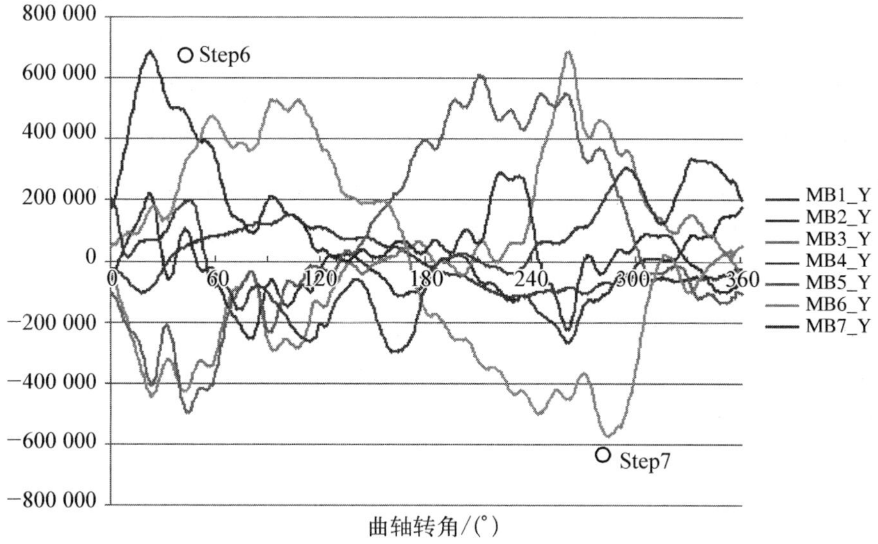

图 3.26　额定工况各主轴承水平向载荷曲线

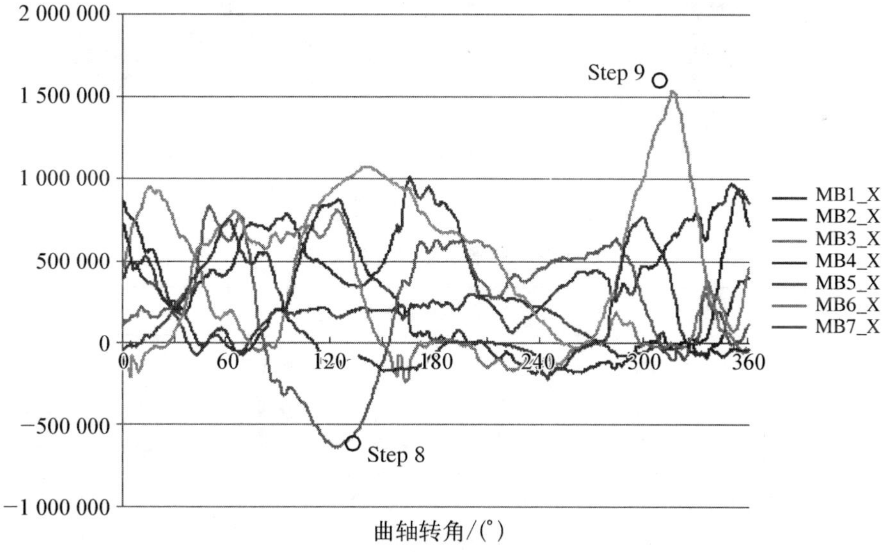

图 3.27　一缸失火工况各主轴承竖直向载荷曲线

（2）基于十字头侧向力的工况选取。该型柴油机为 6 缸机，每一缸的十字头侧向力均呈现相同的周期性，区别仅为在依据各缸的发火顺序而相差一个特定的相位角。因此每一个缸的十字头侧向力都有最大值且最大值都相同，此时并不是随意选择某一缸的十字头侧向力进行仿真计算，而是要根据各缸十字头均达到最大侧向力时主轴承的受力情况进行分析对象的选择，选择的工况应该是主轴承受力达到相对最恶劣的情况。因此在提取到十字头侧向力的周期变化曲线后，还需根据主轴承受力大小选取相对的主轴承进行仿真计算。下表所示为各个十字头侧向力负向(水平向右)达到极值时主轴承载荷的数值，由表 3.8 可知，当第六缸的十字头侧向力达到最大值时，⑥号主轴承的载荷在相对于其他主轴承都相对更大，因此分析步 10 中应选择第⑤、⑥、⑦号主轴承进行仿真分析，选取的相应的轴承载荷：23 399.12 N、1 088 363 N 和 691 465.3 N，对分析模型进行相应的余弦力分解与加载。其中第⑥号主轴承载荷施加在模型的中间一档的主轴承上，其余两个载荷依次施加在两侧的主轴承上。

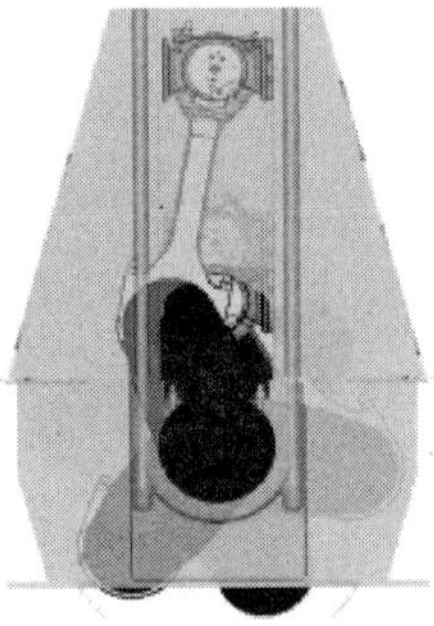

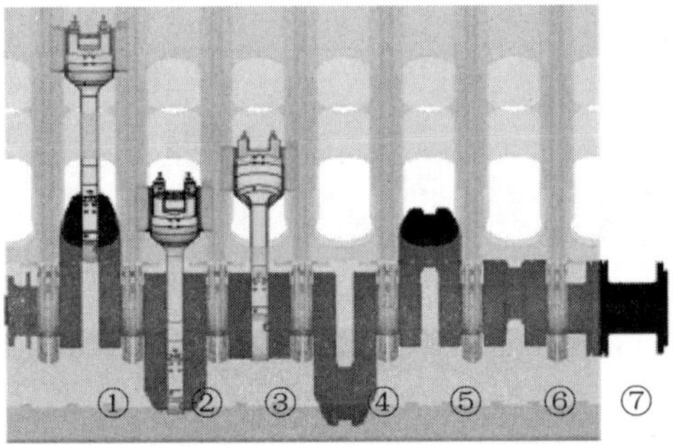

图 3.28　主 轴 承 编 号

表 3.8　主轴承载荷 (负方向) (N)

十字头滑块负方向侧推力最大时								
气缸	曲轴转角	轴承 1 载荷幅值	轴承 2 载荷幅值	轴承 3 载荷幅值	轴承 4 载荷幅值	轴承 5 载荷幅值	轴承 6 载荷幅值	轴承 7 载荷幅值
缸 1	20	783 338.2	846 117.5	824 344.8	207 892.3	465 853.8	160 388.4	126 288.7
缸 2	260	102 980.8	1 023 940	994 992.3	223 639.2	724 594.8	456 725.5	72 442.53
缸 3	140	147 694.8	140 119	885 308.9	862 044.7	263 368.7	499 342.4	79 384.16
缸 4	200	180 637.8	87 618.97	158 132.2	776 671.9	768 464.3	590 728.8	43 037.01
缸 5	80	117 776	244 419.9	197 930.1	256 686.6	1 067 365	691 525.7	176 256
缸 6	320	62 862.7	127 077.6	128 579.8	390 400.8	23 399.12	1 088 363	691 465.3

相对应的，在表 3.9 中同样选择第六缸的十字头侧向力达到正向(水平向左)极值时，将第⑤、⑥、⑦号主轴承作为分析步 11 的分析对象，将其轴承载荷施加到分析的有限元模型中。此时三档主轴承的载荷依次为 831 345.1 N、614 011.5 N和 42 467.7 N。

表 3.9 主轴承载荷 (正方向) (N)

十字头滑块正方向侧推力最大时								
气缸	曲轴转角	轴承 1 载荷幅值	轴承 2 载荷幅值	轴承 3 载荷幅值	轴承 4 载荷幅值	轴承 5 载荷幅值	轴承 6 载荷幅值	轴承 7 载荷幅值
缸 1	257	109 850.6	1 120 635	981 449.3	179 919	690 580.8	437 313.1	62 170.05
缸 2	137	141 558.1	132 618	1 003 198	926 258.6	235 977.5	479 866.5	88 354.43
缸 3	17	814 697.3	897 019.5	788 157.3	159 436.1	402 432.9	121 421	120 896.5
缸 4	77	116 981.7	260 861.8	167 684.3	240 268.9	1 175 798	791 621.8	162 508.5
缸 5	317	58 258.94	113 704.3	150 420	376 577	48 721.25	1 164 248	824 181.7
缸 6	197	173 500.2	81 502.73	143 069.5	867 008.1	831 345.1	614 011.5	42 467.7

以上已经选择出所用分析的全部分析步，对应不同的分析步，需将每一步的轴承载荷施加在对应的轴承合力角度上，表 3.10 列出了对应轴承上的每个工况需要加载的主轴承力和相应的载荷角度，由图 3.29 可以看出分析步 5 至 11 可以完整地仿真计算出机座在不同的极限轴承载荷下的强度特性，也可以对机座实现较为完善的强度校核。

表 3.10 各工况主轴承力载荷幅值

工况	曲轴转角/(°)	轴承号编号	极值方向	幅值/N
Step5	177.2	5	合力最大	1 175 798
Step6	225	3	$X+$	972 864
Step7	99.1	6	$X-$	583 340
Step8	184.3	6	$Y+$	1 535 500
Step9	357.8	5	$Y-$	638 299
Step10	155.1	6	$X-$	257 540
Step11	180.5	6	$X+$	90 342

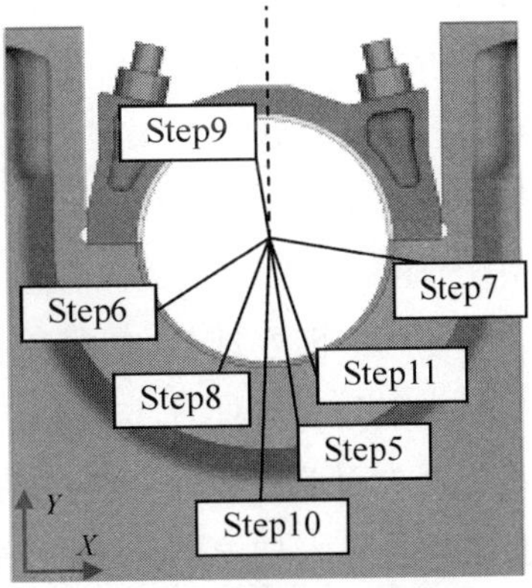

图 3.29 各工况下主轴承力合力方向

3.2.2 机体有限元建模

有限元分析模型的确定，需要根据分析目标来进行。明确分析目标和仿真对象时首要完成的事项。本文的分析对象为一船用低速柴油机的机体，现取柴油机机体的三维模型，由于此柴油机为六缸机，根据分析需求现选择机体的两个完整的缸和两个半缸的机体段进行有限元分析，考察机体相关部位的结构静强度与疲劳。如图3.30所示的模型共有十大部件组成：机座、主轴承盖、轴瓦、主轴承螺栓、机架、贯穿螺栓、气缸体、缸套、缸盖和缸盖螺栓。

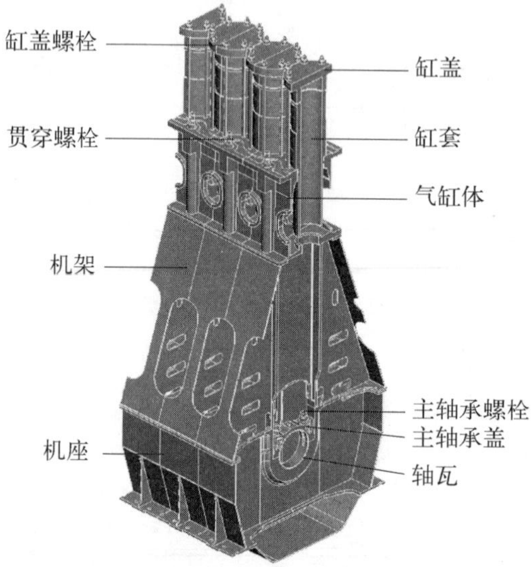

图 3.30 分析对象

1）机体网格划分

由于所选取的分析模型的三段存在阵列关系，为减少分网时间现取模型的三分之一进行有限元建模。值得注意的是，将不同零件设置为不同的属性有利于后续网格划分过程中模型的选取。其次，划分正确的网格第一步必须保证几何模型是正确无误的，几何清理与检查就显得至关重要。模型中存在的小倒角小圆角可事先在UG软件中删除，因为这些小特征处的分析结果不是关注的对象而且它们对分析结果没有明显影响。在UG软件中做完模型简化即可导入ANSA完成进一步的几何清理，最后使得模型的几何完全正确且封闭，并检查模型几何正确性。检查的内容包括：窄面、坍塌面、重叠面和自由边等等。

使用的前处理软件ANSA是目前较为便捷的有限元前处理软件之一。在网格划分与前处理方面，它有着很多独特的技术亮点。在数据接口方面，ANSA与目前主流的三维建模软件和有限元分析软件之间都能很好地实现数据的直接导入与导出，它是一个较为集成的FE数据交互平台。同时软件还具有以下特点：

（1）高效快捷的数学算法。

(2) 几何修复简单易上手,便捷的网格构建方法。

(3) 几何模型与有限元模型的高度统一。

(4) 一级菜单系统,命令简单易查找。

(5) 清晰的模型装配关系的连接管理模式。

因此,与同类前处理软件相比,在前处理方面 ANSA 有着更为高效的分网效率,同时也能保证获得质量更高的网格模型。

根据分析目的,此模型需重点关注贯穿螺栓、机座、机架、主轴承盖以及危险部位的受力情况,同时需对机架与机座之间的接触情况进行评价。为减小计算规模提高计算的效率,对轴瓦、主轴承螺栓、机架、贯穿螺栓、缸套缸盖和缸盖螺栓进行六面体网格划分,而对其他零件进行四面体网格划分;由于气缸体、缸套缸盖和缸盖螺栓不是此次分析的关注区域,因此这些零件的网格尺寸可适当放大;为提高接触分析的速度与准确性,重要的接触对以上使用的接触面上的网格节点能很好地对应,即采用节点一致;为提高网格精度,机座、主轴承盖均采用二阶单元。针对机体上述网格需求的特点,采取的划分思路是先全局划分好模型的面网格,其次是划分生成六面体网格的零件,然后划分生成四面体网格的零件,最后将划分完成的三分之一模型进行复制阵列得到最终的机体网格模型(见图 3.31),其网格节点参数如表3.11所示。

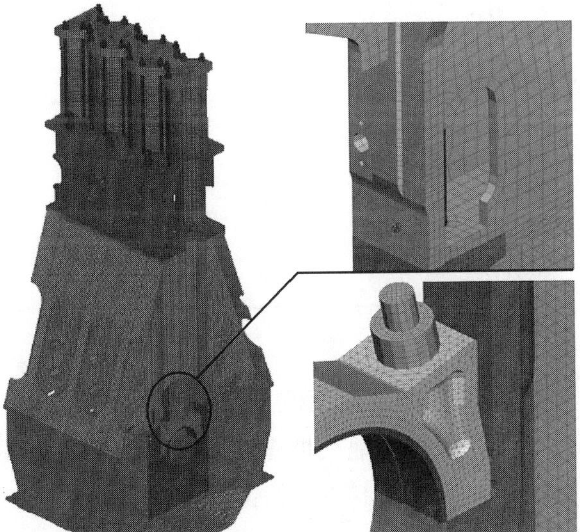

图 3.31　机体组有限元模型

如表 3.11 所示机体组各个零部件的节点网格信息，其中机座、轴承盖采用单元类型为 C3d10 的二阶四面体单元以此来提高计算精度；轴瓦、螺栓、缸套均采用 C3d8r 类型的六面体网格单元，在保证计算精度的同时可以很好地加快求解的速度；机架和缸盖模型则由 C3d8r 和 C3d6 类型的六面体和五面体构成。机体组整个仿真模型的总单元数为 1 125 933。

表 3.11　模型网格信息

	机座	轴承盖	轴瓦	螺栓	机架	缸体	缸套	缸盖
单元类型	C3d10	C3d10	C3d8r	C3d8r	C3d8r/C3d6	C3d4	C3d8r	C3d8r/C3d6
节点数	915 285	207 861	33 558	145 764	127 630	52 019	35 360	18 325

2) 机体材料属性定义

根据初期设计阶段所选定的材料，机体组件各个零件的材料牌号与机械性能参数如表 3.12 所示。

表 3.12　机体零件材料参数

零　件	材料牌号	弹性模量/GPa	泊松比	密度 t/mm^3
缸盖	S17MoS	210	0.285	7.8E-09
缸套	HT250	125	0.26	7.25E-09
轴承、缸盖螺栓	40CrNiMoA	210	0.3	7.85E-09
气缸体	QT500-7	169	0.275	7.1E-09
机架	CL. B/Q235B	206	0.29	7.83E-09
贯穿螺栓	42CrMoA	210	0.285	7.85E-09
机座	S17F	206	0.295	7.8E-09
主轴承盖	ZG230-450	206	0.295	7.8E-09
轴瓦	ZG230-450	206	0.295	7.8E-09

3) 机体接触关系定义

由于机体是由多个零部件装配而成，因此在个零件之间需要定义相对应的接触关系(见表 3.13)，以真实地模拟零部件在现实情况下的接触状态。同时考虑到计算模型的工作量，对不关注的区域接触属性进行简化模拟。例如机体上部的缸盖与缸套、缸套与气缸体等都采用了绑定的模拟方法，这样既能保证载荷、位移的传递，同时也能建立计算规模，提高计算的效率。

表 3.13　接触关系定义

接触对	接触关系	参数
螺纹 螺孔	绑定	/
缸套 气缸体	绑定	/
缸盖 缸套	绑定	/
螺母 连接件	接触、小滑移	摩擦系数 0.19
气缸体 机架	接触、小滑移	摩擦系数 0.19
机架 机座	接触、小滑移	摩擦系数 0.19
主轴承盖 机座	接触、小滑移	摩擦系数 0.19
上轴瓦 主轴承盖	接触、小滑移	摩擦系数 0.19
下轴瓦 机座	接触、小滑移	摩擦系数 0.19
上轴瓦 下轴瓦	过盈接触、小滑移	摩擦系数 0.19，过盈 0.33 mm

在 ABAQUS 中设置一般接触对的类型为小滑移，并设置摩擦系数为 0.19，由于主轴承上下轴瓦之间存在过盈的情况，因此根据装配参数，设置上轴瓦与下轴瓦之间的过盈量为 0.33 mm。接触关系的定义可以在 CAE 软件操作中完成，也可以通过 ABAQUS 的输入文件进行手动的编辑输入，为了提高收敛性，在定义过盈接触时，应按照不同斜率的曲线进行加载（见图 3.32）。可以定义幅值曲线的（0，0），（0.1，0.01），（1，1）三点来完成过盈量的加载。

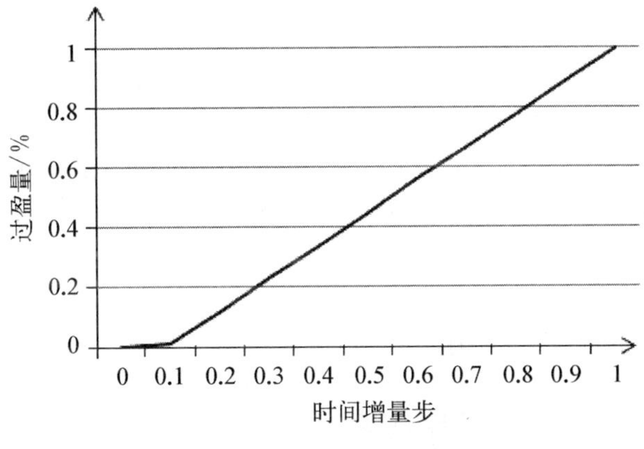

图 3.32　接触过盈加载历程

4）机体边界条件定义

机体静强度分析的边界条件主要包括：载荷边界、位移约束边界。边界条件的合理定义关系到计算的收敛性与仿真结果的正确性，因此一个正确的边界条件是仿真分析的先决条件。

在载荷边界方面，主要是气缸爆发压力、主轴承力的加载、十字头侧向力的加载、节点温度的加载、螺栓预紧力的加载等，图 3.33 为主轴承载荷的施加。在约束边界方面，机体未采用整机模型进行仿真分析，而是选择两个完整的缸和其两侧两个半缸的机体模型进行有限元分析，因此模型约束边界的简化与施加就更为重要。在此模型中，对机体底部安装面施加固定约束，而在机体截面一侧施加面对称约束，机体截面的另一侧施加截面法向的方程约束，如图 3.34 所示。这样可以最大限度地模拟机体局部在整机模型的边界位移关系。

图 3.33　主轴承力加载

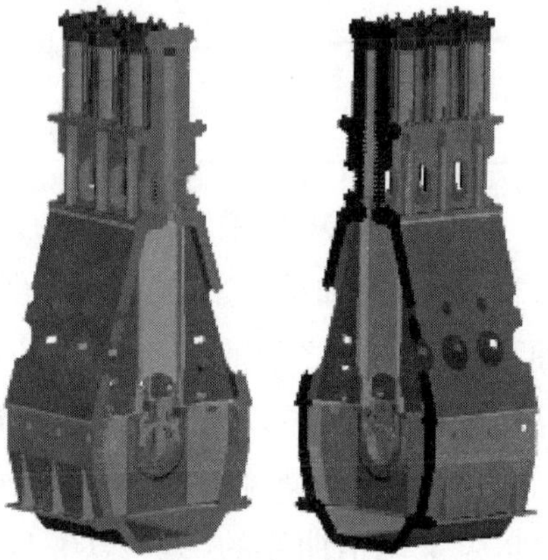

图 3.34　两端位移边界

在完成机体模型的前处理与加载之后，将输入文件提交 ABAQUS 软件求解，最后对完成计算的输出进行下一步的后处理与结果讨论。在对柴油机机体进行的有限元分析中包括了冷装配、热载荷和作业工况下的机体强度分析研究，从而可以清晰地考察柴油机机体在各种工作状态下的应力与位移分布规律。

3.2.3　机架、机座装配强度

在装配工况下，机架机座通过贯穿螺栓连接在一起，主轴承轴瓦过盈装配，并且装配的温度为室温，因此，此时整机模型所受的载荷仅为螺栓预紧力、重力、摩擦力以及装配力(过盈产生)，这样便可快速地考察模型在冷装配阶段的变形与应力分布情况。以下为机架、机座结构在冷装配阶段的分析结果。由于在网格划分过程中对模型两侧的部分网格较疏，因此取中间段的模型查看应力、位移结果将会相对更加准确。

如图 3.35 所示，机架在冷装配阶段，应力分布基本呈现出两侧对称的状态，应力值较大的区域主要包括十字头导板底部以及肋板的一些圆角区域，整体应力值大部分都在 120 MPa 以下，其中最大值出现在十字头导板的圆孔处，最大等效应力为 336.1 MPa。这是由于导板在冷装配阶段虽然还未加载十字头的侧向力，但是由于竖直位置的导板承受了机架上部的气缸体等组件的重力，在导板底部区域又缺少肋板的必要的支撑而有向外弯曲变形的趋势；与此同时，十字头导板上的圆孔是用于安装润滑油管而开设的，其孔径较小，在对机架进行网格划分时采用了六面体网格划分但是由于网格密度仍然较低、尺寸较大而导致了应力集中的现象。在实际工作过程中此处圆孔区域允许产生一定的塑性变形而不影响到结构的强度。当将应力值上限设为机架材料屈服强度 235 MPa 时，可以看出除去导板圆孔处的应力集中现象，机架的其他区域均满足材料的强度要求。从机架的位移云图来看，此时由于仅仅施加了重力、螺栓预紧力和装配力，因此机架仅在纵向有稍大的位移结果，由图 3.36 可知，

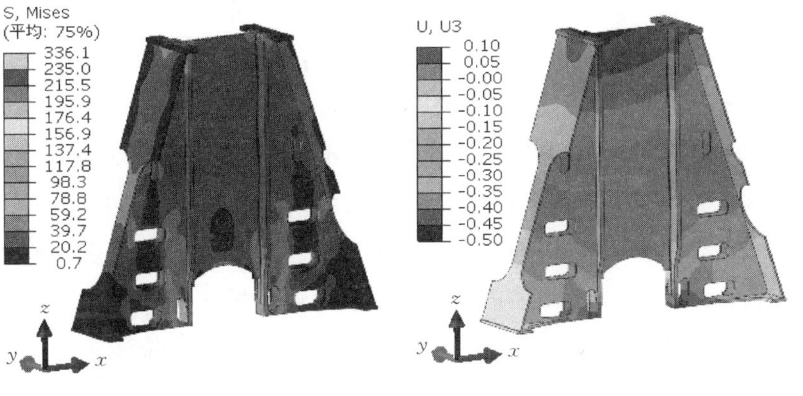

图 3.35　机架应力与位移分布

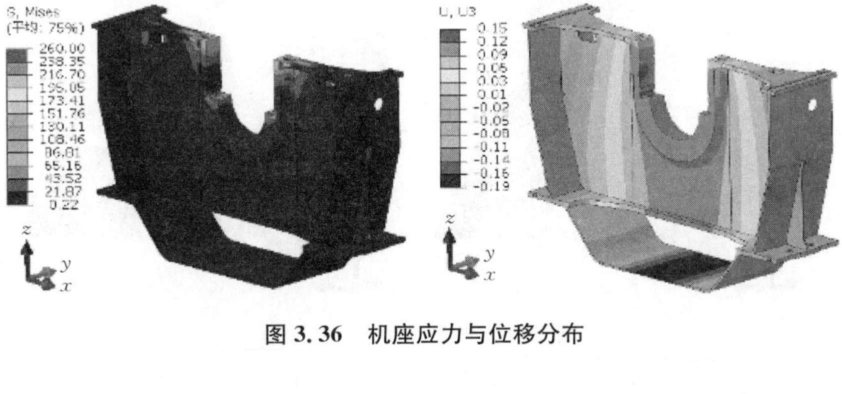

图 3.36　机座应力与位移分布

机架底部由于受到贯穿螺栓的拉力作用而产生了向上的位移，而顶部区域亦是由于贯穿螺栓的预紧作用而产生向下的位移，且最大位移量为 0.50 mm。

机座在冷装配工况下，在轴承座螺纹孔侧的圆角区域出现了明显的应力值偏大的情况，这是由于此圆角区域位于贯穿螺栓孔和主轴承孔区域附近，在两侧大幅值的螺栓预紧力的作用下，此圆角区域很容易产生应力集中的情况，最大的等效应力达到了 238.35 MPa(机座材料屈服极限为 260 MPa)，因此该圆角在设计过程中采用的圆角半径较大从而缓解应力集中的情况。从机座整体上来看，其他区域的等效应力值均小于 140 MPa，这是由于仅在预紧力工况下不存在其他工作载荷。其次机座顶部与机架导板接触的区域应力值较大，最大为 139.2 MPa。这是由于一方面贯穿螺栓对机座上螺纹孔的拉伸作用和上部的机架压缩的综合作用使得该区域的应力值较其他区域大。在位移方面，由图 3.36 可知机座的 z 向位移较其他自由度大，但整体的位移值较小。

3.2.4 机架、机座热膨胀特性

与冷装配阶段相比，此工况下机架、机座的外载荷新增加了温度，通过此分析可以考察机体在温度载荷下的应力结果和位移趋势，从应力结果上看，机架的等效应力分布与热载荷施之前变化很小，但最大等效应力减小了 0.6%，仍位于导板油管孔的应力集中区域(见图 3.37)。等效应力呈现出减小的趋势是由于在热载荷施加之前贯穿螺栓的安装施加预紧力而完全受到挤压作用，在热载荷施加后机架整体由于受热而产生向外的扩张膨胀，因此应力水平会呈现出稍微的降低，整体的应力分布仍有对称的状态。从位移云图可以清晰地

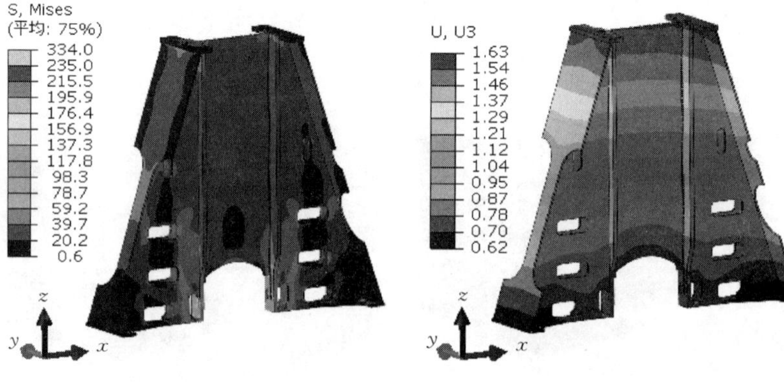

图 3.37 机架应力与 z 向位移

看出机架整体发生了竖直向上的位移，机架上下端的位移之差由原来的0.6 mm变为1.01 mm，对应的机架的应力水平会产生减小的趋势（见图3.38）。

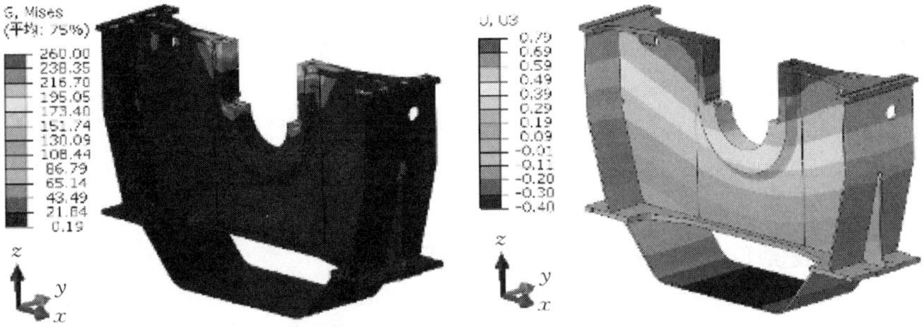

图3.38　机座应力与z向位移

在热载荷施加后机座也显现出明显的膨胀特性，在应力分布云图上可以看出，全局模型的等效应力呈现略微减小的现象，但是在局部区域等效应力值也有明显的增大，例如在机架机座的螺栓连接部位等效应力值由10 MPa增加到120 MPa左右，虽然此处并未采用实体模型来模拟真实的螺栓，而是采用了之前阐述的螺栓连接简化方法，因此此处的应力结果也能呈现出真实的连接状态。由于在冷装配阶段机架上未产生明显的横向载荷的作用，因此在冷装配阶段机架与机座之间并不会发生明显的水平向的位移，但是在加载了节点温度后，机架和机座之间的膨胀程度有一定的差别从而使得连接它们的螺栓孔区域产生应力值明显增大的情况。其他应力值较大的区域仍然是导板的接触区域和轴承盖的接触区域，这些区域的最大等效应力均没有变化，这说明热载荷对这些区域的影响程度很小。

表3.14对比数据列出了施加节点温度之后机架机座的应力与三个方向的最大位移值的变化，可以看出温度对机架机座的应力影响很小，但是对机架的位移有明显的影响，其中机座的x向位移变化最为剧烈施加温度后变化趋势最大，而机架的x向位移变化则不剧烈，这也能说明机座机架的连接螺栓位置的应力明显增大的现象。

表3.14　机架、机座受热膨胀变化

工　况	冷装配(Step2)		热载(Step3)		变化量/%	
部件	机架	机座	机架	机座	机架	机座
应力/MPa	336.10	238.35	334.00	238.35	0.60%	0

（续表）

工　况		冷装配(Step2)		热载(Step3)		变化量/%	
部件		机架	机座	机架	机座	机架	机座
位移/mm	x 向	−0.88	−0.10	−1.44	−1.44	63%	1 340%
	y 向	0.04	−0.03	−0.35	−0.35	−975%	1 067%
	z 向	−0.50	0.15	1.65	0.79	−430%	426%

3.2.5 极限侧向力下的机架结构强度

船用低速柴油机与中高速柴油机最大的区别就在于活塞组与连杆组组件之间增加了十字头组件，十字头组件沿着机架的导板完成上下的往复运动，在柴油机的整个工作周期内，每一缸的十字头组均会完成上下的往复滑动，而活塞的侧向力也完全通过活塞杆传递给十字头，最后由十字头传递到机架的十字头滑块的导板上，因此对于低速柴油机考察机架导板乃至整个机架在活塞极限侧向力下的强度性能是有必要的。

当十字头侧向力达到 x 轴负向最大时（见图 3.39），机架整体的最大等效应力为 215.47 MPa 且仍然位于机架导板下部的油管孔的应力集中处，机架其他区域的应力值均小于 156 MPa；在图中机架左侧导板的上部区域出现了明显的应力增大的现象，最大应力值为 44.64 MPa，这是由于十字头侧向力达到 x 负向的最大值时，十字头滑块恰好位于此区域，因此导板此处出现了应力增大的情况，机架整体的强度能满足设计要求。从右图的机架导板的位移上来看，施加十字头侧向力的一侧最大位移为 −1.255 mm，另一侧相对应高度位

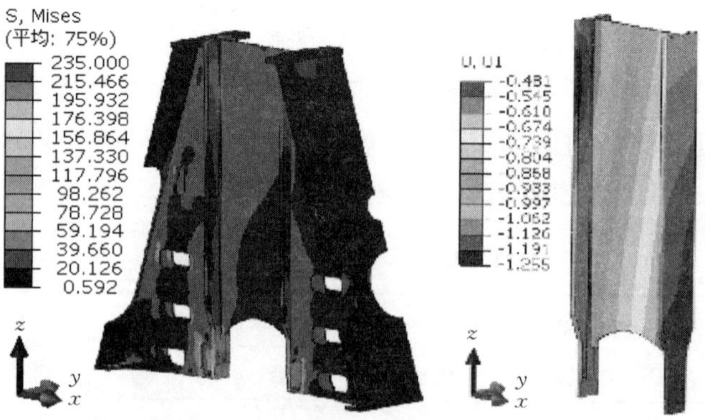

图 3.39　侧向力 x 负向最大分析结果

置的位移为－0.674 mm，因此十字头极限侧向力导致的导板最大位移为－0.581 mm，在机架导板的上部区域可以看出有明显被压的趋势，导板刚度满足设计要求。

当十字头侧向力达到 x 轴正向最大时，机架的分析结果如图 3.40 所示，机架整体等效应力较上一分析步变化不大，最大值为 269.9 MPa 仍处于导板油管孔应力集中处。机架其余区域的应力值几乎处于 157 MPa 之下，此分析步中右侧导板并未出现应力明显增大的情况，这是由于十字头的 x 正向的侧向力值要远远小于 x 负向的侧向力，因此机架右侧导板并未发生明显的局部应力变大的情况。从位移角度来看，机架右侧导板由于十字头侧向力的作用形成了最大－0.373 mm 的位移，对应左侧导板相对区域的位移为－0.878 mm，因此十字头侧向力对右侧导板的最大影响位移为－0.54 mm，导板刚度满足设计要求。

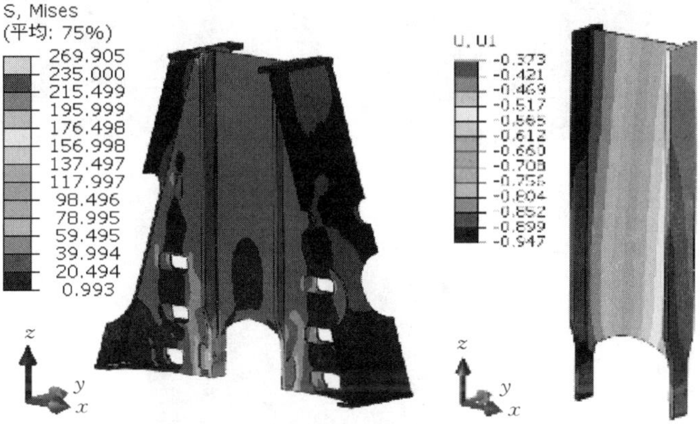

图 3.40　侧向力 x 正向最大分析结果

由分析可知，在十字头侧向力达到极值的情况下，机架整体的结构强度与刚度能满足柴油机的工作需要。同时，在十字头滑块与机架导板接触的部位，导板发生了明显的变形，因此这些区域的摩擦磨损效果很明显。其次，机架十字头导板的位移与应力可为十字头的摩擦磨损研究提供数据。

3.2.6　基于轴承力下的机座结构强度

柴油机机座的主轴承座最主要的功用就是为曲轴的旋转提供支撑功能，曲柄连杆机构的支撑力都由主轴承座来提供，因此主轴承座的受力情况相当复杂，之前在机座的受力分析中已对主轴承的受力情况进行了定性的分析。对机座的进一步分析即在 FEA(Finite Element Analysis)中完成，在轴承力达到极限工况时，机座的强度性能与变形是设计者关心的重点也是评价机座承载能力的核心问题。该型低速柴油机机座所采用的加工方式包括两种，主轴承座区域采用的是铸钢材料，而机座外围用的则是钢板焊接，这样既能保证主轴承位的承载性能，又能很好地减小机座重量，同时也保证了机座的耐冲击能力。本文的研究分析步中不仅考虑了柴油机正常作业情况下轴承力的极限工况，同时还考虑了主轴承力在单缸失火的极限工况下的载荷情况，分析结果如图 3.41、图 3.42 所示。

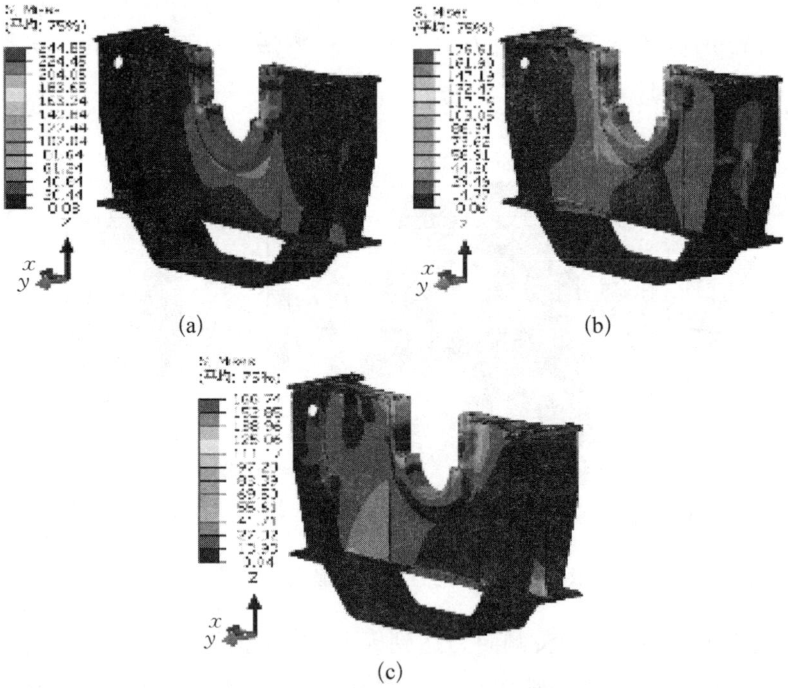

图 3.41　作业工况下机座应力云图

以上的机座应力云图可以看出，随着主轴承载荷的变化，机座的应力分布也发生了相应的改变。当主轴承载荷达到幅值最大时，主轴承合力的方向为 177.2°，因此从应力云图 3.42(a)中可以看出机座在底部右下侧圆角区域的应力值相比较其他地方稍大，此工况下最大等效应力为 244.85 MPa，位于轴承座两侧的内圆角区域，并且轴承座下部的圆角区域的最大应力值达到

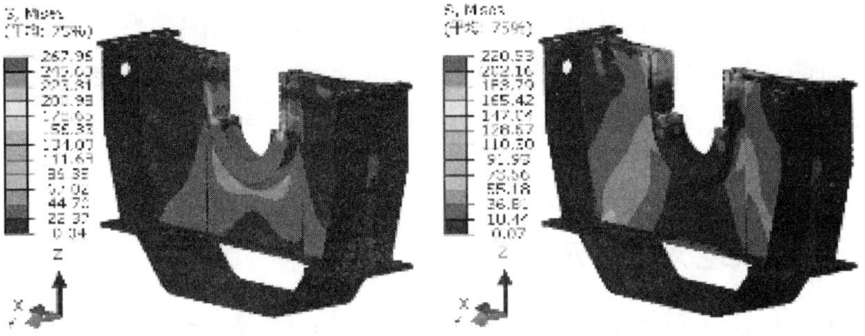

(a)　　　　(b)

图 3.42　失火工况下机座应力云图

49.55 MPa。因此当轴承载荷幅值达到最大时，轴承座的底部圆角区域和两侧的内圆角区域受影响的程度较大，其次是轴承座 U 型口两侧顶部区域由于受到机架的挤压作用，此区域的应力值最大为 75.55 MPa，机座外围的焊接结构应力值平滑，未有应力集中现象，强度完全满足要求。当主轴承载荷在水平方向分力达到极值时，对应的轴承力分量 x 轴正向与 x 轴负向达到最大值应力结果如图 3.41(b)和(c)所示。这两种工况下机座单侧的受力情况更加恶劣，往往呈现出机座两侧受力的不均匀性，这与主轴承合力的方向与曲轴转角息息相关。当轴承力达到 x 正向最大时，机座左侧的肋板受力情况增大明显，机座左下部的圆角区域应力值大小也明显变大。应力值较大的区域仍然是轴承座两侧的内圆角附近区域。

在单缸失火的工况下时，主要考虑了机座在竖直方向上的轴承极限载荷，因此在上图 3.42 的结果中可以看出，机座的应力云图分布主要成两侧对称的趋势，此时主轴承座两侧的区域受力情况较为恶劣，且最大值均位于主轴承座两侧的圆角区域。其中当轴承载荷达到竖直向下最大时，图 3.42(a)显示此区域出现的了最大应力，为 267.96 MPa，由于该工况为单缸失火工况，在柴油机的实际工作过程中出现情况较少，应力值稍微超过材料的屈服也是可以接受的。并且在设计后期应该对此圆角区域进一步改进设计以提高其强度(见表 3.15)。

表 3.15　极限轴承力下机座最大应力值

工　况	Step5	Step6	Step7	Step8	Step9
最大应力/MPa	244.85	176.61	166.74	267.96	220.53
危险区域	均位于主轴承座的两侧圆角区域				

对机座的分析可知，沿轴承力合力方向上轴承孔周围结构应力较大，但此种无加强筋式轴承座仍满足强度要求；轴承座上的力可以较好地传递到机座外围的钢板焊接结构上，且外围焊接结构完全满足结构强度要求；此型机座对单缸失火工况下的不均匀轴承力具有较好的承载能力。

3.2.7 加工工艺对主轴承变形的影响

在柴油机加工和装配过程中，主轴承孔的变形不仅影响各个孔的同轴度误差同时还对轴承孔内滑动油膜的形成产生重要影响，因此主轴承孔的加工是较为复杂的一道工序。主轴承孔的加工是使用镗孔，为了保证在装配上轴承盖后的轴承孔的圆度能达到设计要求值，目前采用的主要方式是在轴承孔镗孔之前先将主轴承盖通过主轴承螺栓安装预紧，再对装配后形成的主轴承孔进行镗孔加工，加工完毕再将轴承盖拆除。这样可以很好地保证在轴承盖装配完成后轴承孔的圆度。

根据主轴承孔的加工特点，主轴承盖在真实的装配过程中，其形状会由初始的椭圆形转变到装配完成后的圆形。因此目前的分析过程中得到的结果并没有考虑到镗孔加工过程对主轴承孔精度的影响，因此需单独计算出主轴承盖在装配工况下的受力变形情况，最后将原始的计算结果再减去装配误差的分析结果就可以得到主轴承孔真实的装配应力与位移变化情况。为了更好地观察轴承孔处机座与轴承盖的径向变形情况，此处在后处理中将分析结果转化到以轴承孔圆心为坐标的柱坐标系下，可以很直观地看出轴承孔沿着径向的变形情况，从而正确地评价在机座、轴承盖完成加工后进行装配时的真实变形。将原始的分析结果对应减去单独计算轴承盖装配时的结算结果，可得到下列三条曲线。其中绿色曲线代表轴承孔初始形状，为一完整的圆形；蓝色曲线代表的是不加工轴承孔直接进行装配时的轴承孔径向变形曲线；红色曲线即为加工好轴承孔后进行二次装配时主轴承的受力变形分布图。

由图 3.43 的冷装配工况的分析结果可以看出，主轴承的变形趋势主要是整体竖直方向上变形，向两侧的变形较小。并且在机座轴承盖加工完成后再装配轴承盖的径向变形量有变大的趋势，在后处理中对轴承孔圆周方向的节点位移进行提取后可知：镗孔加工对一位置的最大径向位移影响为 −0.073 8 mm，与此对应在不加工轴承孔而直接进行装配时的径向位移为

0.055 2 mm，因此真实装配过程中当主轴承盖装配完成之后主轴承的最大径向变形为 0.129 mm。从轴承变形雷达图中可以看出，镗孔加工对机座的误差影响比较小，机座区域的变形量相差不大；对于上部的轴承盖区域，镗孔加工的影响程度较大，图中红色曲线与蓝色曲线在上部区域差别较大，但是加工后装配的轴承孔圆度更好。由此可得出由于主轴承有预应力的存在，轴承孔镗孔加工后主轴承的径向变形会变得更大一些，但轴承孔的圆度却大大提高，保证了轴承孔的设计装配对精度的要求。

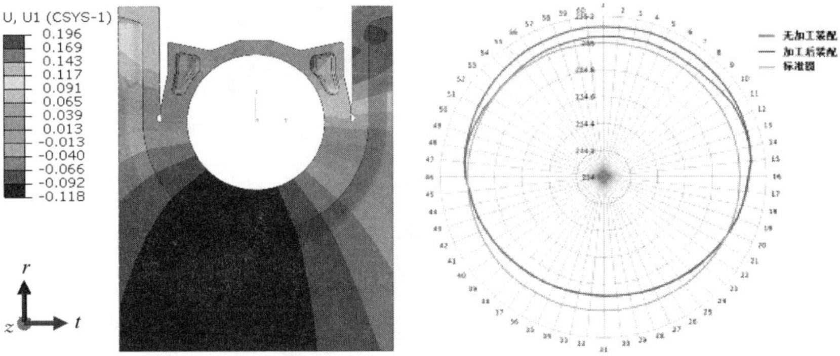

图 3.43　轴承变形与雷达图

3.2.8　接触特性评估

接触特性评估主要是针对接触区域包括机架与机座的接触、轴承盖与机座的接触。在机架与机座的接触主要是靠贯穿螺栓的连接来实现，评价此处的接触可靠性可以很直观地评价贯穿螺栓的预紧力是否满足机架机座连接的需求。如果预紧力过大，会导致接触表面的接触压力过大而超过材料的许用接触压力造成结构破坏；如果螺栓预紧力过小，机架与机座之间就会出现较大的接触开口从而接触件之间不能很好地实现紧密连接与密封。因此对于关键零部件之间的接触压力与接触开口值的评价关系到整个柴油机的整体密封性与工作的可靠性。

在机架与机座接触对之间，由于贯穿螺栓的预紧力极大，因此在贯穿螺栓孔区域附近的面面接触压力是必须注意考察的，其次是在各个工况下，机架与机座之间的最大接触开口值是否满足设计要求也是必须注意的。机架与机座之间的接触分析结果如图 3.44 所示。

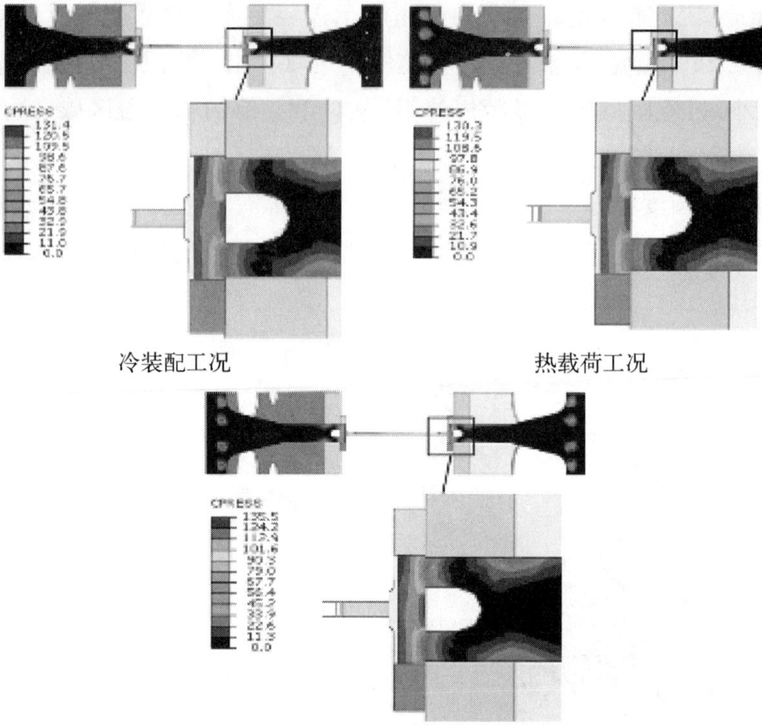

冷装配工况　　　　热载荷工况

所有工况最大值

图 3.44　机架与机座接触压力

冷装配阶段机架与机座之间的接触压力分布在机架底面呈现基本对称分布的特点，且装配阶段的接触压力最大值为 131.4 MPa，出现在十字头导板底面与机座接触的面上，这是由于导板在竖直方向上承受了很大的重力，且导板与机座的接触均位于结构的边缘区域。在加载了热载荷之后，由于机架结构发生了明显的横向的热膨胀，因此在分析步 3 的结果图中可以看出在机架与机座的外围螺栓连接区域的接触应力值有明显的增加。这也说明了此处使用简化的螺栓连接是有效合理的。此时，最大的接触压力值为 130.3 MPa，与冷装配工况下的接触压力值相比有稍微降低，是由于机架被螺栓预紧而存在预应力，当热载施加后机架的应力乃至接触压力反而减小。在所有的分析步中此接触对的接触压力最大为 135.5 MPa，均满足材料的许用接触压力值450 MPa，因此贯穿螺栓的预紧力没有产生过大而导致接触应力过大的情况。

就接触开口值来看，目前的评价准则是如果接触开口小于 0.01 mm 即可保证接触的紧密性与接触可靠。由图 3.45 的分析结果可知，在装配阶段，机架与机座的接触开口值最大为 0.002 3 mm，位于机架贯穿螺栓孔与机架底板的接触区域，此接触开口值小于标准值 0.01 mm；在热载荷分析步中接触开口值在机架底板的圆角区域变化较大出现了最大为 0.007 2 mm 的接触开口，由于此区域缺少机架肋板的支撑作用，因此在后续分析步中此区域的接触开口均较其他区域大。在所有的分析步中由于分析步 8 是校核单缸失火的分析步，因此出现了最大的接触开口值为 0.014 7 mm，虽然此值超过了标准值 0.01 mm，但是由于单缸失火不是经常发生的情况，因此，此处较大的接触开口值仍可接受。由此可见，单缸失火会导致机架机座之间的接触出现明显的接触开口而导致机架机座之间的装配失效，因此在柴油机工作过程中应尽量避免单缸失火情况的出现。综上所述，机架与机座之间的接触应力满足材料强度要求，贯穿螺栓的预紧力足够使得机架机座之间紧密接触，可以满足机架与机座之间的连接装配，机架机座之间接触可靠。

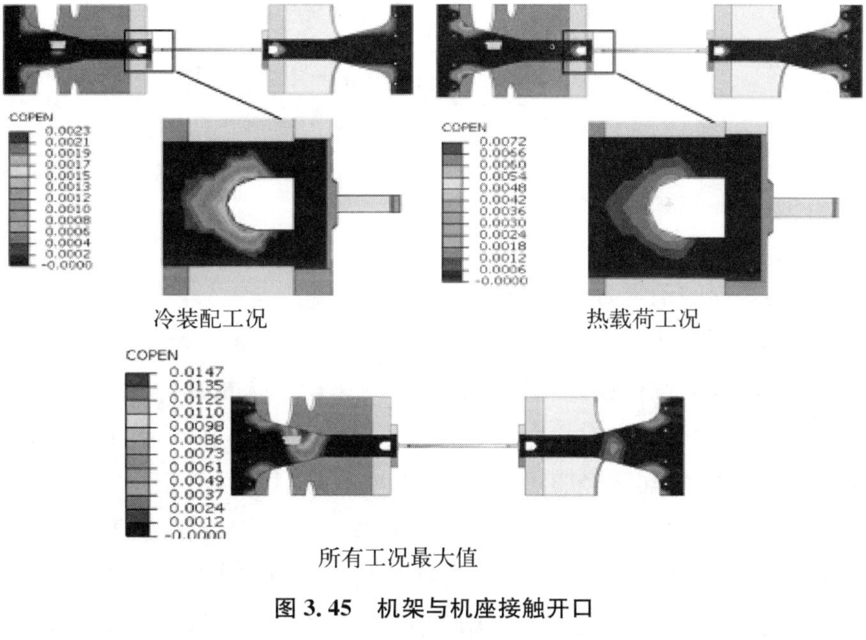

图 3.45　机架与机座接触开口

3.2.9　贯穿螺栓结构强度

在船用柴油机中普遍采用的连接方式即为螺栓连接，而贯穿螺栓的是柴油机机体结构中最为重要的连接系统。它贯穿低速柴油机的机架，将机座、机架和气缸体三者可靠地连接在一起。在作业工况下贯穿螺栓承受柴油机机体工作循环的交变应力，保证其连接安全可靠关系到整个船用柴油机的稳定安全运行。在柴油机的整个工作循环中，贯穿螺栓的主要受力包括：自身的弹性变形力、气缸体内的气体压力以及机体的受热膨胀力。因此，为了保证贯穿螺栓强度以及连接件之间的不开口、不压溃特性，就必须保证螺栓预紧力的准确，同时对贯穿螺栓的强度校核也显得尤为重要。

1）装配应力校核

在一般情况下，都是通过拧紧螺栓施加预紧力，因此也将产生相应的拉应力，同时螺纹上的螺纹扭矩也产生相应的扭转应力。此时，螺栓的最大装配应力受到拉应力和扭转应力的影响。所产生的总应力减少到单轴连接时的应力状态，此时的相当应力为 481.4 MPa，满足材料要求。

$$\sigma_{\mathrm{M}}=\frac{F_{\mathrm{M}}}{A_0}=\frac{900\ 000}{2\ 122.64}\mathrm{MPa}=423.8\ \mathrm{MPa} \tag{3.8}$$

$$\tau_{\mathrm{M}}=\frac{M_{\mathrm{G}}}{W_{\mathrm{p}}}=\frac{3\ 631\ 249}{27\ 594.32}\mathrm{MPa}=131.6\ \mathrm{MPa} \tag{3.9}$$

$$\sigma_{\mathrm{red,\,M}}=\sqrt{\sigma_{\mathrm{M}}^2+3\tau_{\mathrm{M}}^2}=\sqrt{423.8^2+3\times131.6^2}\mathrm{MPa}=481.4\ \mathrm{MPa} \tag{3.10}$$

式中，F_{m} 为螺栓的预紧力；W_{p} 为阻力极化力矩。

2）工作应力校核

作业工况下的螺栓连接系统和装配时的螺栓系统相比，又增加了轴向的工作载荷，因此螺栓的应力状态也更加恶劣。另一方面，扭转应力却会变得较装配工况下要小，据实践经验可知，当螺栓应力超过弹性极限时，螺栓上的扭转应力有一个明显的降低，并且在静态的预紧工况下会降低为原始的二分之一，在螺栓承受交变负载时亦会出现这样的情况。对应于这种工况，工作应力的校核公式如下，式中引入扭转应力减小系数且推荐值设置为 0.5。如果螺栓在作业工况下仍未超出屈服极限，则工作应力的计算仍参照装配应力的公式进行校核计算，经计算螺栓的工作状态下的应力值为 496.7 MPa，小于螺栓材料的屈服强度 640 MPa，可以满足设计要求。

$$\sigma_{\mathrm{red,B}} = \sqrt{\sigma_Z^2 + 3(k_\tau \cdot \tau_{\max})^2} \tag{3.11}$$

$$\sigma_Z = \frac{F_{\mathrm{s\,max}}}{A_0} = \frac{1}{A_0}(F_{\mathrm{M\,zul}} + F_{\mathrm{SA\,max}} - \Delta f_{\triangledown \mathrm{th}}) \tag{3.12}$$

$$= \frac{1}{2\ 122.64} \times (900\ 000 + 126\ 028)\,\mathrm{MPa} = 483.4\ \mathrm{MPa} \tag{3.13}$$

$$\sigma_{\mathrm{red,B}} = \sqrt{483.7^2 + 3 \times (0.5 \times 131.6)^2}\,\mathrm{MPa} = 496.7\ \mathrm{MPa} \tag{3.14}$$

式中，F_{zul}为螺栓预紧力；$F_{\mathrm{SA\,max}}$为螺栓附加载荷；$F_{\triangledown \mathrm{th}}$为附加热载荷。

3）交变应力安全系数校核

考虑到螺栓在连接过程中承受交变载荷而易导致疲劳破坏，因此对螺栓进行交变应力校核是很有必要的。对于热处理前滚压的螺纹疲劳强度对应公式(3.9)，热处理后进行滚压的螺纹疲劳强度的校核对应公式(3.10)。疲劳安全系数的计算是先求得螺纹的应力幅值后根据公式求出，经计算螺栓的疲劳安全系数最低为热处理前滚压时的1.85，计算值均能满足设计值1.5的要求。

$$\sigma_{\mathrm{ASV}} = 0.85 \cdot \left(\frac{150}{d} + 45\right) = 40.4\ \mathrm{MPa} \tag{3.15}$$

$$\sigma_{\mathrm{ASG}} = (2 - k) \cdot \sigma_{\mathrm{ASV}} = 58.3\ \mathrm{MPa} \tag{3.16}$$

$$\sigma_{\mathrm{a}} = \frac{C \cdot F}{2A_{\mathrm{S}}} = \frac{0.15 \times 643\ 000}{2 \times 2\ 212.64} = 21.8\ \mathrm{MPa} \tag{3.17}$$

$$S_{\mathrm{ASG}} = \frac{\sigma_{\mathrm{ASG}}}{\sigma_{\mathrm{a}}} = 2.67 \tag{3.18}$$

$$S_{\mathrm{ASV}} = \frac{\sigma_{\mathrm{ASV}}}{\sigma_{\mathrm{a}}} = 1.85 \tag{3.19}$$

式中，d为螺栓公称直径；k为预紧力与螺栓屈服强度之比；C为螺栓与被连接件的相对刚度；F为螺栓设计载荷；A_{s}为螺纹应力截面积。

4）基于有限元法的贯穿螺栓结构强度

在机体的静强度分析过程中，贯穿螺栓的模型简化较少，通过上述的静强度分析后可以很直观地了解贯穿螺栓的应力分布与强度性能。可以综合考察贯穿螺栓在冷装配、热载荷和柴油机恶劣作业工况下的强度性能，从而对贯穿螺栓的设计进行较为全面而准确的校核。在实际装配过程中，贯穿螺栓的预紧可以通过扭矩拧紧法和液压拉伸法两种方式来实现。扭矩拧紧法是一种最为常用的螺栓预紧方法，它是通过观察扭矩扳手上的扭矩数值来进行螺栓的预紧，液压拉伸法则是通过液压拉伸器对螺栓的拉伸作用来对螺栓进行预紧的。此处柴油机上的贯穿螺栓尺寸较大、预紧力大操作复杂，因此只能通过液压拉伸器来实现预紧。并且此处贯穿螺栓的预紧力设计值约为 900 kN，在贯穿螺栓的有限元分析中预紧力的加载方式是在螺栓一轴向截面上施加一个集中力来模拟螺栓的拉伸预紧状态。在边界条件上，螺纹啮合处施加一个绑定约束来模拟，在螺母与连接件的接触部位添加一个接触关系来复现真实的接触关系，同时为了减小计算量，将螺母与螺柱定义为一体，默认其连接可靠。具体有限元分析结果如图 3.46 所示。

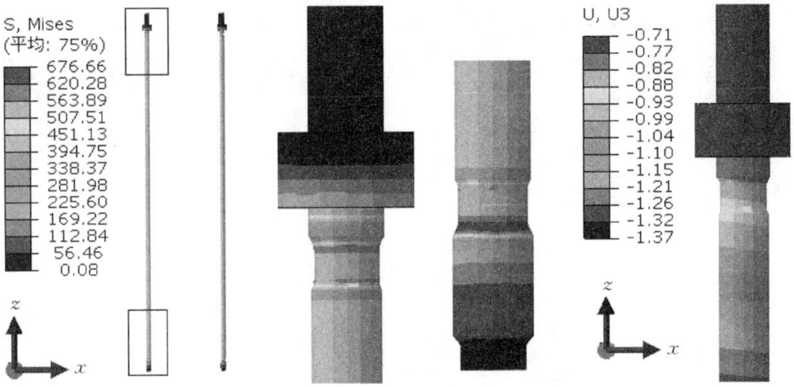

图 3.46　冷装配下贯穿螺栓应力与位移

根据仿真结果可以看出，冷装配工况下，贯穿螺栓的最大等效应力出现在螺纹上的圆角区域，并且螺柱下部的圆角处的应力值较上部螺母连接处的应力值更大，说明贯穿螺栓最薄弱的部分即位于螺柱的圆角处，同时此处也是螺柱直径最小的区域，最大应力出现在此处合理，最大等效应力为 676.66 MPa；在螺纹啮合部位，应力值的分布也呈现出从上部第一牙向下逐渐递减的趋势，这与以往的分析经验螺纹连接会在前几牙出现应力最大，并逐渐向下减小的情况相吻合，这也体现了绑定接触关系定义的合理性，第一牙处的等效应力值约为 451 MPa；在贯穿螺栓的杆身部位，等效应力值均几乎为 431 MPa，且杆身应力分布比较均匀，与其真实情况也非常符合。在位移方面，贯穿螺栓顶部竖直向最大位移为－0.71 mm，贯穿螺栓呈现向下运动的趋势，这是由于螺栓拉伸预紧之后的一个反向的收缩作用，使得螺栓顶部向杆身方向运动（见图 3.47）。

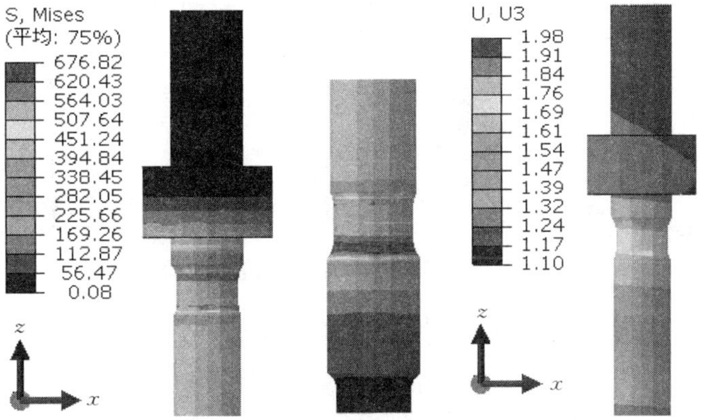

图 3.47　热载下贯穿螺栓应力与位移

在热载荷的影响下，由于机体在分析中定义了与其材料相对应的线胀系数而会产生相应的热膨胀，而贯穿螺栓贯穿机架连接着气缸体和机座，因此贯穿螺栓的应力值会呈现上升的趋势，从热载荷工况的分析结果可以看出，贯穿螺栓的应力分布规律与冷装配下的应力分布规律相同，杆身应力分布均匀，最大等效应力也位于螺纹上部的圆角区域（见图 3.48）。相对于冷装配工况，最大等效应力 676.82 MPa，其他区域的应力变化值也同样很小。在位移结果上，由于机架整体的膨胀使得贯穿螺栓在竖直向（U3）的位移发生较为显著的变化，从原始的－0.71 mm 到 1.98 mm，贯穿螺栓整体的位移趋势变为向竖直正向位移，这是由于机体在位移边界上是将机座底部固定，而施加的温度使得机体发生膨胀从而使得机体整体发生竖直正向的位移趋势。

在仿真的所有工况中，贯穿螺栓产生的最大等效应力为 705.10 MPa，发生在分析过程中的分析步 8，由于此工况为柴油机单缸失火的工况，因此，此工况下的外载荷分布更加不均匀，机体的受力也会更加恶劣，最大等效应力仍位于螺纹的圆角区域；螺纹区域的应力分布规律与之前工况下相同，仍是从第一牙逐渐向后几牙递减的趋势；从螺栓的应力分布来看，杆身处的等效应力均几

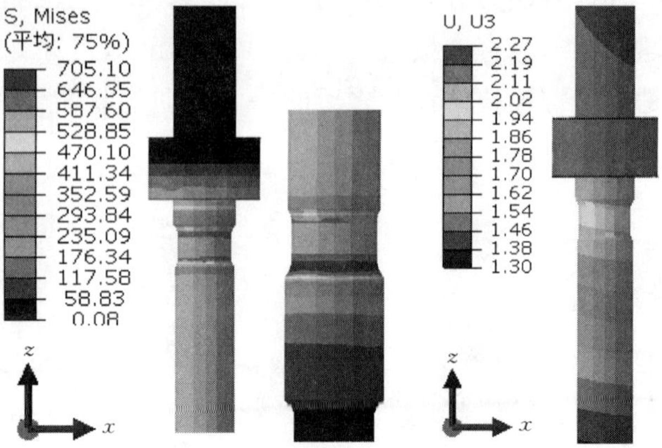

图 3.48　所有工况最大值应力和位移

乎为 453 MPa。从位移结果来看，由于载荷的不均匀性，螺栓头部的最大位移为 2.27 mm，这是由于一缸不发火的情况下，机体受力不均而导致的机体纵向位移变大。

综上所述，贯穿螺栓在所有分析工况下的应力值最大为 705.10 MPa，贯穿螺栓的材料屈服强度为 730 MPa，因此贯穿螺栓的强度满足设计要求，在柴油机的正常工作情况下不会发生破坏。

3.3　船用柴油机曲轴结构强度

3.3.1　曲轴结构与工作过程

曲轴是柴油机中最重要、载荷最大、价格最高的零件之一，作为柴油机的主要承载零件，曲轴的力学性能好坏决定着柴油机的可靠性和使用寿命的长短。

船用柴油机曲轴轴系是船舶动力系统的重要组成部分。曲轴是由一个或几个彼此间错开一定角度的曲柄，加上功率输出端和自由端组成。每个曲轴又分成主轴颈、曲柄销和曲柄臂三部分，如图 3.49 所示。

小型柴油机曲轴为整段式。大型柴油机曲轴一般采用半组合式。半组合式曲轴是带有冷轧圆角的铸钢或锻钢曲拐，及锻钢主轴颈制成。曲轴包括推力轴。在曲轴末端有一个法兰用作与安装盘车飞轮和用于推力轴承的推力

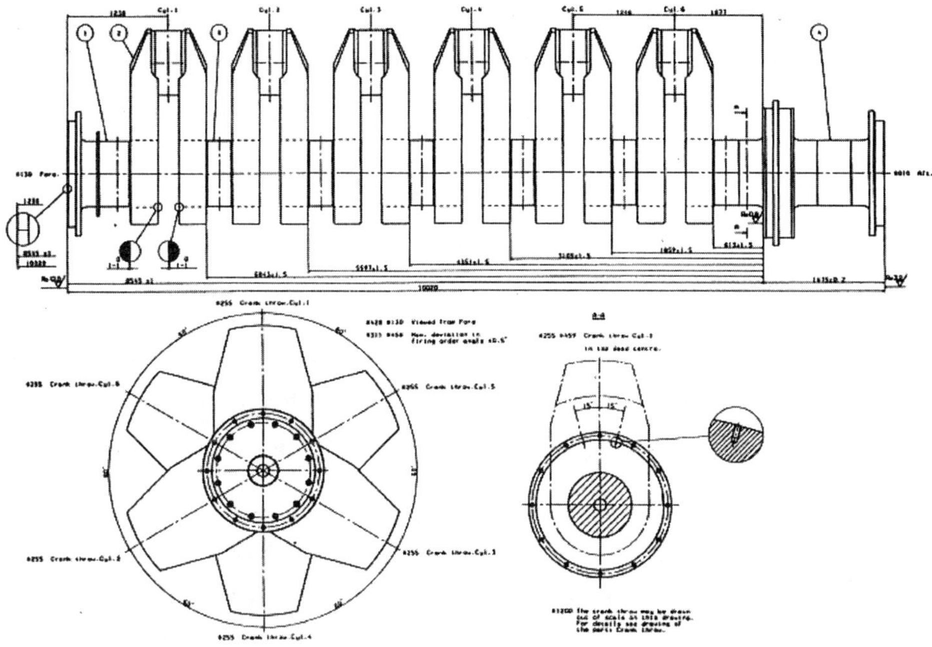

图 3.49　曲　轴　图

盘，推力盘上又安装有一个用于带动凸轮轴的链轮，此法兰用于连接中间轴。在曲轴的前端可以安装调频齿轮，轴向减震器和用于传动二次力矩补偿器的链轮装置。如有要求，前端法兰也可以用前端功率输出。

曲拐和主轴颈用红套连成一体。红套：就是利用金属材料的热胀冷缩的变化，把比轴小的孔（曲拐上的孔）加热使它胀大，然后将轴插入孔中。冷却后，孔缩小，轴和孔（主轴颈和曲柄臂）就可以固定在一起，形成能够传递很大扭矩的结合体。由此可见，红套是依靠曲柄和轴颈结合面上的紧固力传递扭矩的。

曲轴是依靠主轴承支撑和定位的。主轴承主要由轴承盖、轴瓦、轴承和将它们连接在一起的零件所组成。轴瓦是由钢背浇铸白合金组成，在液压工具抬起曲轴后可用专用工具转出或转入下轴瓦。轴瓦由轴承盖使之就位，并用长的柔性螺栓使用液压工具上紧。

曲轴的功用是把活塞的往复运动通过连杆变成旋转运动，以输出柴油机所产生的功率，并驱动柴油机的配气机构、喷油泵、机油泵、水泵以及其他附件。

由于柴油机在实际工作中,多种周期性变化的载荷作用在柴油机曲轴上,曲轴的受力情况是非常复杂的,在设计阶段如何保证柴油机曲轴的疲劳强度和刚度以及曲轴的动静态力学特性满足工作要求是柴油机曲轴设计的关键所在。

3.3.2 基于解析法强度校核

曲轴是柴油机最核心的零件之一,它的尺寸参数影响着整个柴油机的尺寸和重量,曲轴的可靠性在很大程度上决定着整个柴油机的可靠性。由于曲轴的性能对于柴油机极其重要,为了曲轴设计的可靠性和安全性,国际船级社协会(IACS)为此制订了曲轴强度校核的统一要求(IACS UR M53)。

在柴油机工作过程中,曲轴承受着非常大的燃气压力和惯性力并传递相当大的扭矩。因此,曲轴受到拉压、弯曲、扭转等多种周期性交变载荷作用,在如此恶劣的工况下,其发生振动和疲劳破坏较为常见。由于作用在曲轴上的切向力和径向力都是随时间发生周期性变化的交变载荷,因此曲轴各处的应力也具有周期性变化的性质。对大量的曲轴破坏事故进行实际分析表明,大多数断轴事故都是由于曲轴轴颈过渡圆角及曲柄销油孔处发生疲劳破坏导致的,因此 IACS UR M53 采用了疲劳强度评价准则,主要评价曲拐过渡圆角处及曲柄销油孔处的疲劳强度。

1) 计算分析流程

国际船级社协会根据国际内燃机学会(CIMAC)的通用计算方法,制定的船舶柴油机曲轴疲劳强度校核标准,已经被各船级社所采用,广泛应用于各种船舶柴油机曲轴设计。

根据 IACS UR M53 的要求,通过计算,获得曲轴在主轴颈过渡圆角、曲柄销倒角、油孔处的名义交变扭转应力、名义交变弯曲应力及名义拉压应力,然后乘以相应的应力集中系数和加上相应的附加应力合成为等效交变应力,最后根据第四强度理论(最大应变能强度校核理论)的要求计算安全系数,IACS UR M53 要求的最小安全系数不低于 1.15。

曲轴疲劳强度校核主要包括三个方面:计算曲轴名义交变应力、计算材料强度极限、计算安全系数,其计算分析流程如图 3.50 所示。

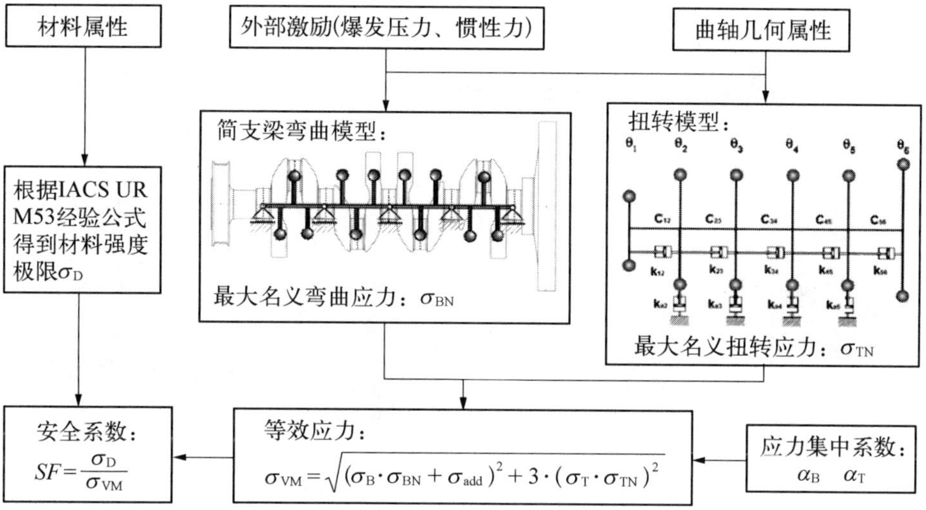

图 3.50 一维曲轴强度分析过程

2）计算模型

曲轴强度分析主要关注曲轴主轴颈过渡圆角、曲柄销颈倒角、曲柄销油孔处的应力，其有关的几何参数如表 3.16 和图 3.51 所示。

表 3.16 曲轴几何参数 (mm)

参数	值
主轴颈直径	420
主轴颈过渡圆角半径/凹槽	35/31
曲柄销直径	380
曲柄销倒角半径/凹槽	28/21
曲柄臂厚度/宽度	168/590
曲柄销/主轴颈长度	334/170
缸心距	840

曲轴的转速范围为 180～660 r/min，各个转速下的缸压曲线通过 GT-power 软件计算得到(见图 3.52)，其中最大爆发压力的值用于扭振分析及计算弯曲载荷。

3）曲轴扭振及扭转应力分析

由于柴油机的实际轴系是非常复杂的连续体，要精确计算其扭振特性相当困难，为了便于研究及计算，通常需要对轴系进行一些合理的简

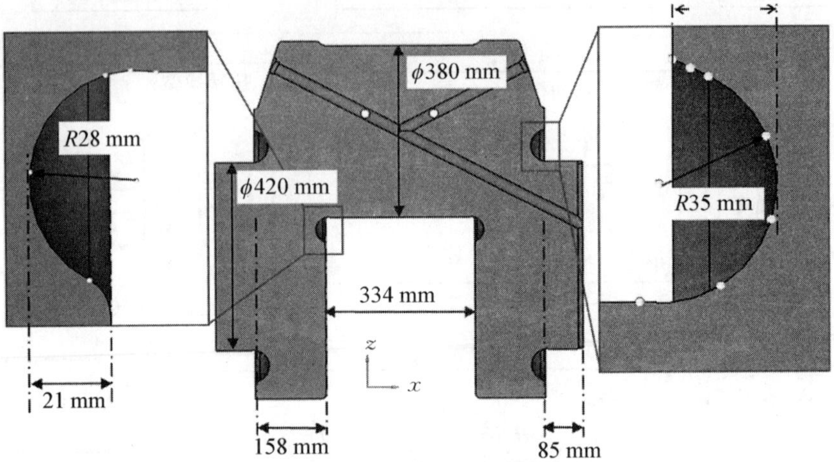

图 3.51　曲轴几何参数

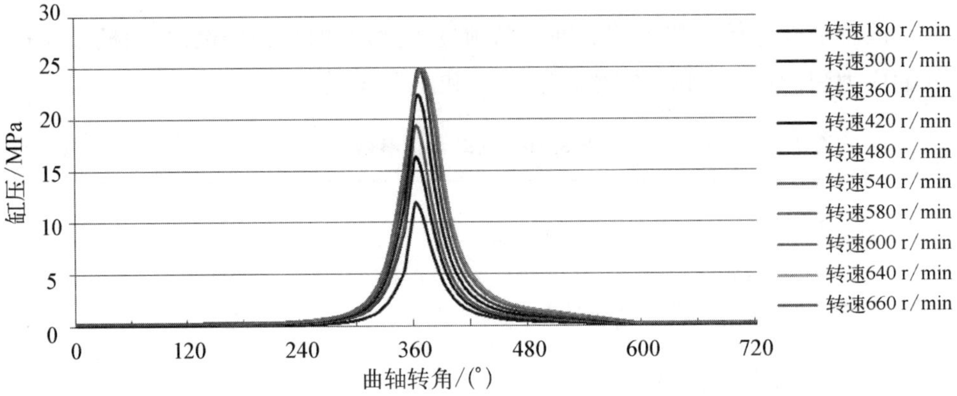

图 3.52　缸 压 曲 线

化和转换，就是把柴油机曲轴，理想化的视为由一些只有转动惯量而无刚度的集中质量和一些只有刚度而无转动惯量的连接轴组成的一维当量系统。

柴油机轴系的一维当量模型包括曲拐、轴段、飞轮、扭转减震器的转动惯量，各个轴段间的扭转刚度，轴系内部阻尼及外部阻尼，如图 3.53 所示。其中各个部分连接处的刚度用有限元法计算得到，而相对阻尼则根据经验公式计算。

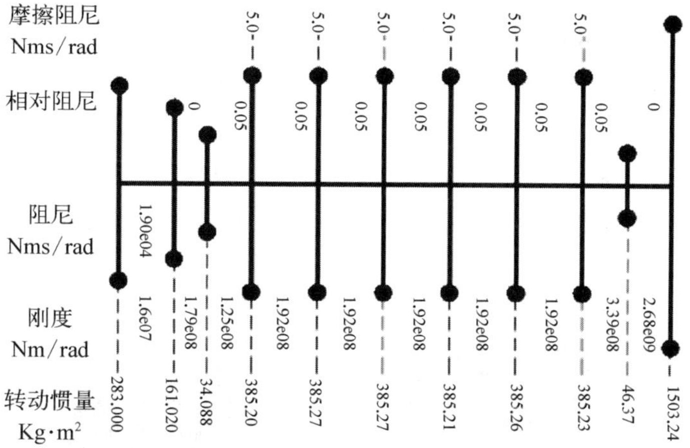

图 3.53　曲轴当量模型

（1）曲轴转动惯量。曲轴曲拐的转动惯量包括曲拐、连杆组转动惯量、活塞组的转动惯量，其公式为：

$$\theta = \theta_{\text{throw}} + \left(m_{\text{rot}} + \frac{1}{2}m_{\text{osc}}\right) \cdot r^2 \tag{3.20}$$

式中，r 是行程的一半；θ_{throw} 是曲拐的转动惯量；m_{rot} 是连杆组的转动质量；m_{osc} 为连杆组的震荡质量。

（2）曲轴扭转刚度。曲轴各部分的扭转刚度一般都用有限元方法求得，如图 3.54 所示，将曲拐一端固定，在另一端施加扭矩 M，会使曲拐发生扭转变形，扭转角度为 θ，$\dfrac{M}{\theta}$ 的值即为曲拐的扭转刚度。

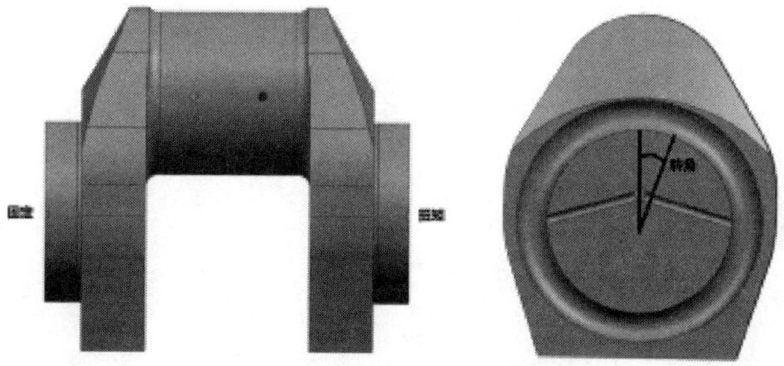

图 3.54　曲轴扭转刚度计算

基本计算过程：

① 导入曲轴轴段的三维几何模型。

② 设置曲轴的材料参数(弹性模量：2.1e6MPa，泊松比：0.3)并赋予截面属性。

③ 在曲轴主轴颈端面中心建立一参考点并通过刚性耦合该主轴颈端面，通过在该参考点施加轴向扭矩 $M=1\ \text{N}\cdot\text{mm}$，模拟曲拐受到扭转作用，如图3.55所示。

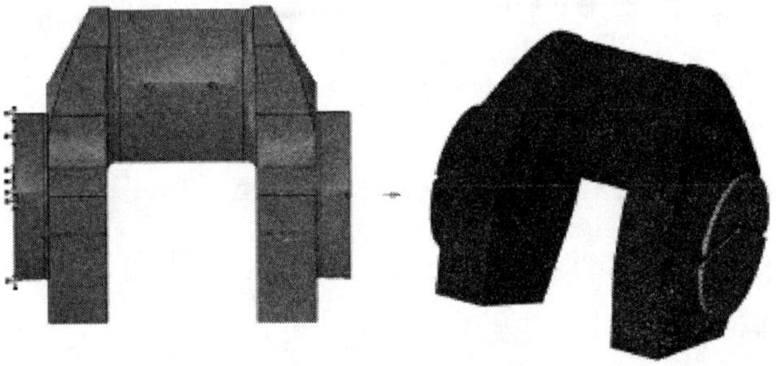

图 3.55　有限元法计算曲拐扭转刚度

④ 固定曲轴的另一主轴颈端面。

⑤ 将轴段划分网格，提交运算后测取前述的参考点的扭转角度 $\theta=5.15776\times10^{-9}$ rad (曲轴轴向转动自由度的值)。

⑥ 利用扭转刚度公式计算曲拐扭转刚度，计算公式为：

$$S=\frac{M}{\theta}=\frac{1}{5.15776\times10^{-12}}=1.939\times10^{8}(\text{Nm/rad}) \qquad (3.21)$$

(3) 曲轴阻尼。曲轴的内阻尼是由于扭转变形时材料分子间产生的摩擦阻尼。计算内阻尼有滞后法和黏滞阻尼法两种方法。

滞后法：

$$K=\frac{C\cdot X}{\varepsilon} \qquad (3.22)$$

黏滞法：

$$K=\frac{C\cdot X}{\omega} \qquad (3.23)$$

式中，X 为损失系数(0.03～0.1)，一般取 0.05；C 为曲轴相邻部分的扭转刚度；ε 为最低扭转特征频率；ω 为曲轴角速度。

在共振转速下，两种方法计算的结果是基本一样的。

曲轴外部阻尼是由于轴颈与轴承、活塞与气缸、运动件与空气的摩擦阻尼，通常情况下与内部阻尼相比，其值比较小。可直接定义一个值，或者定义一个摩擦平均压力损失系数，由公式求得：

$$K_a = \frac{f_{mep} \cdot V_h}{i \cdot \pi \cdot n_c \cdot \omega_0} \tag{3.24}$$

式中，ω_0 为曲轴角速度；f_{mep} 为摩擦平均有效压力；n_c 为曲拐数；i 为行程数；V_h 引擎位移总数。

(4) 自由扭转振动。多质量系统运动微分方程为：

$$[I]\{\ddot{\varphi}\} + [K]\{\varphi\} = 0 \tag{3.25}$$

式中，$[I]$ 为各质量的转动惯量组成的转动惯量矩阵；$[K]$ 为各轴段的扭转刚度组成的刚度矩阵；$\{\varphi\}$ 为各质量的振动角位移。

柴油机轴系的自振频率一般只计算到一、二、三阶频率(见表 3.17)，在安装曲轴扭转减震器后，曲轴的自振频率明显降低了。

表 3.17　轴系自振频率　(Hz)

频　　率	1 阶	2 阶	3 阶
无扭转减震器	38.86	85.44	122.70
带扭转减震器	29.94	45.57	89.12

(5) 主轴颈处的名义扭转切应力，其计算公式为：

$$\tau_{N\text{-}MAIN} = \frac{T_{or}}{WP_{MAIN}} \tag{3.26}$$

式中，T_{or} 是主轴颈处扭矩；WP_{MAIN} 是主轴颈处的截面系数，如图 3.56 所示。

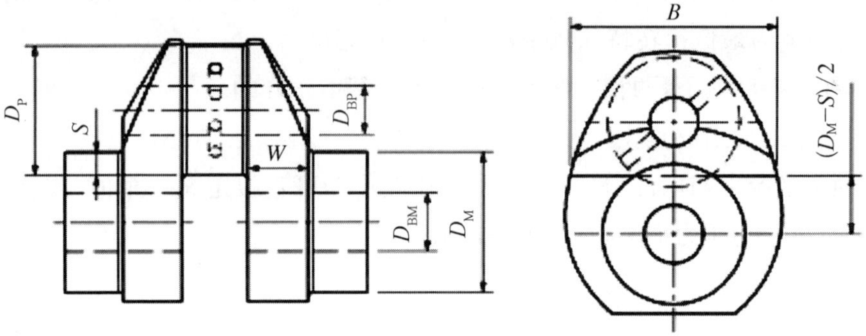

$$WP_{\mathrm{PIN}}=\frac{\pi(D_{\mathrm{P}}^{4}-D_{\mathrm{BP}}^{4})}{16D_{\mathrm{P}}},\ WP_{\mathrm{PIN}}=\frac{\pi(D_{\mathrm{P}}^{4}-D_{\mathrm{BP}}^{4})}{32D_{\mathrm{P}}},\ W_{\mathrm{WEB}}=\frac{B\cdot w^{2}}{6}$$

$$WP_{\mathrm{MAIN}}=\frac{\pi(D_{\mathrm{M}}^{4}-D_{\mathrm{BM}}^{4})}{16D_{\mathrm{M}}},\ A_{\mathrm{WEB}}=B\cdot W$$

图 3.56 曲拐各截面系数

曲轴未安装扭转减震器时，各主轴颈处的名义扭转切应力如图 3.57 所示，最大名义扭转切应力出现在 5# 主轴颈处为 42.9 MPa，在全转速范围内(180～660 r/min)，最大名义扭转切应力出现在共振转速 520 r/min，由图 3.58 可知，转速为 520 r/min 时，主轴颈处的名义扭转切应力主要由第 4.5 阶次激励(4.5×520/60＝39 Hz)引起的，对应曲轴系统的第 1 阶自振频率 38.86 Hz。

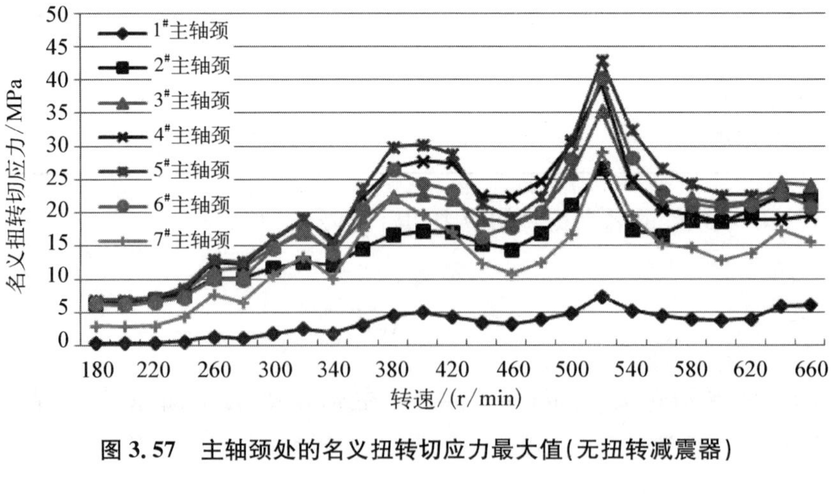

图 3.57 主轴颈处的名义扭转切应力最大值(无扭转减震器)

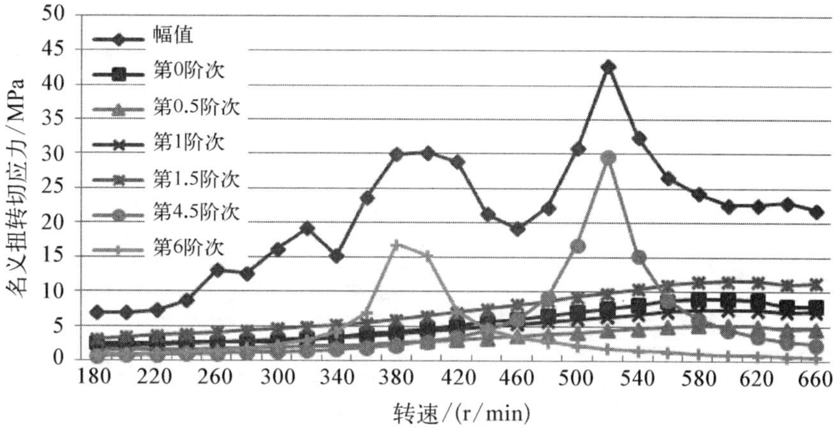

图 3.58　5# 主轴颈名义扭转切应力及各阶次贡献量(无扭转减震器)

在安装了扭转减震器后，降低了整个曲轴系统的自振频率，显著的减小了扭振振幅，大幅降低了主轴颈处的扭转切应力，各主轴颈处的名义扭转切应力随着转速的提高而平稳的增大，并没有出现峰值，说明曲轴在整个转速范围内没有出现共振，如图 3.59 所示。曲轴主轴颈处最大名义扭转切应力出现在 5# 主轴颈处，为 23.8 MPa，与无扭转减震器的最大值相比，降低了 80.3%，如图 3.60 所示。

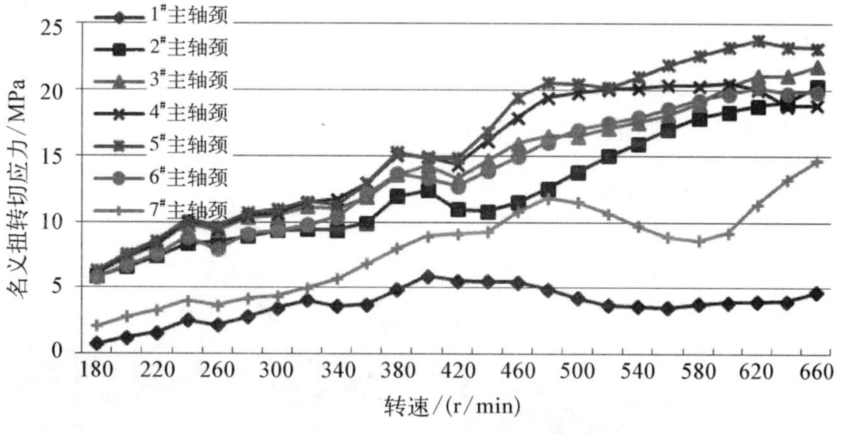

图 3.59　主轴颈处的名义扭转切应力最大值(带扭转减震器)

(6) 曲柄销处的名义扭转切应力，其计算公式为：

$$\tau_{\text{N-PIN}} = \frac{T_{\text{or}}}{WP_{\text{PIN}}} \tag{3.27}$$

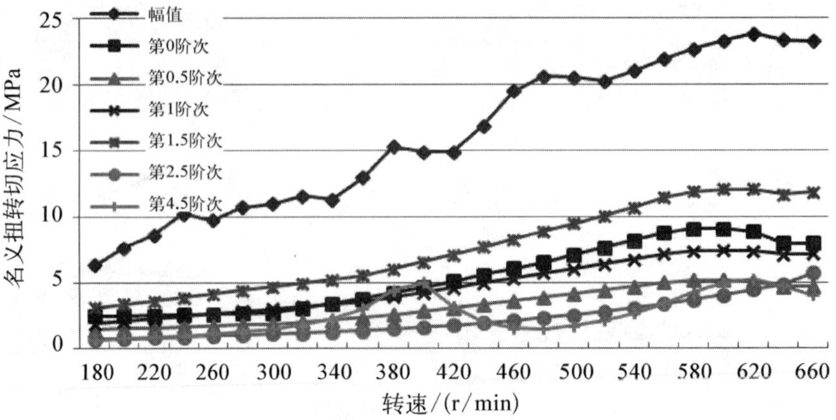

图 3.60　5# 主轴颈名义扭转切应力及各阶次贡献量(带扭转减震器)

由于曲拐被视为一个当量质量,所以曲柄销上的扭矩(T_{or})不是直接从动力学计算中得到,而是通过曲柄销两侧的当量质量处的扭矩合成得到的,计算公式为:

$$T_{or}=\frac{1}{2}T_{or_1}+\frac{1}{2}T_{or_2} \tag{3.28}$$

式中,T_{or_1} 是曲柄销左侧当量质量处的扭矩;T_{or_1} 是曲柄销右侧当量质量处的扭矩。

曲轴未安装扭转减震器时,各曲柄销处的名义扭转切应力如图 3.61 所示,在全转速范围内(180～660 r/min),曲柄销处名义扭转切应力在 520 r/min 出现峰值,其中 5# 曲柄销的扭转切应力最大,其最大值为 55.2 MPa。

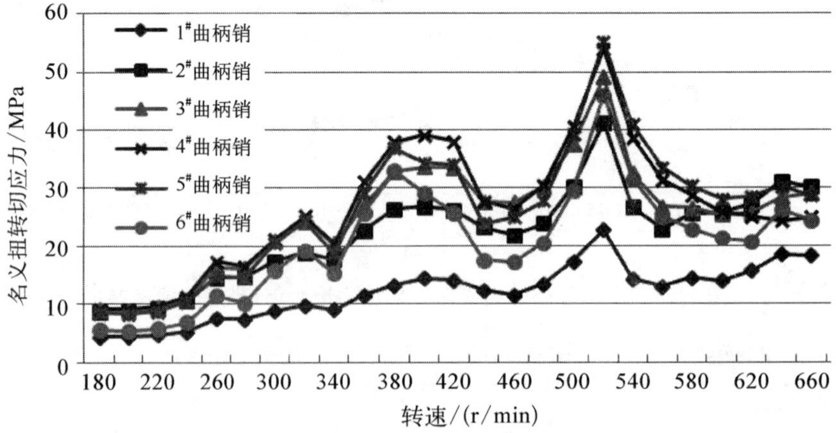

图 3.61　曲柄销处的名义扭转切应力(无扭转减震器)

在安装了扭转减震器后，降低了整个曲轴系统的自振频率，显著的减小了扭振振幅，大幅降低了曲柄销处的名义扭转切应力，如图 3.62 所示。曲柄销处的最大名义扭转切应力出现在 5# 曲柄销处，为 29.7 MPa，与无扭转减震器的最大值相比，降低了 85.9%。

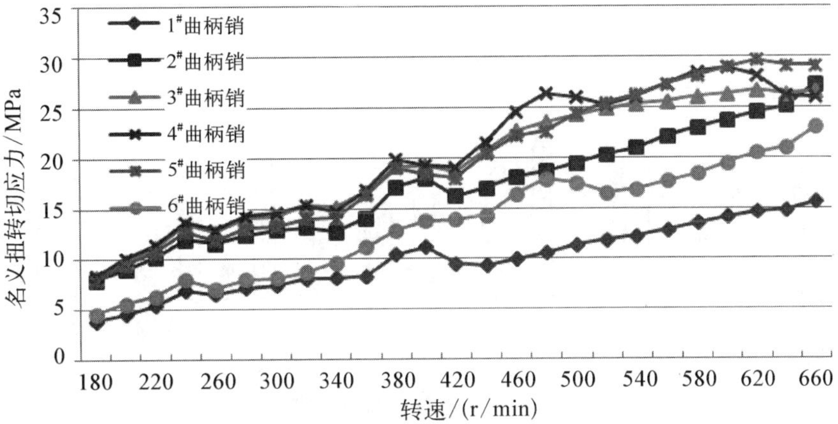

图 3.62　曲柄销处的名义扭转切应力(带扭转减震器)

(7) 扭矩及扭转应力分布。由于曲轴各当量质量处扭矩不同，自由端扭矩较小，各个主轴颈及曲柄销处的扭转应力并不相同，图 3.63 为柴油机额定转速(600 r/min)下曲轴各个当量质量处的扭转应力及扭矩分布。在额定转速下，主轴颈最大扭转应力发生在 5# 主轴颈处为 23.25 MPa；曲柄销最大扭转应力发生在 5# 曲柄销处为 28.94 MPa。

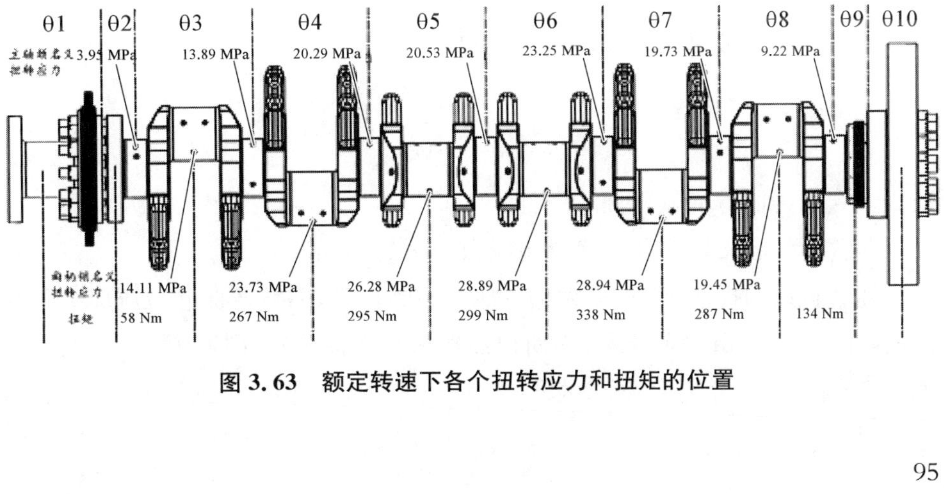

图 3.63　额定转速下各个扭转应力和扭矩的位置

4）曲轴线性弯曲分析

根据 IACS UR M53 规范，在计算曲轴名义弯曲应力时，需要将曲轴系统简化为在主轴承处固定的简支梁，如图 3.64 所示。单独分析每段梁上的弯矩，因此曲轴系统被分为各个曲拐的静定梁。梁上的力根据 IACS UR M53 规范，包括：

① 连杆径向力(从爆发压力和振荡质量惯性力得到)。

② 连杆随曲柄销转动部分离心力。

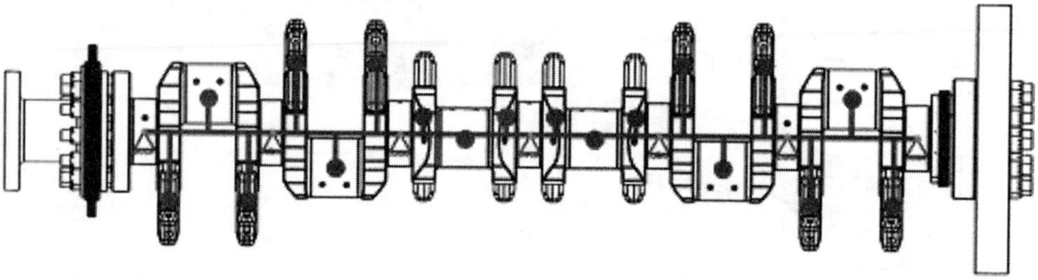

图 3.64　曲轴弯曲简化模型

(1) 曲臂处的名义弯曲应力，其计算公式为：

$$\sigma_{BRN}=\frac{M_{BR}}{W_{WEB}} \tag{3.29}$$

式中，M_{BR} 为曲臂处的弯矩；W_{WEB} 为曲臂横截面抗弯截面系数(见图 3.56)。

(2) 曲臂处的名义拉压应力，曲臂处的拉压力计算公式为：

$$Q_R=\frac{\partial}{\partial z}M_{BR} \tag{3.30}$$

曲臂处的名义拉压应力计算公式为：

$$\sigma_{QRN}=\frac{Q_R}{A_{WEB}} \tag{3.31}$$

式中，A_{WEB} 为曲臂横截面面积(见图 3.56)。

曲臂所受名义弯曲和名义拉压应力如图 3.65 示。

随着转速的提高，气缸最大爆发压力不断提升，曲臂弯曲和拉压应力不断提高，在 580 r/min 时趋于平稳，所以曲臂最大弯曲及拉压应力发生在曲轴转速 580 r/min 时，分别为 66.2 MPa 和 10.8 MPa，如图 3.66 所示。

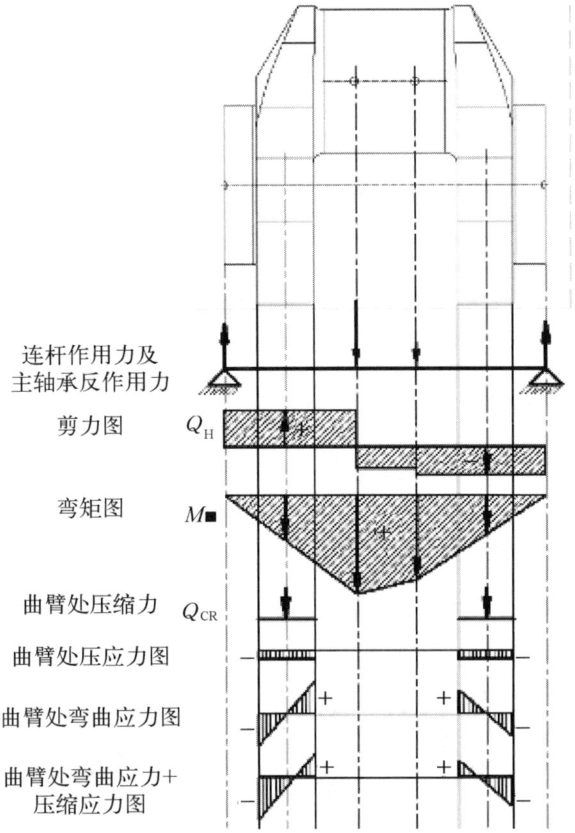

图 3.65　曲臂所受名义弯曲和名义拉压应力

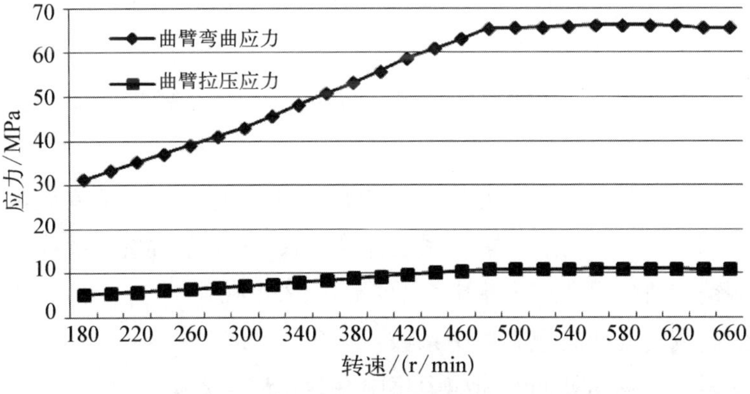

图 3.66　不同转速下的曲臂所受弯曲及拉压应力

(3) 曲柄销油孔处的名义弯曲应力。在计算曲柄销油孔处的名义弯曲应力时,需要将作用在曲柄销油孔处的径向力与切向力所产生的弯矩在沿着油孔轴向进行分解,如图 3.67 所示。

油孔处的弯矩为:

$$M_{BO}=M_{BT}\cdot\cos\phi-M_{BR}\cdot\sin\phi \tag{3.32}$$

曲柄销油孔处的名义弯曲应力计算公式为:

$$\sigma_{BON}=\frac{M_{BO}}{W_{PIN}} \tag{3.33}$$

式中,M_{BT} 为油孔处径向力产生的弯矩;M_{BR} 为油孔处切向力产生的弯矩;ϕ 为油孔轴线与水平方向夹角;W_{PIN} 为油孔处抗弯截面系数(见图 3.56)。

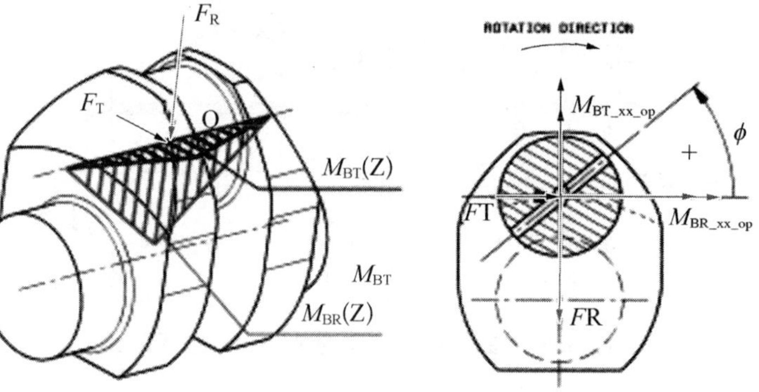

图 3.67 曲柄销油孔处的径向力与切向力作用

5) 等效应力计算

等效应力基于名义弯曲应力和名义扭转应力同时考虑曲轴不同部位的应力集中系数而得出的。

(1) 应力集中系数。应力集中系数是与曲轴的几何特征有关的,可以根据 IACS UR M53 中的应力集中系数计算公式,确定应力集中系数。

曲柄销倒角处弯曲应力集中系数:$\alpha_B=2.409$。

曲柄销倒角处扭转应力集中系数:$\alpha_T=1.929$。

主轴颈过渡圆角处的弯曲应力集中系数:$\beta_B=2.194$。

主轴颈过渡圆角处的扭转应力集中系数:$\beta_T=1.87$。

主轴颈过渡圆角处的拉压应力集中系数：$\beta_Q = 3.713$。

曲柄销油孔处的弯曲应力集中系数：$\gamma_B = 2.786$。

曲柄销油孔处的扭转应力集中系数：$\gamma_T = 3.767$。

（2）等效应力幅值。曲柄销倒角处等效应力幅值为：

$$\sigma_{\text{V-PINa}} = \sqrt{(\alpha_B \cdot \sigma_{\text{BRNa}} + \sigma_{\text{add}})^2 + 3 \cdot (\alpha_T \cdot \tau_{\text{N-PINa}})^2} \tag{3.34}$$

式中，α_B 为曲柄销倒角处弯曲应力集中系数；α_T 为曲柄销倒角处扭转应力集中系数；σ_{BRNa} 为曲臂倒角处弯曲应力幅值；$\tau_{\text{N-PINa}}$ 为曲柄销处名义扭转应力幅值；σ_{add} 为附加弯曲应力，活塞式柴油机的附加弯曲应力为 ± 10 MPa。

主轴颈过渡圆角处等效应力幅值为：

$$\sigma_{\text{V-MAINa}} = \sqrt{(\beta_B \cdot \sigma_{\text{BRNa}} + \beta_Q \cdot \sigma_{\text{ORNa}} + \sigma_{\text{add}})^2 + 3 \cdot (\beta_T \cdot \tau_{\text{N-MAINa}})^2} \tag{3.35}$$

式中，β_B 为主轴颈过渡圆角处弯曲应力集中系数；β_Q 为主轴颈过渡圆角处拉压应力集中系数；β_T 为主轴颈过渡圆角处扭转应力集中系数；σ_{BRNa} 为曲臂倒角处弯曲应力幅值；σ_{ORNa} 为曲臂倒角处拉压应力幅值；$\tau_{\text{N-MAINa}}$ 为主轴颈处名义扭转应力幅值；σ_{add} 为附加弯曲应力，活塞式柴油机的附加弯曲应力为 ± 10 MPa。

油孔处的等效应力幅值为：

$$\sigma_{\text{V-BOa}} = \frac{1}{3} \cdot \sigma_{\text{BONa}} \cdot \gamma_B \cdot \left[1 + 2 \cdot \sqrt{1 + \frac{9}{4} \cdot \left(\frac{\tau_{\text{N-PINa}} \cdot \gamma_T}{\sigma_{\text{BONa}} \cdot \gamma_B}\right)^2}\right] \tag{3.36}$$

式中，γ_B 为油孔对应位置的弯曲应力集中系数；γ_T 为油孔对应位置的扭转应力集中系数；σ_{BONa} 为曲柄销油孔处的弯曲应力幅值；$\tau_{\text{N-PINa}}$ 为曲柄销名义扭转切应力幅值。

（3）全转速下的等效应力。随着曲轴转速的提高，曲轴的载荷不断增大，曲柄销倒角处、主轴颈过渡圆角处及曲柄销油孔处的等效应力不断增大，如图 3.68 所示。在曲轴转速为 600 r/min 时，曲柄销倒角处的等效应力达到最大，为 207.7 MPa；在曲轴转速为 620 r/min 时，主轴颈过渡圆角处等效应力达到最大，为 220.3 MPa；在曲轴转速为 620 r/min 时，曲柄销油孔处等效应力达到最大，为 148.7 MPa。

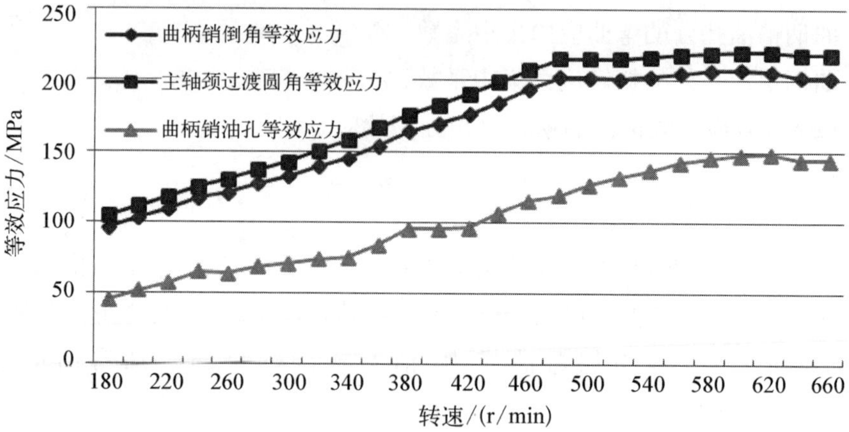

图 3.68 不同转速下的曲轴等效应力幅值

6）安全系数分析

安全系数分析就是比较曲轴不同部位的等效应力与曲轴材料的疲劳强度值。

（1）材料许用疲劳强度。曲轴的材料是 42CrMo4，其抗拉强度为 950 MPa。根据 IACS UR M53 规范公式，计算得到曲轴各部位的疲劳强度。

曲柄销处的材料疲劳强度极限为：

$$\sigma_{DW}=\pm K\cdot(0.42\cdot\sigma_b+39.3)\cdot\left[0.264+1.073\cdot D_P^{-0.2}+\frac{785-\sigma_b}{4\,900}+\frac{196}{\sigma_b}\cdot\sqrt{\frac{1}{R_X}}\right] \tag{3.37}$$

当 $R_X=R_H$ 时，σ_{DW} 为曲柄销倒角处的材料疲劳强度；

当 $R_X=\frac{D_O}{2}$ 时，σ_{DW} 为曲柄销油孔处的材料疲劳强度。

式中，K 为表面处理系数；σ_b 为曲轴材料抗拉强度；D_P 为曲柄销直径；R_H 为曲柄销倒角半径；D_O 为曲柄销油孔直径。

经过计算得到曲柄销倒角处材料允许的疲劳强度：$\sigma_{D-PIN}=261.4$ MPa

曲柄销油孔处的材料允许的疲劳强度：$\sigma_{D-BO}=272.9$ MPa

主轴颈过渡圆角处的材料疲劳强度极限为：

$$\sigma_{DW} = \pm K \cdot (0.42 \cdot \sigma_b + 39.3) \cdot \left[0.264 + 1.073 \cdot D_G^{-0.2} + \frac{785 - \sigma_b}{4\,900} + \frac{196}{\sigma_b} \cdot \sqrt{\frac{1}{R_G}}\right] \quad (3.38)$$

式中，K 为表面处理系数；σ_b 为曲轴材料抗拉强度；D_G 为主轴颈直径；R_G 为主轴颈过渡圆角半径。

经过计算得到主轴颈过渡圆角处的材料允许的疲劳强度：$\sigma_{D-MAIN} = 259.6$ MPa

(2) 安全系数。曲柄销倒角处的安全系数为：

$$SF_{PIN} = \frac{\sigma_{D-PIN}}{\sigma_{V-PINa}} \quad (3.39)$$

主轴颈过渡圆角处的安全系数为：

$$SF_{MAIN} = \frac{\sigma_{D-MAIN}}{\sigma_{V-MAINa}} \quad (3.40)$$

曲柄销油孔处的安全系数为：

$$SF_{BO} = \frac{\sigma_{D-BO}}{\sigma_{V-BOa}} \quad (3.41)$$

曲轴在各个转速下的安全系数如图 3.69 所示，主轴颈过渡圆角处安全系数最小值为 1.17 发生在曲轴转速 600 r/min 时；曲柄销倒角处安全系数最小

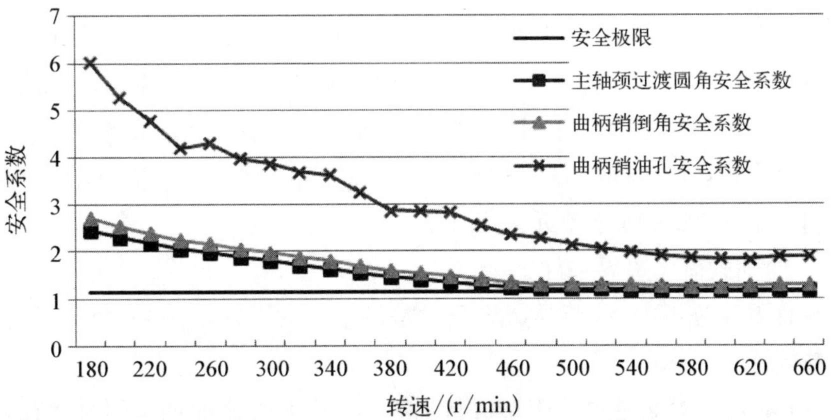

图 3.69　不同转速下的曲轴安全系数

值为 1.26 发生在曲轴转速 600 r/min 时；曲柄销油孔处的安全系数最小值为 1.84 发生在曲轴转速 620 r/min 时。IACS UR M53 规定的最小安全系数为 1.15，虽然该曲轴各个部位的安全系数都达到了 IACS UR M53 的要求，但是主轴颈倒角处的安全系数较低，存在一定的安全隐患。为此，有必要对曲轴的强度进行进一步的计算校核。

3.3.3 基于有限元法强度校核

曲轴是柴油机上最重要的部件之一，其可靠性影响着整机的可靠性。随着柴油机强化程度越来越高，曲轴的工况越来越恶劣。传统的曲轴一维强度计算表明，该曲轴主轴颈过渡圆角、曲柄销倒角、曲柄销油孔处的安全系数分别为 1.17、1.26、1.84，已经接近 1.15 的安全极限，而且传统的一维强度计算运用了大量的经验公式，其应力计算较为简单和粗糙，所以有必要运用更精确的计算方法对曲轴进行应力计算和强度分析。针对柴油机最关注的额定工况，运用有限元法对曲轴进行的疲劳安全校核。

1）建立曲轴的有限元模型

曲轴几何比较复杂，有较多倒角及不规则曲面，在网格划分前就应该对曲轴进行几何清理，去除不重要的小倒角及小曲面，再导入 Hypermesh 进行网格划分。曲轴的主轴颈过渡圆角、曲柄销倒角及曲柄销油孔是应力分析的重点区域，需要划分更密集的网格，一般认为此区域应该划分单元大小为其尺寸的 1/5，其他区域如曲臂、飞轮端等可以设置较大的单元尺寸。由之前动力学结果可知曲轴的主轴颈受力并不均匀，其载荷沿轴向分布较为复杂，为了较准确地描述曲轴的边界条件，在曲轴主轴颈及曲柄销处建立轴承来模拟机体与连杆对曲轴的作用力。为了将来在计算时能够更好的收敛，轴承与曲轴接触处的表面网格节点最好一一对应，所以在划分好曲轴网格后将轴颈处的网格节点映射到轴承内表面上，使之节点一致，如图 3.70 所示。所有轴承和曲轴一共划分了 2 291 975 个单元。

2）曲轴载荷与边界条件

在有限元分析中，载荷与边界条件是最重要的设置，影响整个分析的正确性和精确性。

（1）载荷。对曲轴整体模型进行加载，需要对 12 个曲柄销同时加载，每个曲柄销上的力由之前的动力学仿真得到，为了加载方便，将其分解为 x、y 方向

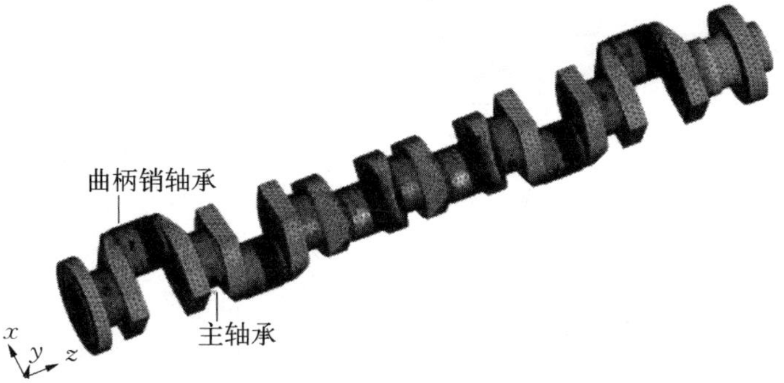

图 3.70　曲轴有限元模型

上的受力。因为每个曲柄销都是在柴油机对应缸发火上止点附近时受力最大,所以取每缸上止点附近为一个工况,共 12 个工况,如表 3.18 所示。

表 3.18　不同工况下的曲柄销载荷　(N)

—	工况 1	工况 2	工况 3	工况 4	工况 5	工况 6
1# 曲柄销载荷	2 208 775	258 732	596 153	426 273	494 029	690 946
2# 曲柄销载荷	476 010	2 209 904	673 573	617 189	395 943	492 349
3# 曲柄销载荷	498 563	705 589	2 204 359	323 950	601 360	340 008
4# 曲柄销载荷	384 859	501 316	470 433	2 247 927	678 024	586 507
5# 曲柄销载荷	592 509	343 873	508 683	787 546	2 187 860	258 534
6# 曲柄销载荷	665 767	597 170	381 417	462 864	474 962	2 212 230
7# 曲柄销载荷	731 654	534 489	537 849	624 089	758 603	541 372
8# 曲柄销载荷	733 383	736 692	321 555	466 388	390 372	730 074
9# 曲柄销载荷	514 186	662 849	744 090	698 268	738 591	508 734
10# 曲柄销载荷	316 414	526 050	394 928	710 464	746 679	704 900
11# 曲柄销载荷	726 526	559 450	710 441	751 101	529 639	643 521
12# 曲柄销载荷	372 879	743 020	730 520	718 399	324 964	519 024
1# 曲柄销载荷	522 279	660 605	737 911	531 915	744 973	548 544
2# 曲柄销载荷	320 296	524 234	741 089	736 351	385 563	739 385
3# 曲柄销载荷	733 200	533 437	746 731	562 433	527 841	659 336
4# 曲柄销载荷	735 431	739 941	381 539	758 165	321 318	530 177
5# 曲柄销载荷	739 962	568 859	519 248	670 001	731 478	519 516

（续表）

—	工况 7	工况 8	工况 9	工况 10	工况 11	工况 12
6# 曲柄销载荷	381 164	755 407	322 676	544 493	742 935	719 937
7# 曲柄销载荷	2 221 549	264 786	489 239	716 668	596 055	336 732
8# 曲柄销载荷	477 002	2 197 828	399 756	521 623	676 933	581 472
9# 曲柄销载荷	579 233	347 163	2 208 987	269 681	509 879	703 586
10# 曲柄销载荷	656 095	600 888	497 389	2 187 731	390 568	506 617
11# 曲柄销载荷	487 221	708 780	607 935	343 364	2 198 767	256 477
12# 曲柄销载荷	376 507	499 654	675 274	586 664	475 258	2 216 434

曲轴旋转产生的离心力通过在 Abaqus 中的 Rotational body force 选取曲轴旋转轴和指定转速来加载。

由于平衡块不影响曲轴的结构强度，所以为了减少有限元单元数量，减少计算时间，将曲轴进行适当的简化，去掉平衡块，同时将平衡块对曲轴的作用力通过在平衡块安装处加载一个面载荷来模拟，其值与平衡块惯性力相当。

（2）位移边界。建立连杆大端轴承与曲柄销之间的接触约束，连杆大端对曲柄销的作用力通过接触面传递，将连杆大端轴承外圈与其几何中心一点耦合，x、y 方向的作用力加载在耦合点处同时限制其 z 轴的移动自由度。

在主轴承与曲轴主轴颈间建立接触约束，由于曲轴在静态分析时，主轴承与主轴颈之间不会发生大位移，并且为了更容易收敛，所以设置接触类型为小滑移，而两者之间的摩擦系数则可根据金属间的常用摩擦系数确定，取为 0.19。然后将主轴承外圈节点固定，限制主轴承的 x、y、z 方向的移动和转动自由度。

曲轴的飞轮端是输出端，将来连接中间轴或发电机组，将曲轴飞轮端的连接面耦合到其中心点处，同时限制中心点的所有自由度，如图 3.71 所示。

3）应力结果分析

工况一最大应力发生在 1# 曲拐左侧主轴颈过渡圆角处为 213.4 MPa；曲柄销倒角处最大应力为 209.7 MPa 发生在 1# 曲拐左侧；油孔处最大应力为

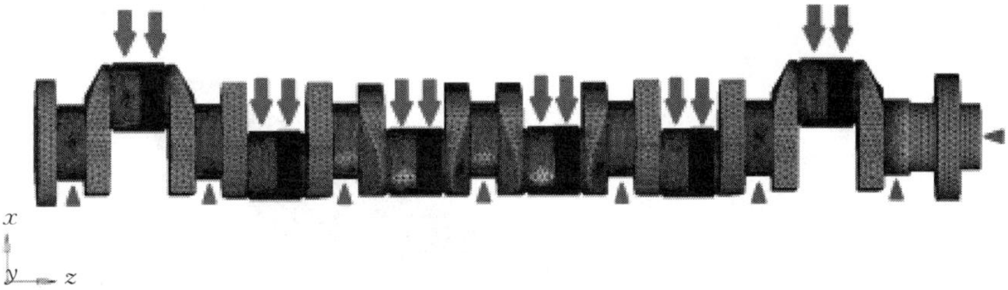

图 3.71　曲轴位移边界条件

157.1 MPa 发生在 1# 曲拐右侧油孔处，如图 3.72 所示。

图 3.72　工况 1 应力云图

工况 2 最大应力发生在 2# 曲拐左侧的油孔处为 101.3 MPa；曲柄销倒角处最大应力为 74.5 MPa 发生在 1# 曲拐右侧；主轴颈过渡圆角处最大应力为 65.5 MPa 发生在 2# 主轴颈处，如图 3.73 所示。

工况 3 最大应力发生在 3# 曲拐左侧主轴颈过渡圆角处为 146.6 MPa；曲柄销倒角处最大应力为 140.8 MPa 发生在 3# 曲拐左侧；油孔处最大应力为 80.5 MPa 发生在 2# 曲拐左侧油孔处，如图 3.74 所示。

工况 4 最大应力发生在 3# 曲拐左侧主轴颈过渡圆角处为 213.2 MPa；曲柄销倒角处最大应力为 209.1 MPa 发生在 3# 曲拐左侧；油孔处最大应力为 198.5 MPa 发生在 2# 曲柄销右侧油孔处，如图 3.75 所示。

工况 5 最大应力发生在 4# 曲拐右侧曲柄销倒角处为 189.3 MPa；主轴颈过渡圆角处最大应力为 180.2 MPa 发生在 4# 曲拐左侧；油孔处最大应力为 146.8 MPa 发生在 3# 曲拐左侧油孔处，如图 3.76 所示。

图 3.73　工况 2 应力云图

图 3.74　工况 3 应力云图

图 3.75　工况 4 应力图

图 3.76 工况 5 应力云图

工况 6 最大应力发生在 3# 曲拐左侧主轴颈过渡圆角处为 175.5 MPa；曲柄销倒角处最大应力为 157.4 MPa 发生在 4# 曲拐右侧；油孔处最大应力为 112.2 MPa 发生在 4# 曲拐右侧油孔处，如图 3.77 所示。

图 3.77 工况 6 应力云图

工况 7 最大应力发生在 1# 曲拐右侧曲柄销倒角处为 176.8 MPa；主轴颈过渡圆角处最大应力为 158.3 MPa 发生在 1# 曲拐左侧；油孔处最大应力为 95.4 MPa 发生在 1# 曲拐右侧油孔处，如图 3.78 所示。

工况 8 最大应力发生在 1# 曲拐右侧曲柄销倒角处为 137.5 MPa；主轴颈过渡圆角处最大应力为 111.5 MPa 发生在 1# 曲拐左侧；油孔处最大应力为 96.1 MPa 发生在 5# 曲拐左侧油孔处，如图 3.79 所示。

工况 9 最大应力发生在 4# 曲拐右侧曲柄销倒角处为 162.9 MPa；油孔处最大应力为 142.6 MPa 发生在 5# 曲柄销左侧油孔处，主轴颈过渡圆角处最大应力为 131.5 MPa 发生在 4# 曲柄销右侧处，如图 3.80 所示。

图 3.78 工况 7 应力云图

图 3.79 工况 8 应力云图

图 3.80 工况 9 应力云图

工况 10 最大应力发生在 1# 曲拐右侧曲柄销倒角处为 194.2 MPa；主轴颈过渡圆角处最大应力为 175.8 MPa 发生在 1# 曲拐左侧；油孔处最大应力为 173.3 MPa 发生在 5# 曲柄销右侧油孔处，如图 3.81 所示。

图 3.81　工况 10 应力云图

工况 11 最大应力发生在 5# 曲拐左侧油孔处为 204.7 MPa；曲柄销倒角处最大应力为 203.8 MPa 发生在 1# 曲拐右侧；主轴颈过渡圆角处最大应力为 166.2 MPa 发生在 2# 曲拐右侧，如图 3.82 所示。

图 3.82　工况 11 应力云图

工况 12 最大应力发生在 2# 曲拐右侧油孔处为 184.1 MPa；曲柄销倒角处最大应力为 68.7 MPa 发生在 6 曲拐右侧；主轴颈过渡圆角处最大应力为 81.7 MPa 发生在 6# 曲拐右侧，如图 3.83 所示。

各个工况下，主轴颈过渡圆角、曲柄销倒角、曲柄销油孔处的最大应力如图 3.84 所示。工况 1、4、11 的应力相比其他工况的应力更大些，在曲线上形成三个峰值。工况 1 时，最大爆发压力作用在靠近飞轮端的曲拐上，由于飞轮端的刚性连接，导致在 1# 曲拐处产生较大的附加应力，如果采用柔性连接，会显著降低工况 1 在 1# 曲拐处的应力；工况 4 时，3# 主轴颈左边 2# 曲拐及右边

图 3.83　工况 12 应力云图

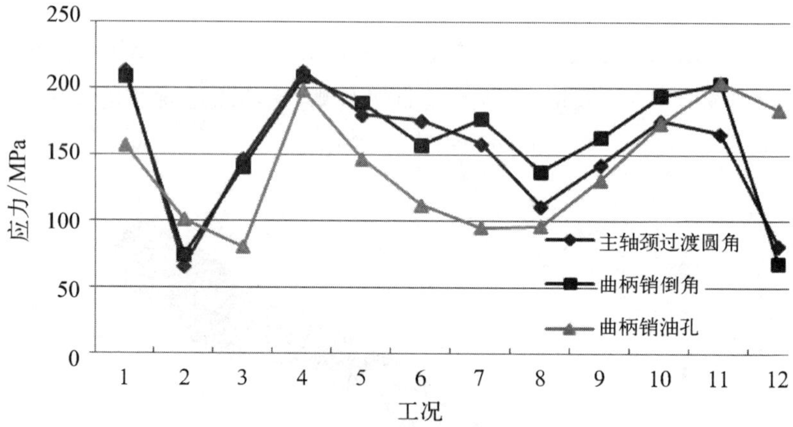

图 3.84　各工况下的最大应力

3# 曲拐上的作用力都作用在 x 方向上，导致 3# 主轴颈左右两侧都产生较大的应力；工况 11 时，连杆大端轴承的作用力正好作用于曲柄销油孔处，导致其油孔附近产生较大的接触应力。

4) 曲轴安全系数计算

根据前面一小节曲轴按船级社入级规范的校核计算，主轴颈过渡圆角处的材料允许疲劳强度为 259.6 MPa，曲柄销倒角处的材料允许疲劳强度为 261.4 MPa，曲柄销油孔处的材料允许疲劳强度为 272.9 MPa，结合有限元计算得到的曲轴在不同工况下的最大等效应力，利用公式进行强度校核。

$$SF = \frac{\sigma_{\mathrm{D}}}{\sigma} \tag{3.42}$$

式中，SF 为安全系数；σ_D 为材料的允许疲劳强度；σ 为曲轴不同部位的最大等效应力。

计算得到的曲轴不同部位在不同工况下的安全系数如图 3.85 所示。主轴颈过渡圆角处的最小安全系数为 1.22 出现在工况 1 中；曲柄销倒角处最小安全系数为 1.25 出现在工况 4 中；曲柄销油孔处最小安全系数为 1.33 出现在工况 11 中。由于最小安全系数均大于 1.15，所以可认为该曲轴的强度满足要求。

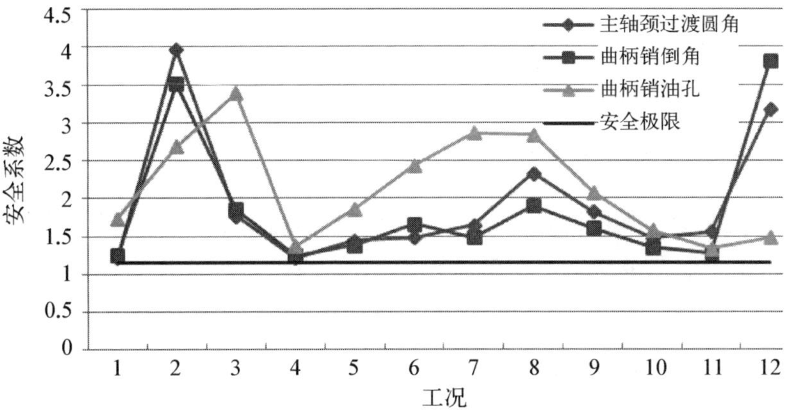

图 3.85　各工况下的安全系数

5）有限元法与传统校核比较

在额定转速（600 r/min）时，传统理论计算获得等效应力与有限元法获得的等效应力在主轴颈过渡圆角及曲柄销倒角处比较接近，在曲柄销油孔处相差较大（见表 3.19），这是由于曲柄销油孔处有限元网格变化较大，应力传递不均匀导致的。通常情况下曲柄销油孔处的应力与主轴颈过渡圆角及曲柄销倒角处的应力相比较小，而且可以通过改进油孔设计和进行加工来降低应力，所以曲柄销油孔通常不用特别考虑。

表 3.19　传统校核与有限元法的应力对比　　（MPa）

—	主轴颈过渡圆角	曲柄销倒角	曲柄销油孔
传统校核	220.1	207.7	147.6
有限元法	213.4	209.1	204.7

在传统强度校核计算中模型假设最大交变弯曲应力和最大扭转应力同时同地发生,但是这种情况是非常罕见的,一般不会发生。所以传统强度校核计算的等效应力通常偏大,无法精确反映曲轴真实的应力情况。而有限元法无需假设最大交变弯曲应力和最大扭转应力同时发生,根据实际工况计算曲轴的真实应力,计算结果较为精确。同时有限元分析与传统强度校核相比,更为直观,可以方便地查看各种结果(应力、接触力、变形等),而且分析的过程更为简便,可以有效地降低计算成本和节约校核时间。

3.4 船用柴油机连杆结构强度

3.4.1 连杆结构与工作过程

柴油机曲柄连杆机构是发动机实现工作循环,完成能量转换的主要运动部分,结构如下图 3.86 所示。在做功行程中,它将燃料燃烧产生的热能活塞往复运动、由曲轴旋转运动转变为机械能,对外输出动力;在其他行程中,则依靠曲柄和飞轮的转动惯性、通过连杆带动活塞上下运动,为下一次做功创造条件。

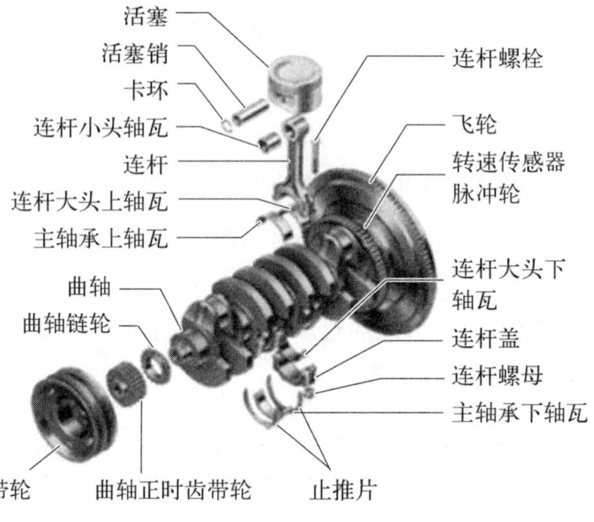

图 3.86 柴油机曲柄连杆机构

曲柄连杆机构的作用是提供燃烧场所,把燃料燃烧后产生的气体作用在活塞顶上的膨胀压力转变为曲轴旋转的转矩,不断输出动力。主要功能:将气体的压力变为曲轴的转矩；将活塞的往复运动变为曲轴的旋转运动；把燃烧作用在活塞顶上的力转变为曲轴的转矩，以向工作机械输出机械能。

作为曲柄连杆机构的关键件，连杆系将活塞顶部的气体爆炸压力传递给曲轴，同时又将活塞的往复运动变成曲轴的旋转运动。往复运动由连杆小头和活塞完成，旋转运动由连杆大头与曲轴共同实现，而连杆杆身则呈现出复杂的平面运动形式。

某连杆组如图 3.87 所示。其主要组成零件有：衬套、杆身、连杆上盖、连杆下盖、轴瓦及螺栓等。运动件的惯性力、气体作用力、弯曲载荷、重力、摩擦力、装配静载等是连杆承受的几个主要载荷。其中，气体力、惯性力导致连杆承受反复拉压作用，易对连杆造成疲劳损坏，气体力还将引起杆身的弯曲，导致屈曲失效。

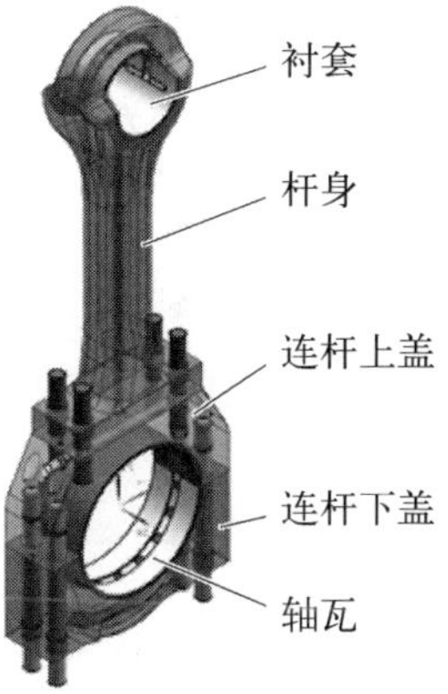

图 3.87　连杆组 3D 模型图

3.4.2　连杆组受力分析

(1) 由连杆力 P_{cr} 引起的拉压疲劳载荷为：

$$P_{cr} = \frac{P_g + P_j}{\cos\beta} \tag{3.43}$$

式中，P_g 为气体作用力；P_j 为活塞连杆组的往复惯性力；β 为连杆摆角。

在进气和排气行程上止点，$P_{cr} \approx P_{jmax}$，P_{jmax} 是连杆承受最大拉伸载荷。在膨胀行程上止点，$P_{cr} = P_z + P_j$，而最高燃气作用力 $P_z > P_j$，使连杆承受最大压缩载荷。P_{cr} 还使连杆在摆动平面和垂直于摆动平面内产生弯曲。

根据式(2.6)得出活塞加速度计算式。

活塞在上止点状态时，连杆整体受到重力和惯性力的作用。同时重力加速度 g 和加速度 a 可以在计算中一并考虑。

由于连杆在平面内还将进行旋转运动，因此还需要考虑连杆离心力的作用，在有限元软件里可以直接输入旋转角速度，如图 3.88 所示。

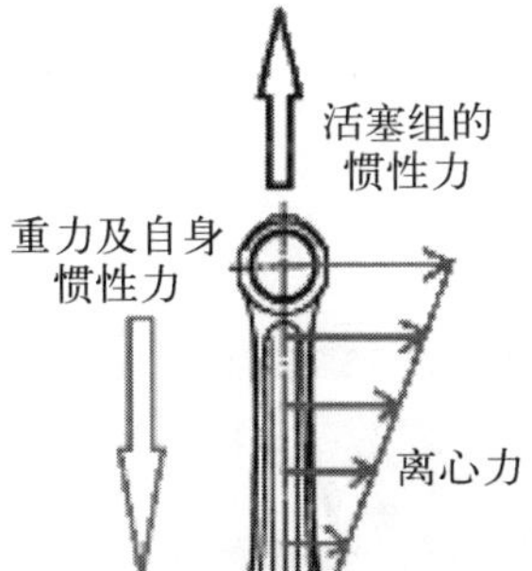

图 3.88　连杆受力简图

活塞组的惯性力(包括重力)为:

$$F_{j1}=m_1\cdot(a+g) \tag{3.44}$$

式中,m_1为活塞组件质量;g 为重力加速度。

连杆重力及惯性力为:

$$F_{j2}=m_2\cdot(a+g) \tag{3.45}$$

式中,m_2为连杆组质量。

连杆在上止点时的角速度为:

$$\omega=\frac{n}{\lambda}\frac{30}{\pi} \tag{3.46}$$

式中,n 为曲轴转速。

连杆在上止点时受到的离心力为:

$$F_{\text{centrifugal}}=\omega^2\cdot\oint_V\rho\cdot v\cdot r\mathrm{d}v \tag{3.47}$$

气体作用力 F_g计算根据第二章公式 2.12 计算。

(2) 装配静载荷。由于衬套压入连杆小端、轴瓦压入连杆大端会导致压应力,拧紧螺栓的预紧力也会产生附加的载荷。螺栓预紧力可以在第二载荷步直接定义,在随后的载荷步内只需保持螺栓的长度。压紧应力可以在定义接触时定义过盈量,此时需要事先确定过盈量的数值。

3.4.3 连杆组材料属性

连杆组的材料主要由 40CrMo4、Steel、42CrMo4 等组成,图 3.89 为连杆组件各个零件的材料说明。

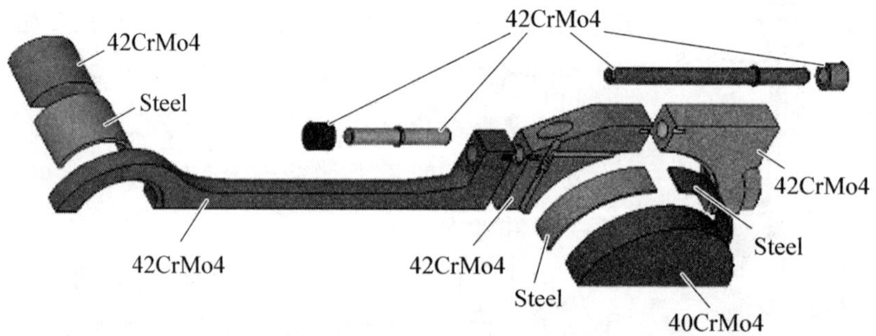

图 3.89 连杆组材料

连杆组件对应各种材料的属性如表 3.20 所示。

表 3.20　材 料 属 性

材料名称	42CrMo4	40CrMo4	Steel
弹性模量/GPa	205	205	205
泊松比	0.3	0.3	0.3
密度/(kg/mm^3)	8.38e-6	8.38e-6	8.38e-6
热膨胀系数(/K^{-1})	10^{-6}	10^{-6}	10^{-6}

3.4.4　连杆有限元模型简化

由于连杆具有 x、y 平面的对称特性，因此没有必要对整个连杆进行分析，取出 1/4 模型，进行六面体网格的划分。图 3.90 为连杆整体有限元网格模型。

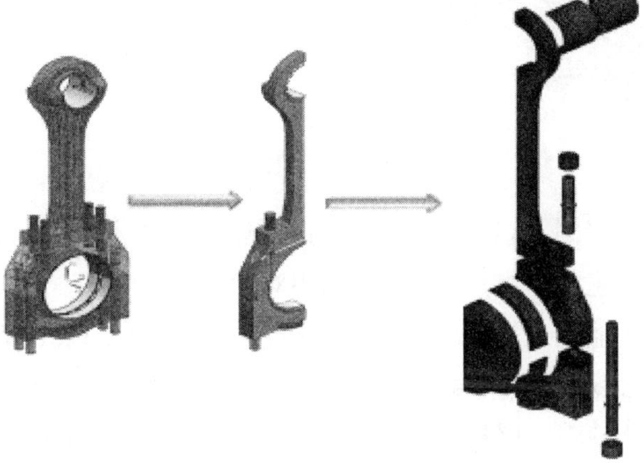

图 3.90　连杆的简化 3D 模型及网格

经过划分，连杆组件中连杆杆身、连杆上盖、连杆下盖、螺栓、主轴颈、轴瓦、活塞销、衬套均采用六面体单元，包含很少部分楔形单元。其中六面体 245 777 个，楔形单元 6 514 个，总单元数为 252 291，总节点为 313 543。

对于六面体采用 C3D8I 单元，此单元的特点是计算精度较高，计算成本低。相对 C3D8R，虽然在网格扭曲时，其精度稍差，但是其可以和 C3D10、C3d10M 等单元联合使用，且在网格受弯曲变形时模拟精度略高，更重要的一点是，非协调模式单元能很好的应用于接触问题，且同样精度下，C3D8I 单元密度可以低些。C3D8 完全积分单元一般很少使用，因为其容易产生剪力自锁，不能精确模拟剪力自锁。由于连杆尺寸较大，且含有小特征，不宜采用二阶单元。对于楔形体采用了 C3D6 单元，此单元数目相对于整体来说占的比例很小。

3.4.5 边界条件定义

在 ABAQUS 里，边界条件指 Load 模块，可以定义 Boundary Condition 和 load。这里仅指约束条件。为了提高计算效率，仅取 1/4 连杆模型，因此需要在对称面上定义对称约束（见图 3.91）。

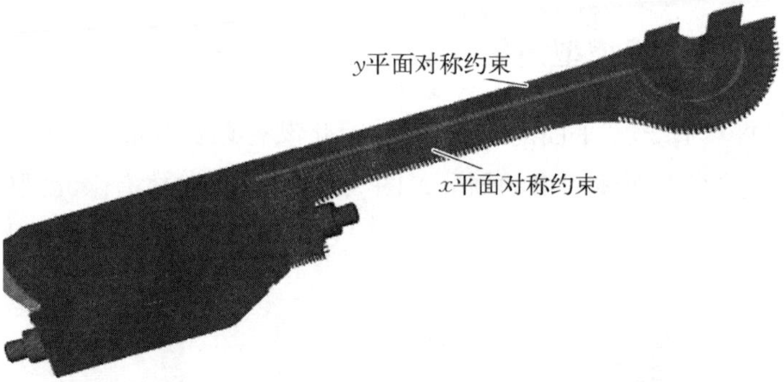

图 3.91　连杆组对称约束

假设连杆大端固定，连杆小端施加由活塞组件引起的惯性力，再于连杆组上作用含惯性加速度的重力，并且考虑相对于 x 轴的离心力。

为了更准确地约束连杆大端，模型中包含主轴颈，通过约束主轴颈的自由度，再定义主轴颈和连杆大端的接触作用，实现对连杆大端的固定约束（见图 3.92），约束主轴颈中间区域的一些节点来实现对主轴颈的边界定义。主轴颈

图 3.92　连杆大端的约束

的约束只是根据经验选取部分节点，并约束住 6 个自由度。在主轴颈和轴瓦之间、轴瓦和连杆大端之间分别定义接触。

对于连杆小端，有些文献上处理的方法是在连杆小端孔内表面施加非均布载荷，如图 3. 93 所示。这种处理方法能比较准确地描述衬套或活塞销对连杆小端的作用，但是难以模拟衬套和连杆的接触作用。

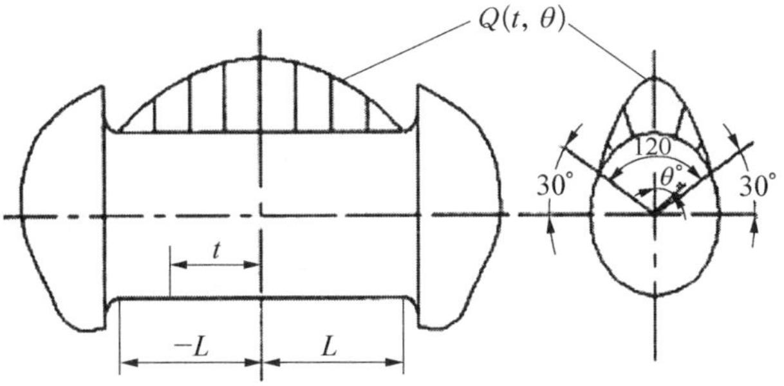

图 3. 93　连杆小端施加载荷

与连杆大端类似，间接地将活塞组的惯性力施加于连杆。先定义连杆小端孔与衬套的接触，再定义衬套与活塞销的接触。活塞销部分表面与活塞销座相接触，因此可以耦合一部分节点至销孔中心点（见图 3. 94），再将活塞组（除去活塞销）的惯性力施加到销孔中心点上。耦合的类型为分布耦合，此种耦合的特点是能准确地模拟集中力和分布力之间的等价关系，即作用于销孔中心点上的集中力等于分布于销表面上的分布力的合力。

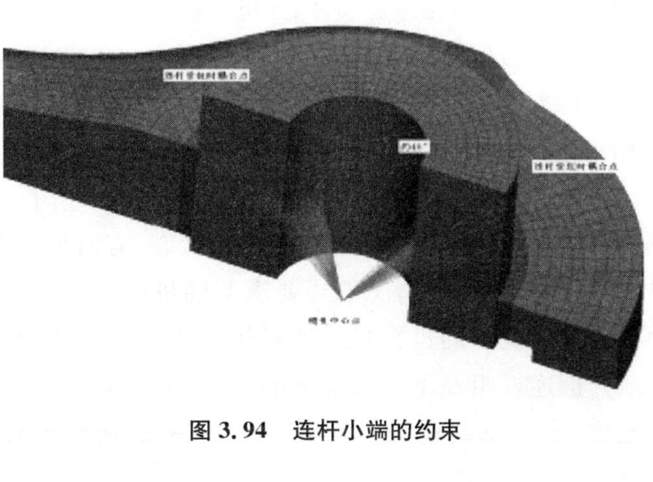

图 3. 94　连杆小端的约束

其中销耦合点由两部分组成，分别用于连杆受压、受拉时，每部分节点都分别耦合到销孔中心点，并分别定义。由于连杆所受的拉、压力仅沿着杆轴线方向，因此需要约束销孔中心点 x、y 方向的位移。

3.4.6 载荷步定义

在本文，载荷主要由螺栓预紧力、惯性力、重力、装配力、离心力、气体力等组成。惯性力由活塞组引起，重力不仅包括重力加速度引起的力还有连杆运动加速度引起的力，离心力指连杆（除活塞销、主轴颈和轴瓦）的摆动运动相对于主轴颈轴线产生的力。

无论柴油机工作与否，连杆都要承受螺栓预紧力的作用，可以根据螺栓的拧紧力矩求出或查表得到螺栓的预紧力，再将螺栓的预紧力施加于螺柱的任意截面上。螺栓预紧力是常量，但是在工作时由于连杆受到拉、压作用，螺栓的受力将会变化，因此在后续载荷步中需要将预紧力改成保持螺栓长度不变，这样就能比较真实的复现螺栓的动载荷。

惯性力是集中力，直接施加于销孔耦合点上沿着 z 轴方向，气体力也是集中力，其作用点和惯性力一致，只是其作用的方向始终不变，即压向连杆的大端。要注意连杆受压、受拉时参与的销耦合节点不同，这点可以通过前面提到的分别定义耦合关系来实现。

重力的加载在 ABAQUS 里是通过定义重力加速度实现的，但是在此处需要将重力加速度和连杆组的加速度求和后再输入。

离心力在 ABAQUS 里的定义很简单，只要事先求出连杆的角速度即可。

由于在此模型中定义了接触关系，因此可以较方便的实现装配力的定义，在 ABAQUS 里，定义接触时可以在 interference fit 项输入过盈量，此过盈量可以一步加载也可以线性加载。如要考虑摩擦力的作用，在定义接触关系时，可以将接触属性定义为带摩擦特性，摩擦公式可以选择 default，摩擦系数定义为 0.19。

柴油机在正常工作时往往处于不同的工作状态，有时处于怠速运行，有时需要输出最大扭矩，在一定情况下还要求柴油机能短时间的超负荷运转等等。柴油机运行工况不同也会导致连杆组的受力状态变化。因此，为了能比较全面地分析连杆组在不同工况下的应力特性，并为后续的疲劳分析提供必要的数据，本节总共定义了 5 个载荷步，每个载荷步都对应着一种工况。

第一载荷步：100%螺栓预紧力，说明：此螺栓预紧力只在第一载荷步以力的形式加载，在后续载荷步均要改成保持螺栓长度不变。衬套和活塞销及连杆小端孔的过盈配合，过盈量 0.114 mm，连杆大端和轴瓦之间的过盈配合，过盈量 0.924 mm，注此处的轴瓦过盈量定义方法有两种：

(1) 定义两个 1/4 轴瓦之间的接触时的过盈量(作者采用此方法)。

(2) 定义轴瓦和曲柄销座的过盈量，此种方法需要由轴瓦半圆周长高出度 H(crush height)计算出过盈量。

第二载荷步：除第一载荷步施加的载荷以外，还需定义转速为 570 r/min 时的离心力(不包括活塞销和主轴颈、轴瓦等)，此转速下柴油机的输出扭矩最大，定义活塞组的惯性力，以及整个计算模型的重力(包括重力加速度和运动加速度)。

第三载荷步：除第一载荷步施加的载荷以外，还需定义转速为 600 r/min 时的离心力(不包括活塞销和主轴颈、轴瓦等)，此转速下为柴油机的额定转速，定义活塞组的惯性力，以及整个计算模型的重力(包括重力加速度和运动加速度)。

第四载荷步：除第一载荷步施加的载荷以外，还需定义转速为 635 r/min 时的离心力(不包括活塞销和主轴颈、轴瓦等)，此转速下为柴油机的最高转速，定义活塞组的惯性力，以及整个计算模型的重力(包括重力加速度和运动加速度)。

第五载荷步：除第一载荷步施加的载荷以外，还需定义转速为 600 r/min 时的离心力(不包括活塞销和主轴颈、轴瓦等)，此工况为柴油机的额定工况点，定义活塞组的惯性力，以及整个计算模型的重力(包括重力加速度和运动加速度)。此外，还要定义气体在爆发时的压力，此集中力加载点和惯性力一致，方向相反。

3.4.7　连杆的应力评价

连杆作为连接曲轴和活塞组的运动件，具有运动、载荷负载的特点，其担负的任务是传递运动和力。连杆沿长度方向的变形将会直接影响到活塞的行程，进而改变了柴油机的压缩比，对柴油机的性能产生很大的不利影响，同时也会加剧曲轴连杆活塞系统的振动，因此，有必要对连杆的杆身变形进行限

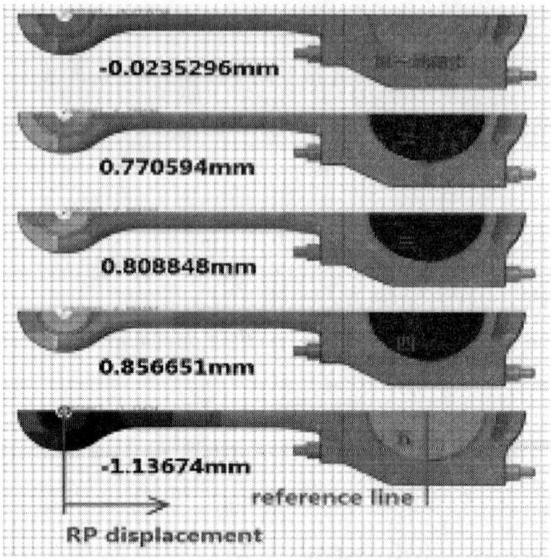

图 3.95　连杆的轴向变形

制，图 3.95 为连杆小端孔中心点的 z 向位移。

第一、五载荷步，连杆受压，孔中心点的位移为 1.136 74 mm，第二、三、四载荷步连杆受拉，孔中心点最大的位移为 0.856 651 mm，很明显，随着转速的提高，拉杆的受拉的变形也愈大。

除了校核连杆长度方向的变形以外，应力分析也是评价连杆安全性的基本内容，局部应力集中会引起连杆的变形甚至断裂，连杆受的应力比较复杂，一般以校核连杆的最大、最小主应力作为评判的准则。图 3.96 为连杆在各种工况下的主应力分布图，应力的数值单位均为 kPa。

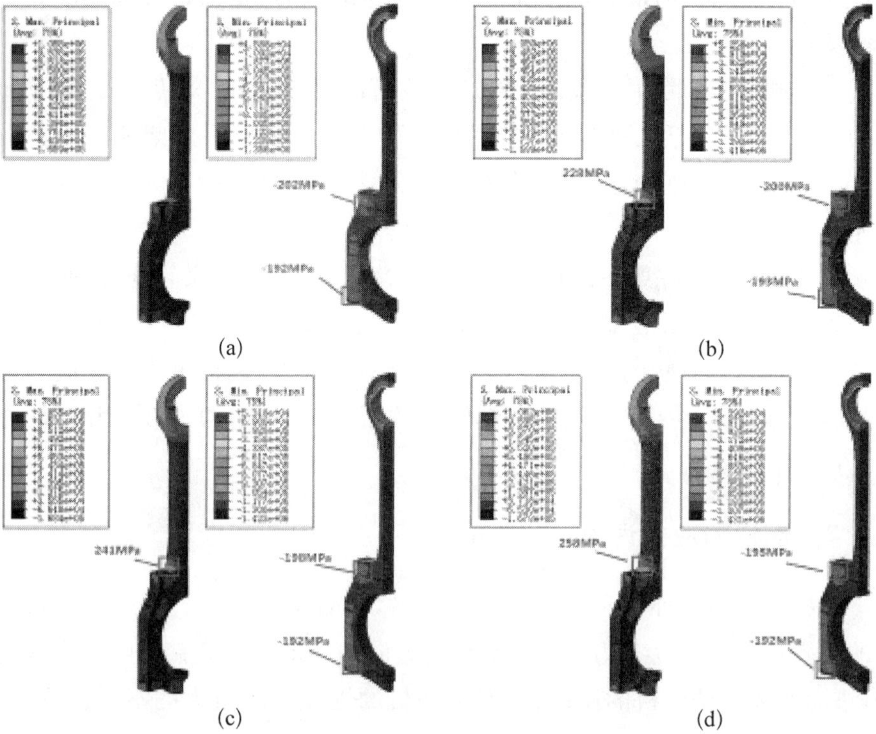

(a) (b) (c) (d)

图 3.96　连杆应力结果

图 3.96(a)所示为第一载荷步，即在装配静载荷作用下的应力分布，此时连杆所受的作用主要有螺栓预紧力以及过盈装配力。从左图可以看到连杆的小端受到拉应力的作用，右图则显示连杆小端孔内表面受到压应力的作用，以及螺栓压紧部位受到较大的压应力，尤其是轴承盖螺栓孔部位，有较大的部位受到 200 MPa 左右的压应力。

图 3.96(b)、(c)、(d)所示为连杆受到活塞组惯性力的拉伸作用下的主应力分布图。从作图可以看出，连杆的最大主应力和静载下没有明显的差别(轴承盖顶部区域除外)，这说明转速在较小的波动范围内对连杆绝大部分最大主应力影响甚微。但是也应该看出，随着转速的提高，连杆的杆身螺母支承面圆角处的最大主应力分别为 228 MPa、241 MPa、258 MPa，因此，圆角处的应力对于转速较敏感，在设计时需要注意。图 3.96(b)、(c)、(d)与图 3.96(a)对比发现，轴承盖螺栓孔处的高应力区缩小，而其他部位也没有明显差别，这是因为连杆受拉时，轴承盖接触面处有分离的趋势，因此压应力减小。但是图中也显示出高应力区的应力变化范围很小，说明螺栓的动载荷波动也较小，有利于螺栓的疲劳特性。最小主应力对转速的敏感性很弱，高应力区的范围以及应力值基本不变，处于 200 MPa 以内。

连杆在受到以惯性力为主要载荷作用时，单从应力的角度来说影响有限，应力幅值小将有助于提高连杆的疲劳寿命。

图 3.97 为连杆在额定转速、气体爆压力作用下的主应力分布图，在此通过对比图 3.96(a)、(b)、(c)、(d)进行分析。

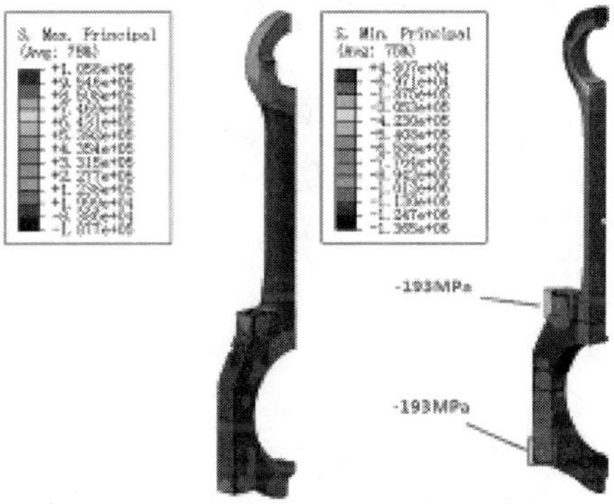

图 3.97　连杆的应力云图

连杆在气体爆压力作用下时，相对于静载荷下，最大主应力变化较为明显的地方为连杆小端，最大主应力较高的区域有向下移动的趋势，即小端顶部的主应力减小，底部的主应力增大，中间部位应力基本不变，这点不难解释。对比图 3.96(a)还可以看出连杆的最大主应力基本没有变化，这主要是因为连杆受到压力作用时，绝对值最大的主应力一般为负值，对于单轴压缩来说，另外两个方向的主应力很小，即使外载荷发生变化，这两个主应力也基本不变。相对于图 3.96(b)、(c)、(d)可以看出，最大主应力在绝大部分区域内变化不明显，但是杆身螺母支承面的圆角处最大主应力减小很多，因此，此处是后续进行疲劳分析时重点关注的区域，连杆轴承盖的主应力也减小显著，此处的 3 个主应力都很小且大于零，不需要过多的考虑。

连杆在仅受静载荷作用时，连杆在受过盈载荷及螺栓预紧力作用以外的区域 3 个主应力很小，当给连杆施加压力时，连杆小端高应力区在向下移动，杆身的主应力变大，这主要是来自 σ_3 的贡献。气体压力对螺栓预紧力作用下的高应力区影响很小，这从连杆的结构角度也容易解释。如果和连杆受拉时相比较，就会发现连杆最小主应力变化很明显，因为在受拉工况时最小主应力的方向可能垂直于连杆轴线而且接近于零，然而连杆受压时最小主应力沿着轴线的方向且接近于－200 MPa。连杆受压时，释放了螺栓预紧力作用的压应力，即螺栓预紧力影响的范围更大，尤其在轴承盖接触面的内侧表现得很明显，因此有必要进一步校核接触面的压力，这将在后文进行分析。

3.4.8 连杆接触面的评估

连杆在螺栓预紧力作用下，在局部区域会产生较大的压应力，在活塞组惯性力及离心力的联合作用下，虽然高压应力区减小，但是接触面上仍然有较大的接触力。此外，当连杆受到气体压力作用时，原先由于惯性力等导致的低应力区应力又重新增大，从而使得接触面处的应力处于循环波动的状态。因此，需要对接触部位的压应力进行分析，还需要判断接触部位有没有可能发生分离。

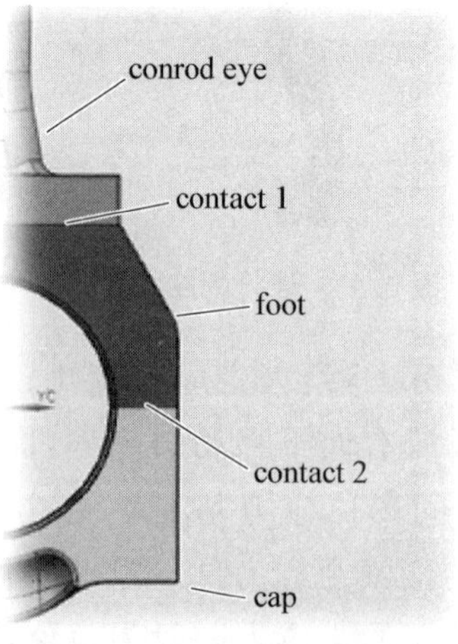

图 3.98　连杆的接触面

连杆主要由 3 个部分组成，即连杆杆身、连杆上盖及连杆下盖(见图 3.98)，接触面有两个，在图中将这两个接触对分别标记为 contact 1、contact 2。

连杆的预紧力皆为 765 500 N，在后 4 个载荷步里保持螺栓的长度不变，即螺栓在第一个载荷步拧紧。图 3.99 为连杆接触面 contact 1 和 contact 2 在各工况下的接触压力。

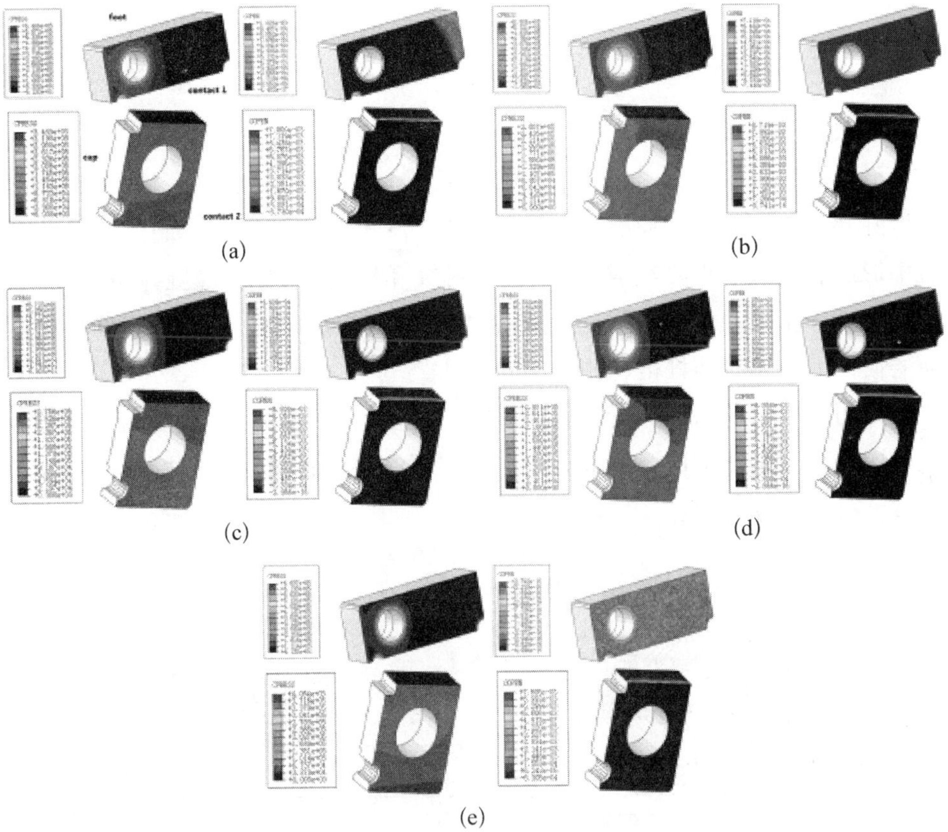

图 3.99　连杆的接触特性

从图中可以看出，连杆在静载荷下的接触压力明显大于连杆在受拉时的接触压力，比连杆在受压时的接触压力略小，在所有工况下的最大接触压力约为 650 MPa，但是具有此高压力的区域集中于油槽的附近，绝大部分接触压力 160 MPa 以内。2 个接触面的间隙也具有类似的关系，在各种工况下接触面的间隙都小于 1 μm，也就是说螺栓的预紧力足够将连杆的各部分紧密地连接在一起且不至于导致过大的接触压力。

高压力区都集中在螺栓孔的附近，而接触面间隙较大的区域集中在连杆的内侧，可以通过将螺栓对的间距缩小改善接触特性，但往往由于尺寸及工艺的限制难以实现明显的改善。

3.5 活塞热机耦合特性

3.5.1 活塞结构与工作过程

1）低速二行程柴油机活塞结构

低速二行程柴油机由于具有比功率大、结构简单、零部件数量少、燃油经济性好并且能够使用劣质燃油等优点，被广泛用于船舶主机。而活塞是柴油机中形成燃烧室的重要组成部分，起着封气和导向的作用，气缸体中的高温、高压燃气膨胀推动活塞做往复运动，使热能转换为机械能，同时活塞将往复运动的惯性力传递给连杆推动曲轴旋转做功。

如图 3.100 所示，低速柴油机活塞主要包括：活塞头、活塞裙、活塞杆、冷却机构、活塞环、活塞杆填料函等。这些零部件通过各类活塞螺栓进行连接固定，组成最终的活塞组。

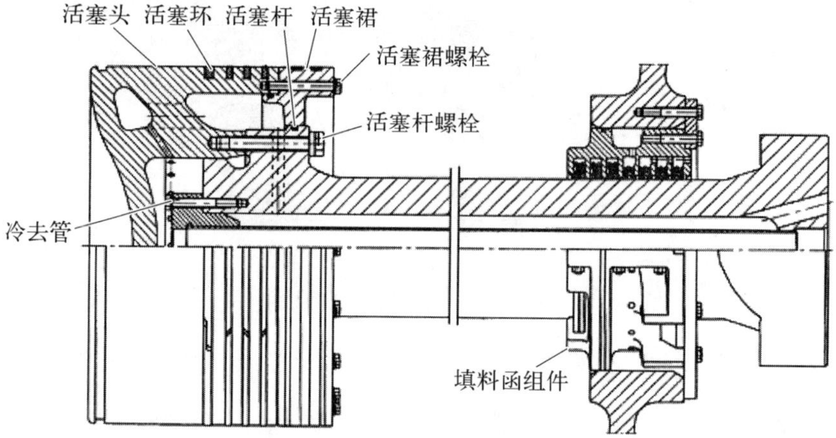

图 3.100 低速柴油机活塞

2）活塞工作物理过程

与中高速柴油机相比，低速二行程柴油机在工作时，曲轴旋转一周，气缸内便完成了进气、压缩、膨胀和排气四个过程，也就是活塞每上下一次便完成一个工作循环。因此低速柴油机与中高速柴油机相比其受力特点也有一定区别。对于活塞进行分析校核而言，只有得到柴油机工作时准确的载荷边界条件才能保证仿真分析的可靠度和准确度。

如图 3.102 所示，由于二行程柴油机没有进气阀，进气过程中气体主要是通过气缸套下部周围布置的扫气口进气，而排气过程则与四行程一样，由排气阀控制。

图 3.101 和图 3.102 结合起来共同描述了二行程柴油机整个工作循环过程以及活塞受载工况。图 3.101 中 A 点对应图 3.102(a)，表示进气过程，曲轴位于下止点，此过程中进气和排气同时进行；图 3.101 中 B 点对应图 3.102(b)，此时曲轴转过下止点一定角度，活塞头将扫气口封闭，活塞进气结束，但气缸体顶部排气阀仍然开启，活塞上行压缩气体，排气过程延续；图 3.101 中 C 点对应图 3.102(c)，曲轴继续转动，此时排气阀关闭，排气过程结束，压缩过程开始，缸体内压力迅速升高；图 3.101 中 D 点对应图 3.102(d)，此时曲轴位于上止点位置，压缩室容积最小，压缩过程结束，喷油开始；图 3.101 中 EF 段曲线对应图 3.102(e)和(f)，该段曲线表示曲轴转过上止点 15°左右时，燃料燃烧导致气缸内温度和压力急剧升高，活塞在高温高压作用下从上往下运动的整个膨胀做功过程，缸内在爆燃达到最高后逐渐降低。图 3.101 中 G 点对应图 3.102(g)，此时排气阀打开，排气过程开始，缸内压力继续降低；图 3.101 中 H 点对应图 3.102(h)，此时活塞不再对扫气口封闭，进气和排气过程同时进行，曲轴继续下行到达下止点；柴油机整个工作循环完成。

由柴油机整个工作循环过程可知活塞在燃气燃烧爆炸时所受的载荷最为复杂和剧烈，主要包括极高的热负荷以及燃气爆炸时的气体压力。

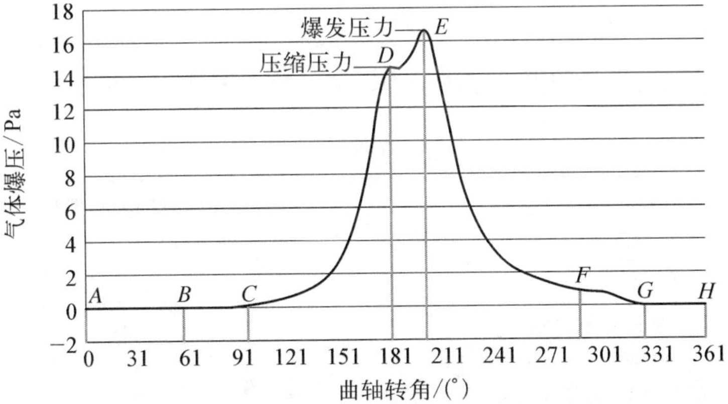

图 3.101　柴油机缸压曲线

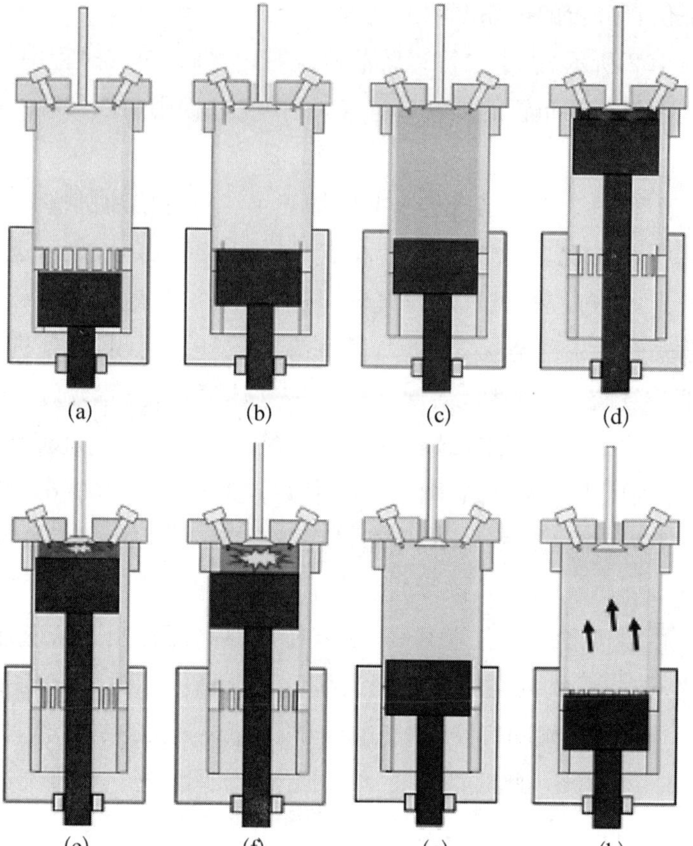

图 3.102　二行程柴油机工作过程

3）柴油机参数

这里主要对某船用低速二行程柴油机活塞进行性能研究，该型柴油机主要作为船舶主机为船舶提供推进动力。柴油机主要性能指标如表 3.21 所示。

表 3.21　柴油机性能参数

主 要 参 数	某二行程柴油机
缸径/mm	340
行程/mm	1 600
单缸功率/kW	810
转速/(r/min)	169
活塞平均速度/(m/s)	9.01
最大燃烧压力/MPa	19

4）活塞性能分析工况确定

上节中详细描述了二行程柴油机的工作循环过程，通过图 3.101 可知活塞在曲轴转过上止点 15°时缸内气体压力达到最大值，并且此时燃油燃烧膨胀放热，气缸内温度也达到最大值即热负荷最大。

除了承受上述气体爆压和高温燃气外，柴油机工作时活塞做周期性的上下往复运动，而活塞组中各零部件质量都很大，所以活塞的上下往复惯性力对活塞的强度影响也较大。参考图 3.88 可知柴油机工作时活塞往复惯性力 P_j 的方向始终沿着气缸中心线，与活塞加速 a 的方向相反。规定指向曲轴旋转中心的 P_j 为正值，往复惯性力公式参考式(2.10)

$$P_j = -m_j a = -(m_p + m_{ca})a$$

式中，m_j 为沿气缸中心线方向并作往复运动的零件总质量；m_p 为活塞头组的整体质量；m_{ca} 为换算到连杆小头中心的连杆组质量。

如图 3.103 所示为活塞加速度曲线，当活塞位于上止点时，P_j 的方向指向气缸盖，其绝对值达到最大值为：

$$P_{jmax} = -m_j(1+\lambda)R\omega^2 \tag{3.48}$$

当活塞位于下止点时，

$$P_j = m_j(1-\lambda)R\omega^2 \tag{3.49}$$

式中，$\lambda = R/L$，其方向指向曲轴旋转中心。

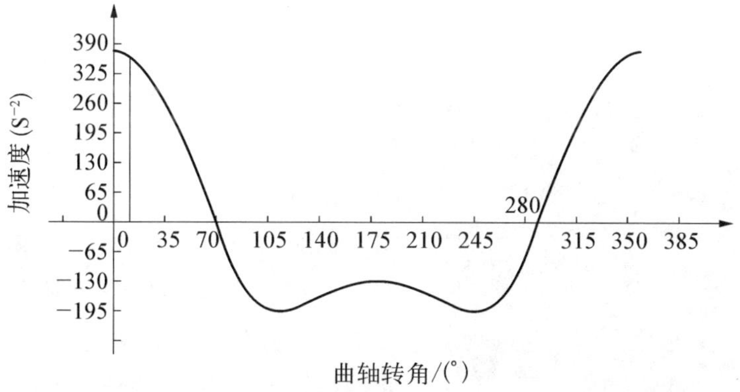

图 3.103　活塞加速度

通过上述分析可知活塞在曲轴处于上止点时往复惯性力达到最大值，方向沿气缸中心线向上，而曲轴转过上止点 15°时活塞受到的气体爆压以及燃烧温度达到最大值，故可以认为活塞在曲轴转过上止点 15°位置处是整个柴油机工作循环中活塞承载最恶劣工况，为提高活塞强度设计的可靠性，可以围绕该位置下的活塞进行强度性能分析。

活塞是组成燃烧室的最重要的部件之一，其主要作用是承受燃气作用力并将热能转化为机械能，同时密封气缸防止燃气泄漏及滑油窜入燃烧室。在周期性的机械负荷和热负荷作用下，容易产生很大的应力和变形。由此可见，活塞工作时所处的工况相当复杂，要全面对活塞进行强度分析需要考虑多个物理场对活塞的影响。本节对采用活塞的热机耦合法对活塞进行应力场分析，即把求解得到的活塞温度场作为边界条件模拟热载荷并且加载机械负荷，以此分析活塞头在热负荷与机械负荷共同作用下的强度性能，其中活塞机械载荷主要包括活塞受到的周期性的气体压力、活塞自身的往复惯性力以及连接紧固各件的螺栓预紧力，机械载荷主要理论公式求取，而通过加载模拟热负荷的活塞温度场在上节中也已经求得，上述载荷共同作用于活塞，通过计算求解得到热机耦合作用下的应力应变分布，预测活塞头的危险区域，为结构优化提供计算依据。

3.5.2 活塞热机耦合建模

1）活塞热机耦合模型

有限元分析模型建立需根据分析目标来确定，明确分析目标和仿真对象是首要完成的任务。本文热机耦合分析对象为单个活塞，分析目标是对活塞加载热负荷和机械负荷，通过观察活塞应力和变形结果来考察活塞结构强度。

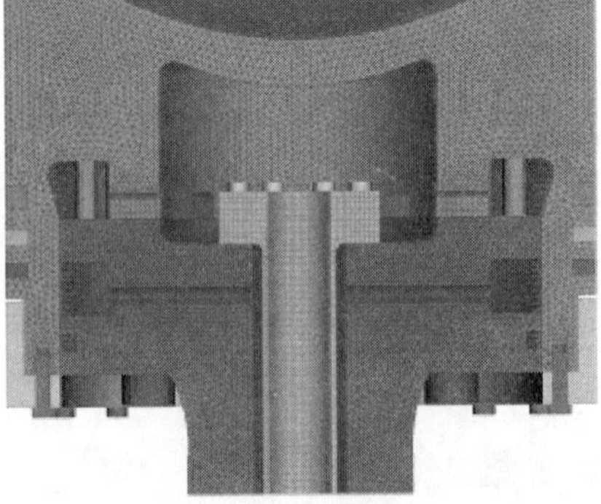

图 3.104　活塞头有限元模型

本文为保证仿真分析能够顺利进行，加载温度场时节点信息须保持一致，故直接采用上节中用于求解活塞温度场固体域有限元模型中活塞部分的有限元模型。如图 3.104 所示，该活塞有限元模型共由五大部分组成：活塞头、活塞裙、活塞环、活塞杆以及冷却管等，各零部件通过各类活塞螺栓进行连接。并且活塞各零部件单元类型以及材料物理属性与第五章中表 5.3 和表 5.4 中参数一致。

2）活塞载荷与边界

（1）热负荷。活塞模型中对于活塞各部位材料属性以及单元类型等均不作任何修改，活塞温度场加载通过 ABAQUS 载荷模块中创建预定义场，选择对应加载温度场分析步，然后选择温度项并在温度加载区域选择整个活塞热机耦合模型，并且调用上节中活塞温度场结果文件，由于活塞模型沿用上节中温度场分析时活塞有限元模型，此时活塞各节点温度信息均能加载到模型之上。

（2）气体爆压。燃烧室内高温燃气的压力作用于活塞头部，进行热机耦合分析时默认柴油机处于满负荷运行状态下，此时气体压力大小为 22 MPa，转速为 169 rpm，缸内爆压曲线图和燃气压力作用区域如图 3.105 所示。

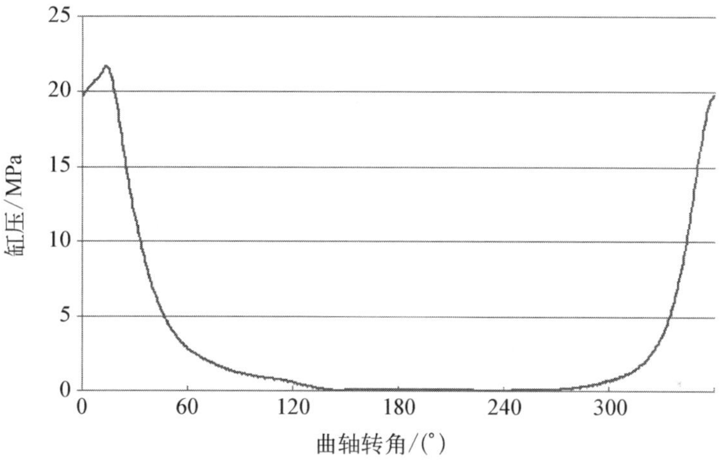

图 3.105　活塞缸内爆压分布曲线

已知气体爆压和作用区域后，在 ABAQUS 载荷模块下创建压强类型载荷选择活塞顶面作为爆压作用区域，作用压强大小为 2.2E+007Pa，完成气体爆压定义。

图 3.106　活塞顶部气体压力

（3）活塞往复惯性力

活塞的往复惯性力通过解析法求解其加速度 a 变化规律（见图 3.106）。活塞的具体加速度公式为

$$a = R\omega^2(\cos\omega t + \lambda\cos 2\omega t) \quad (3.50)$$

式中，a 为活塞的加速度，单位为 m/s^2；R 为曲柄的半径，此处 $R=800$，单位为 mm；ω 为曲轴的角速度，单位为 s^{-1}，此处转速为 169 r/min，故 $\omega=17.698$；$\lambda=R/l$，l 为连杆长度，由上节中柴油机主机参数可知 $l=1\ 600$。

考虑重力影响，活塞的加速度为

$$a_1 = a - 9.8 \tag{3.51}$$

如图 3.107 所示，通过计算得到活塞在一个工作循环周期内的加速度变化规律，由于活塞在曲轴转过上止点 15°时所处的工况认为是最恶劣工况，此时的其他爆压和活塞加速度都很大，其中加速度方向沿活塞杆中心线朝上，其值为 $a_1=375.8\ m/s^2$，而往复惯性力 $P_j=-m_j a_1$。在 ABAQUS 中沿活塞杆轴线方向定义一个方向向上且数值为 375.8 的加速度即可实现活塞往复惯性力的定义。

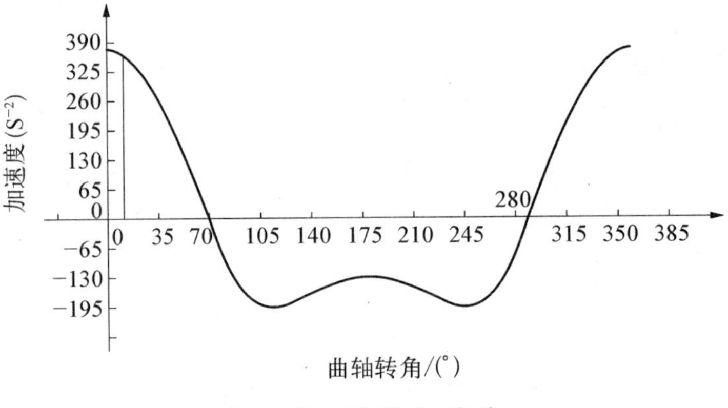

图 3.107　活塞加速度

(4) 活塞螺栓预紧力。活塞头与活塞杆之间 M16 活塞杆螺栓预紧力、活塞裙与活塞头之间 M8 活塞裙螺栓预紧力以及冷却管与活塞杆之间 M8 冷却管螺栓预紧力的确定是基于 MBD 柴油机公司新设计柴油机标准，该标准规定了螺栓或螺钉的紧固扭矩，确保螺栓接头或螺杆接头的正确安装，但所设计的螺柱或螺杆必须满足 ISO0898—11990 中的 8.8 级机械性能。通过螺栓或螺钉的连接方式查表3.22 确定不同直径规格的螺纹所需的螺栓紧固扭矩，然后根据已知紧固扭矩通过经验公式(3.52)求得螺栓预紧力为

$$F = T/kd \tag{3.52}$$

式中，F 为螺栓预紧力，单位为 N；T 为螺栓的紧固扭矩，单位为 N·m；d 为螺栓的直径，单位 m；K 为根据 GB/T16823.2—1997 标准选取的扭矩系数，该值与螺纹摩擦系数以及支撑面摩擦系数有关，这里 K 取值 0.15。

表 3.22　螺栓紧固扭矩表

螺纹代号 M	紧固扭矩/Nm			
	螺钉或 螺栓连接	用 EN89G 自锁 螺母连接	EN64AA - AC 紧锁垫圈连接	用 EN243S 胶水 锁紧的螺栓或螺钉
8	17	20	20	23
…	…	…	…	…
16	135	150	165	190

本文研究对象的活塞头与活塞杆、活塞裙与活塞头以及冷却管与活塞杆之间均采用螺栓进行连接固定，根据表 3.22 内螺纹规格进行选取，在计算时取值稍大，活塞头与活塞杆之间 M16 螺栓紧固扭矩 135 N·m，活塞裙与活塞头以及冷却管与活塞杆之间 M8 螺栓紧固扭矩均取值 17 Nm。通过公式(3.40)求得活塞头与活塞杆之间 M16 螺栓预紧力为 $F_1=60\ 416$ N，活塞裙与活塞头以及冷却管与活塞杆之间 M8 螺栓预紧力为 $F_2=14\ 167$ N。

(5) 活塞位移边界。活塞进行热机耦合分析为静力学分析，分析时选取曲轴转过上止点 15°时所对应的活塞位置，故分析时须对活塞杆的底部自由度全部约束，在 ABAQUS 载荷模块边界条件管理器内创建边界条件，选择位移或转角选项，选取活塞杆底部的区域，对 6 个方向的自由度都进行固定，如图 3.108 所示。

图 3.108　活塞位移边界

(6) 接触边界。进行热机耦合分析时所使用的活塞模型由活塞头、活塞环、活塞裙、活塞杆以及冷却管等五大部件组成。上述部件之间存在装配关系，因此分析前须对各零件之间定义相应的接触关系，模拟零部件在实际情况下的接触状态。同时考虑到计算效率，对不关注的区域接触属性进行简化模拟。例如活塞杆 M16 螺栓、活塞裙和冷却管 M8 螺栓的螺纹段与螺孔之间都采用绑定模拟方法，这样既可保证载荷、位移的传递，同时又能减小计算规模，提供计算效率。

在 ABAQUS 相互作用模块中建立上述部件所有接触面的接触对，接触属性中使用罚公式，并定义接触摩擦系数为 0.19，具体接触属性如表 3.23 所示。

表 3.23 接触属性

接触对	接触属性	摩擦系数
冷却管螺栓螺孔	绑定	—
活塞裙螺栓螺孔	绑定	—
活塞杆螺栓螺孔	绑定	—
冷却管活塞杆	面面接触、小滑移	0.19
活塞头活塞杆	面面接触、小滑移	0.19
活塞裙活塞杆	面面接触、小滑移	0.19
活塞环活塞头	面面接触、小滑移	0.19
活塞杆螺栓连接体	面面接触、小滑移	0.19
冷却管螺栓连接体	面面接触、小滑移	0.19
活塞裙螺栓连接体	面面接触、小滑移	0.19

3）定义分析步

针对活塞热机耦合分析情况，由于其应力应变场取决于温度场，而温度场不受应力应变场的影响，所以采用顺序耦合方法进行分析。其主要分析思路：首先确定活塞温度边界，并将温度边界加载到热机耦合模型上求得活塞热应力，然后加载各类机械负荷，最终分析得到活塞在热负荷和机械负荷共同作用下的应力应变状态。

进行热机耦合分析时，在有限元软件 ABAQUS 中定义 5 个分析步，每个分析步对应加载一种载荷工况，并且这些载荷在后续分析步中选择适当的加载情况，最终模拟活塞热机耦合工况：

分析步一：定义 100%螺栓预紧力，螺栓预紧力只在第一分析步以力的形式加载，在后续分析步中设为固定螺栓长度等效于预紧力持续存在效果；

分析步二：对活塞进行温度场加载，模拟活塞受到热负荷作用，温度场在后续分析步中传递，并在分析步五时进行卸载，恢复初始状态；

分析步三：定义惯性力，惯性力的设定需综合考虑重力加速度以及活塞运动加速度的影响，活塞运动加速度为曲轴转过上止点 15°工况时取值，惯性力同样在后续分析步中传递，直到分析步五时进行卸载，恢复初始状态；

分析步四：加载气体爆压，气体爆压也为曲轴转过上止点15°工况下气体压力，气体爆压在分析步五中卸载；

分析步五：卸载温度场、往复惯性力以及气体压力，保留分析步一中的螺栓杆紧固长度以及重力加速度，恢复初始状态。

3.5.3 活塞热机耦合分析结果

研究对象是在最恶劣工况下进行分析，即极大的爆压和惯性力以及极限工况下热负荷共同作用，分析这种边界条件下活塞的应力应变状态最具有代表性。主要计算结果包括最大主应力、最小主应力、MISES应力、接触压力、活塞变形等。

1）活塞刚度特性

本小节重点对施加温度场分析步以及加载气体爆压分析步的应力应变分析结果进行对比，通过上述两种分析结果对比可以直观地了解到活塞在热负荷和热机负荷作用时其应力应变的变化趋势，并分析判断不同载荷对活塞性能影响。其中活塞径向变形将直接影响其与缸套之间的配合关系，而活塞环槽区域的变形将影响活塞环的工作状态，因此有必要对活塞的变形进行限制。

图3.109为活塞在螺栓预紧力作用下的变形分布图，由图可知，活塞在螺栓预紧力作用下整体变形量非常小，其最大值为0.3 mm出现在活塞顶部，可见螺栓预紧力对活塞整体变形影响很小。

图3.109 活塞在装配静载荷作用下位移云图

图3.110和图3.111分别是活塞在热负荷作用下以及热机耦合作用下的位移分布云图，由图可知在热负荷和热机耦合作用下整个活塞整体呈现

沿径向向外变形趋势，并且变形量沿轴向方向逐渐减小的趋势，其变形量最大值均位于活塞顶部边沿区域，活塞在两种工况下的变形趋势一致。而两者的区别在于活塞在热负荷作用时最大变形量为1.794 mm，与热负荷作用时相比，活塞在热机耦合作用下活塞大部分区域在轴向以及径向方向的变形量均呈现减小趋势，其最大变形量出现在活塞顶部外延为1.67 mm。由此可知，活塞的变形主要是由于受热膨胀所引起，而活塞在机械负荷作用时变形量会相应减小，这说明活塞的热负荷机械负荷同时作用时具有一定相互抵消作用。

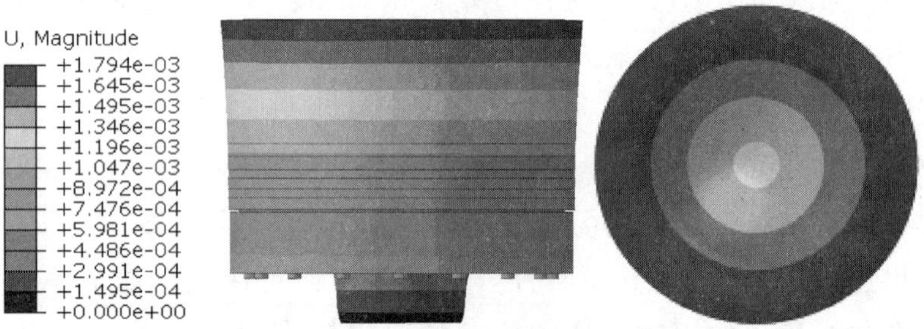

图 3.110　热负荷下活塞位移云图

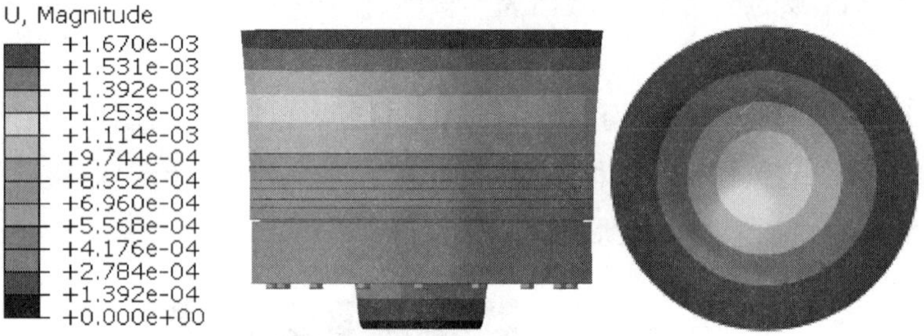

图 3.111　热机耦合下活塞位移云图

图3.112为活塞顶部在径向方向变形量雷达图，由图可直观看出活塞在不同载荷下径向变形情况，从而正确地评价活塞与缸套之间的间隙状态。活塞在热负荷下径向变形量最大为1.16 mm，热机耦合下其径向变形量稍大为1.18 mm，而研究对象在设计阶段对活塞与缸套之间设计的径向间隙为1.9 mm，显然活塞在两种载荷下最大径向变形量均小于设计间隙，由此可知活塞冷却系统较好，热量能够通过活塞环以及腔体内部冷却腔内冷却油及时带走。

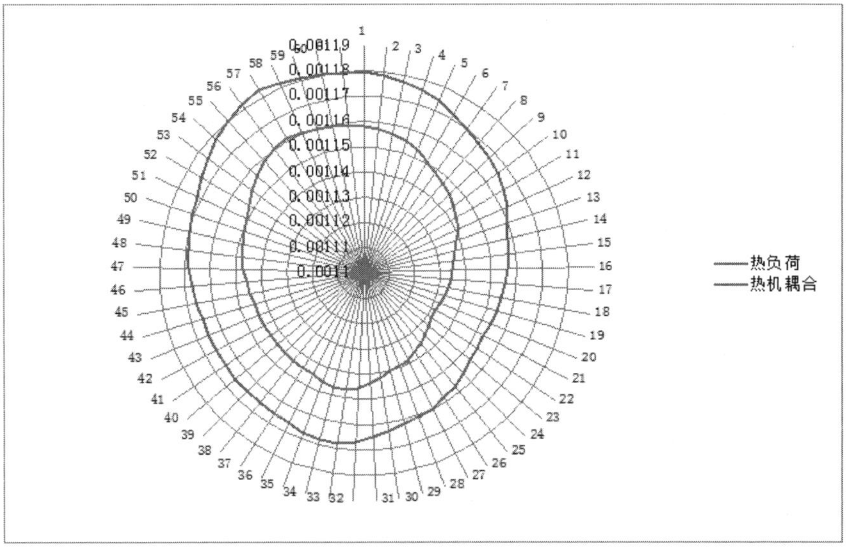

图 3.112　活塞径向位移雷达图

图 3.113 和图 3.114 分别为活塞头和活塞裙分别在热负荷以及热机耦合作用下径向位移云图，由图可知活塞头与活塞裙配合侧面区域径向变形均匀，活塞在上述两种工况下的径向变形量均为 0.74 mm 左右，活塞裙部与活塞头配合区域的内侧面变形量也较均匀，变形量都在 0.68 mm 左右，方向也为径向向外。而活塞在设计阶段在活塞头与活塞裙部侧面之间设计有 0.1 mm 的径向间隙量。根据有限元分析结果可知活塞裙和活塞头之间存在 0.06 mm 左右的过盈量，但考虑设计初期留有的 0.1 mm 间隙量，活塞裙和活塞头侧面不会发生过盈情况而导致活塞裙部变形失去导向作用，故设计是合理的，同时由计算结果也可知活塞头下部变形主要受热负荷。

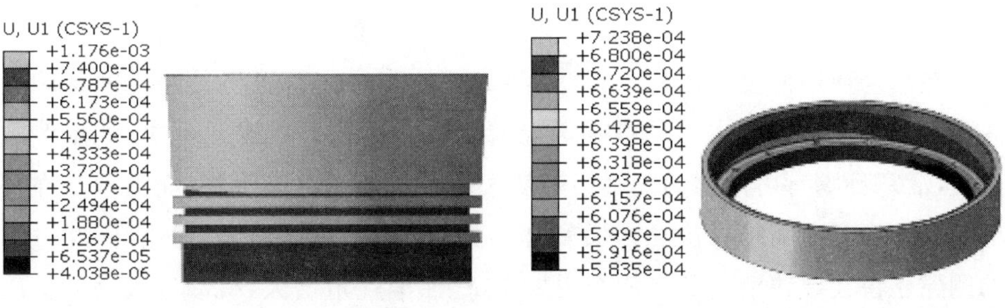

图 3.113　热负荷下活塞头和活塞裙径向位移云图

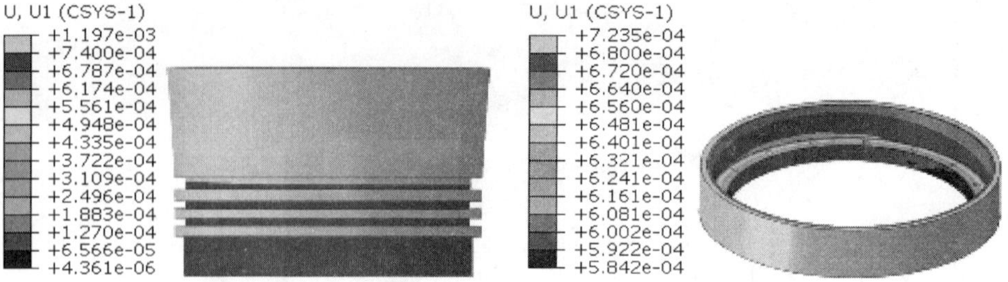

图 3.114　热机耦合下活塞头和活塞裙径向位移云图

图 3.115 和图 3.116 为热负荷以及热机耦合作用下活塞环槽沿轴线方向位移云图。由图可直观得出在两种工况下第一环区变形量最大，均达到 0.052 mm，第二和第三环槽变形量相对较小，均为 0.034 mm 和 0.035 mm 左右。由上述变形量可知环槽区域的变形主要受到热负荷影响，机械负荷对其影响很小。

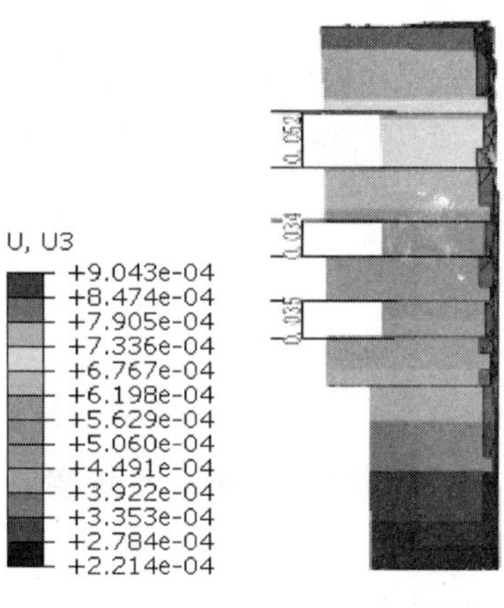

图 3.115　热负荷下活塞环槽轴向位移量

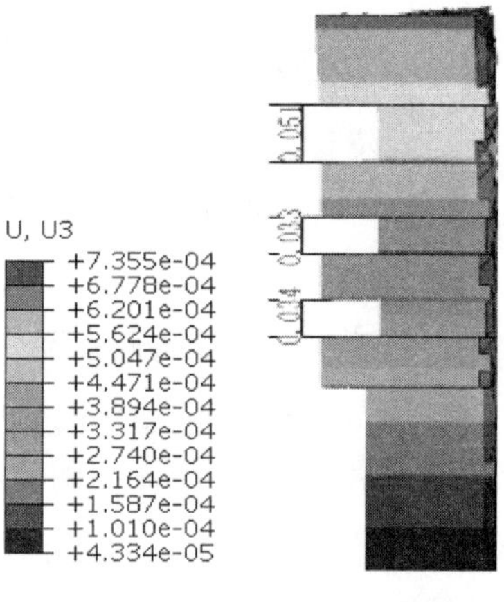

图 3.116　热机耦合下活塞环槽轴向位移量

在活塞环环槽设计过程中，如果活塞环侧隙过小将可能导致活塞环因受热膨胀变形或者环槽内出现积碳情况而卡死在活塞环槽中。反之，如果侧隙过大，活塞环则有可能因为漏气通道变大导致其密封性能下降，而活塞环在环槽内振动幅度变大将直接加剧活塞环与其配合面之间的磨损现象，同时过大的侧隙还将会导致活塞环泵油作用加剧，机油消耗量增大，机油进入燃烧室后燃烧形成大量积炭，同样会导致环卡死在环槽内，轻则划伤气缸壁，重则折断活塞环。查阅柴油机手册,手册中对于二行程柴油机活塞环在环槽中的平面间隙及极限间隙都作了明确规定,缸径在 325～350 mm 左右的二行程柴油机,其顶部气环装配间隙为 0.23～0.235 mm,极限间隙为 0.345 mm 左右,油环装配间隙为 0.1～0.12 mm,极限间隙为 0.345 mm 左右。研究对象活塞头在工程设计阶段活塞环与环槽之间的初始装配间隙都为 0.3 mm,活塞受热膨胀后第一环槽间隙为 0.52 mm 稍大于柴油机手册上规定的极限间隙量,第二和第三环槽分别为 0.33 mm 和 0.34 mm,满足设计要求。由上述讨论可知环槽变形主要是由于受到热负荷影响,而第一环槽极限计算结果不满足柴油机手册中相关的设计要求,所以还需进一步提高活塞的冷却性能,改善活塞环区的温度分布,从而降低环区的热变形量。

2）活塞强度特性

除了对活塞的变形进行校验以外,应力分析是评价活塞的强度性能以及设计时关注的重点,同时也是评价活塞承载能力的核心。活塞受力情况复杂,活塞头内部局部的应力集中也将引起活塞头破坏,对活塞进行强度分析时,一般采用活塞所受的 MISES 应力以及最大主应力作为活塞应力评价的标准。一般对活塞的主要部件都进行应力分析,通过分析找出各零部件的潜在的危险区域,为后续结构改进提供依据。

图 3.117 为活塞头在冷装配仅受螺栓预紧力作用下应力分布云图。由图 3.117(a)可知活塞头最大 MISES 应力出现在活塞头与活塞裙连接螺栓孔处,其值达到 218 MPa,活塞头与活塞杆螺栓连接处的 MISES 应力也较大,达到 80 MPa 左右,其余部位应力值都很小且分布均匀。由图 3.117(b)可知最大主应力同样出现在活塞头与活塞裙连接螺栓孔处,为 238.2 MPa,此处最大主应

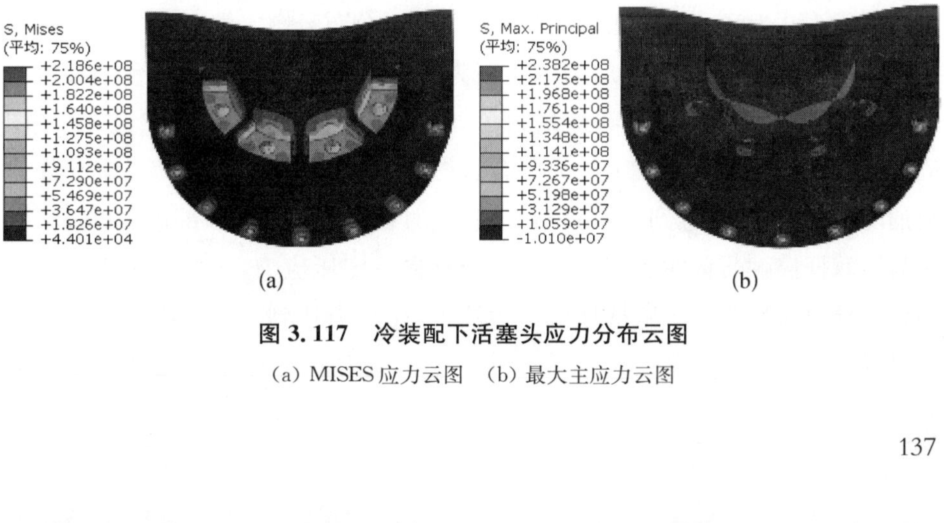

(a)　　　　(b)

图 3.117　冷装配下活塞头应力分布云图

(a) MISES 应力云图　(b) 最大主应力云图

力主要表现为螺栓对螺纹孔的拉应力，其余部位最大主应力较小。根据由于活塞头材料为 15CrMo，其屈服强度为 450 MPa，显然活塞在装配分析步中的应力结果满足强度要求，而螺孔边缘处应力值明显大于其他区域是由于接触面小且此处存在过渡圆角，结构上突变时容易造成应力集中现象。

图 3.118 为活塞头在热负荷下应力分布云图。由图 3.118(a)可知活塞头在热负荷下其内部冷却腔顶部边缘、外侧喷油冷却腔顶部的 MISES 应力较大，应力值处于 200 MPa～250 MPa 之间。图 3.118(b)为热负荷下活塞头最大主应力分布，主应力较大区域主要为外侧喷油冷却腔顶部区域，由热膨胀产生的拉应力，达到 290 MPa 左右。其原因是由于该区域热传递量大，温差梯度相对较大，同时冷却腔边缘处的冷却效果分布不均，容易在此处产生较大的温度梯度从而产生热应力集中的现象。根据分析结果可知活塞头在热负荷下其热应力同样小于其材料的屈服强度，故在该载荷下活塞头设计满足强度设计要求。

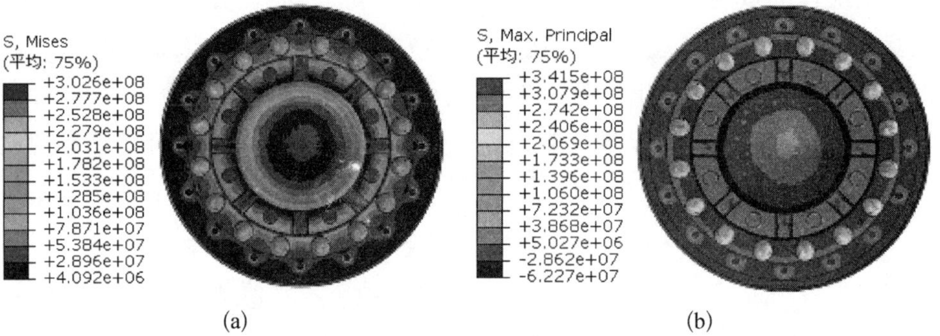

图 3.118　热负荷下活塞头应力分布云图

(a) MISES 应力云图　(b) 最大主应力云图

图 3.119 为活塞头在热机耦合作用下应力分布云图。由图 3.119(a)可知该载荷下出现最大 MISES 应力的区域为活塞头与活塞杆接触凸台的接触面边缘处以及活塞冷却腔顶部过渡圆角处，应力值主要在 380 MPa 左右。图 3.119(b)为该工况下最大主应力分布云图，由图可知最大拉应力出现在外侧喷油冷却腔的顶部，达到 350 MPa 左右，同时在活塞冷却腔顶部边沿以及活塞头与活塞杆接触凸台的底部过渡圆角处存在一定压应力，主要是由于气体压力作用导致活塞头与活塞杆接触压力增大，压应力达到 125 MPa。通过分析结果说明，活塞在热负荷和机械负荷下活塞的应力值大大增加，除了外侧喷油

冷却腔顶部危险区域以外，活塞头与活塞杆的接触面处的压应力也较大，其余区域应力分布平滑且应力值较小。但是活塞头主要危险区的应力值仍小于其材料屈服强度，故在该载荷下活塞头设计满足强度要求。

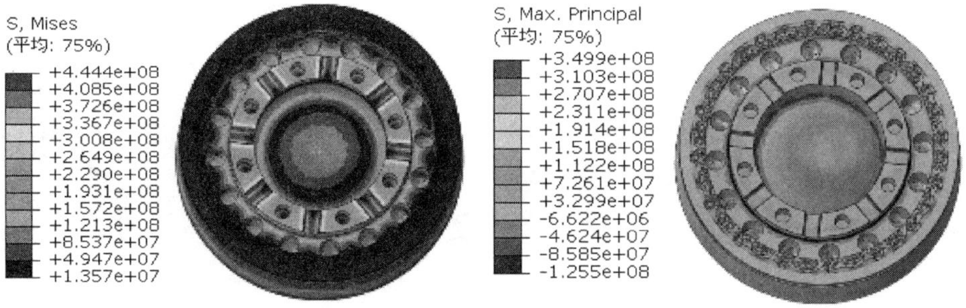

(a)　　　　　　　　(b)

图 3.119　热机负荷下活塞头应力分布云图

(a) MISES 应力云图　(b) 最大主应力云图

图 3.120 为冷装配下活塞杆的应力分布云图。图 3.120(a)可知 MISES 应力分布均匀，仅在活塞杆的螺孔边沿以及定义螺栓载荷处应力值较高，最达到 220 MPa 左右；图 3.120(b)所示该载荷下的活塞杆最大主应力同样出现在螺栓孔中，由于螺栓孔中定义的螺栓载荷其主要表现为拉应力，此处拉应力值达到 143 MPa，而由于活塞杆和活塞头在螺栓预紧力作用下配合压紧，所以在活塞杆与活塞头配合面上存在 37 MPa 左右的压应力。

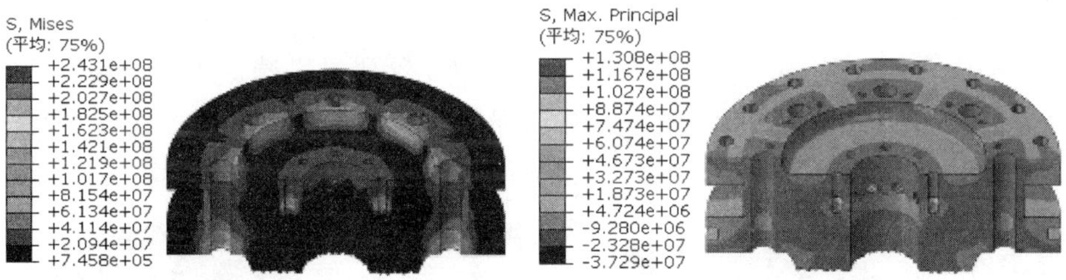

(a)　　　　　　　　(b)

图 3.120　冷装配下活塞杆应力分布云图

(a) MISES 应力云图　(b) 最大主应力云图

图 3.121 为活塞杆在热负荷作用下应力分布云图，由图 3.121(a)可知应力值在螺栓孔处较大，主要是由于螺栓载荷的存在；而活塞杆下部以及杆身头部与杆身下部过渡圆角应力值也较大，主要是由于活塞杆底面被完全约束导致

底面强制不发生变形导致局部应力精度失准导致该区域应力较大，但该区域不作为设计时重点关注区域；图 3.121(b)活塞杆在热负荷作用下的最大主应力与第一分析步中分布结果相近，存在 30 MPa 左右的压应力，其余部位分布均匀。

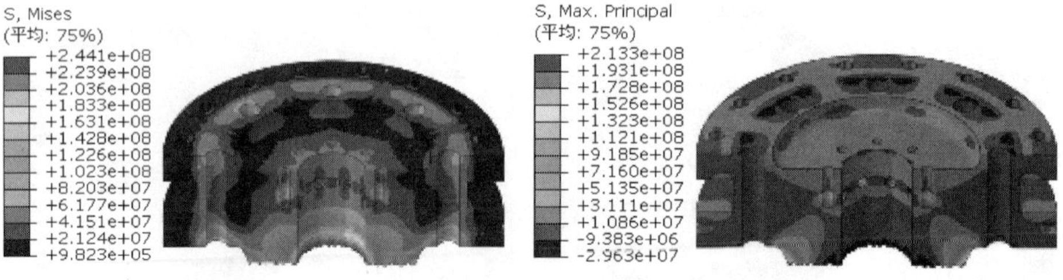

(a) (b)

图 3.121　热负荷下活塞杆应力分布云图

(a) MISES 应力云图　(b) 最大主应力云图

图 3.122 为活塞杆在热机耦合作用下应力分布云图，由图 3.122(a)可知该载荷下活塞杆与活塞头配合面及影响区域范围变大，应力值也显著升高，主要危险区域分布在活塞杆与活塞头配合面以及该配合面与活塞杆冷却腔顶面的过渡圆角处，此处是承受气体压力的主要区域，同时螺栓孔区域材料较少且由于结构上的突变，因此该区域最薄弱应力最大达到 345 MPa。图 3.122(b)所示该载荷下活塞杆的最大主应力与其他情况下的应力分布有很大区别，活塞杆与活塞头配合面在气体压力作用下呈现明显的受压状态，受压区域与接触面一致呈扇形状，压应力达到 50 MPa 左右；由于活塞杆材料为 42CrMo，其屈服强度达到 560 MPa，由上述分析结果可知活塞杆在热机耦合作用下危险区域应力最大，但仍然小于活塞杆材料的屈服强度，所以活塞杆满足强度设计要求。

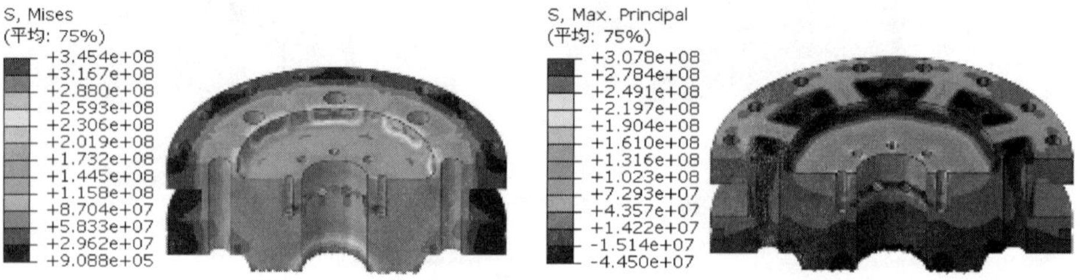

(a) (b)

图 3.122　热机负荷下活塞杆力分布云图

(a) MISES 应力云图　(b) 最大主应力云图

活塞各部件之间通过活塞螺栓连接，在分析过程中未对螺栓模型进行简化，通过强度分析可直观得到活塞螺栓的应力分布和强度性能。综合考察贯穿螺栓在冷装配、热负荷以及热机负荷作用下的强度性能，可以对活塞螺栓设计进行全面准确的校核。活塞螺栓在有限元分析时预紧力的加载方式是在螺栓轴向界面上施加一个集中力来模拟螺栓的拉伸预紧状态，对于螺纹啮合部分采用绑定约束模拟，而螺栓头与连接件的接触部分建立接触关系模拟真实接触情况。分析结果如图 3.123～图 3.125 所示：其中图(a)为活塞杆螺栓，图(b)为活塞裙螺栓，图(c)为冷却管螺栓。

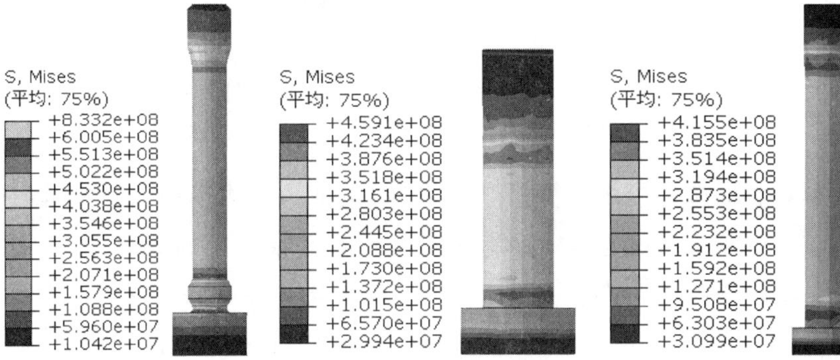

(a)　　(b)　　(c)

图 3.123　冷装下活塞螺栓应力云图

(a) 活塞杆螺栓　(b) 活塞裙螺栓　(c) 冷却管螺栓

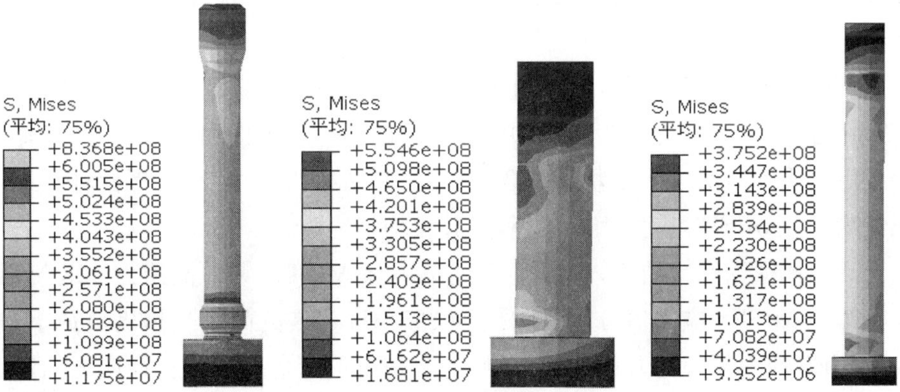

(a)　　(b)　　(c)

图 3.124　热负荷下活塞螺栓应力云图

(a) 活塞杆螺栓　(b) 活塞裙螺栓　(c) 冷却管螺栓

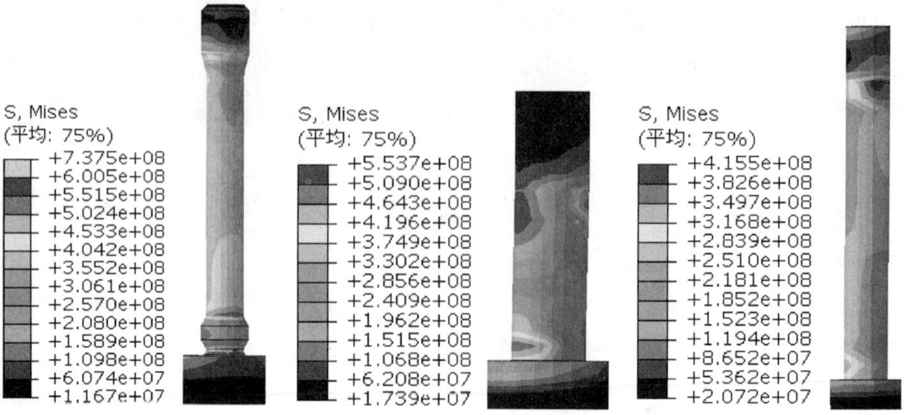

(a) (b) (c)

图 3.125 热机负荷下活塞螺栓应力云图

(a) 活塞杆螺栓 (b) 活塞裙螺栓 (c) 冷却管螺栓

根据各类活塞螺栓仿真分析结果可知，三种不同作用载荷下螺栓杆身与螺栓头过渡圆角处应力较大，活塞杆螺栓在该区域产生的MISES应力高达800 MPa；活塞裙螺栓该处产生的MISES应力均为500 MPa左右；冷却管螺栓该处产生的MISES应力均为400 MPa左右；出现这种现象的主要原因是该区域尺寸小且有突变，容易造成应力集中现象，故应力值较大。而对于螺栓应力分析主要关注区域为其螺纹啮合部位，由图可知，三类螺栓螺纹啮合处应力值的分布状况均呈现从螺纹第一牙向上逐渐递减趋势，这与螺纹啮合时前几牙应力较大并在后几牙逐渐减小的趋势吻合，同时也体现绑定接触定义的合理性。

在冷装配和热负荷下，活塞杆螺栓第一牙MISES应力值约为500 MPa，杆身部位MISES应力约为450 MPa且分布均匀；热机作用下，由于爆压作用导致活塞头和活塞杆受压紧密贴合，活塞杆与活塞头受压变形，螺栓杆身以及螺纹啮合处MISES应力相应减小，且分布均匀约为400 MPa。

活塞裙螺栓在冷装下，螺纹啮合处第一牙MISES应力值约为423 MPa，杆身部位MISES应力值分布均匀约为325 MPa；热负荷以及热机负荷下，螺纹MISES应力明显上升且偏向一侧，主要是由于活塞头受热在径向方向膨胀量大于活塞裙膨胀量，故在活塞裙与活塞头配合面处产生径向切向力造成螺纹外侧应力较大，其值约为550 MPa。

冷却管螺栓在冷装下，螺纹啮合第一牙处MISES应力值约为415 MPa，螺栓杆身部位应力值 340 MPa；热负荷和热机负荷下螺纹啮合处 MISES 应力变化不大，位于 400 MPa 左右，杆身处应力稍有下降且分布较均匀，其值在 280 MPa 左右浮动。

综上所示，活塞螺栓在螺纹啮合段 MISES 应力值最大为 550 MPa，三类活塞螺栓的最小屈服强度为 640 MPa，因此上述螺栓的强度均满足设计要求，故在活塞正常受载时不会出现破坏失效，同时通过分析可知对活塞螺栓受力影响占主导地位的是螺栓预紧力，其他载荷对其变化影响较小。

3）接触特性

整个活塞由多个零部件装配而成，各部件之间存在装配面。其中活塞头与活塞杆装配接触面上均设有用于连接螺栓的螺栓孔，并且活塞杆上的螺栓孔一端与活塞头螺孔配合，另一端直接通向外部，所以活塞头与活塞杆之间的接触关系直接影响活塞冷却腔的密封性能，因此对上述两者之间的接触关系进行评估具有重要意义。图 3.126 显示了活塞头与活塞杆之间接触面，由图可知两者之间接触面为扇形并且均匀分布在冷却腔体四周。

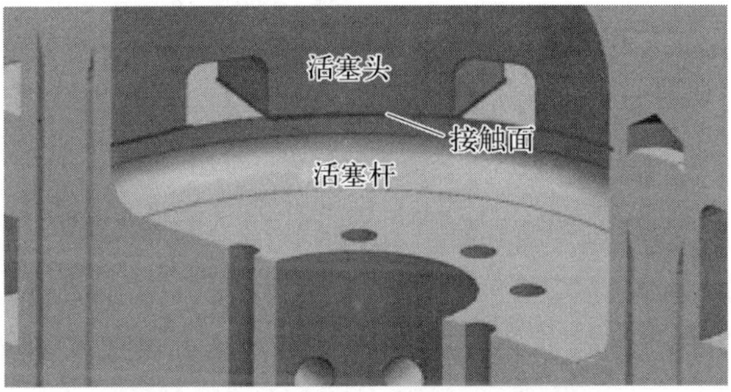

图 3.126　活塞头与活塞杆接触面

图 3.127(a)可知冷装配螺栓预紧力载荷下，扇形接触面靠近内冷却腔边缘处接触压力较大，最大达到 100 MPa 左右；图 3.127(b)可以得到接触面间隙分布均匀，基本为 0，说明此时活塞头与活塞杆之间接触状态比较稳定，接触面紧密贴合。

图 3.128(a)为热负荷作用下两者的接触面之间的接触压力在扇形接触面外沿处较大，其值最大达到 175 MPa 左右，而扇形接触面内沿处较小，压力值在 20 MPa 以内。出现该结果主要是由于接触面内侧靠近活塞冷却腔，

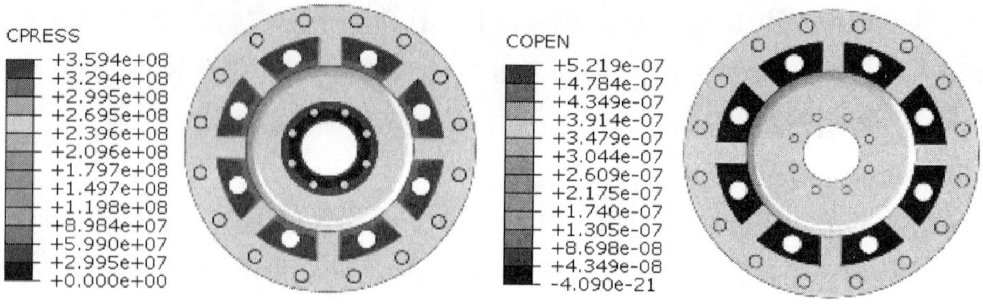

(a) (b)

图 3.127 冷装下接触面状态

(a) 接触压力 (b) 接触间隙

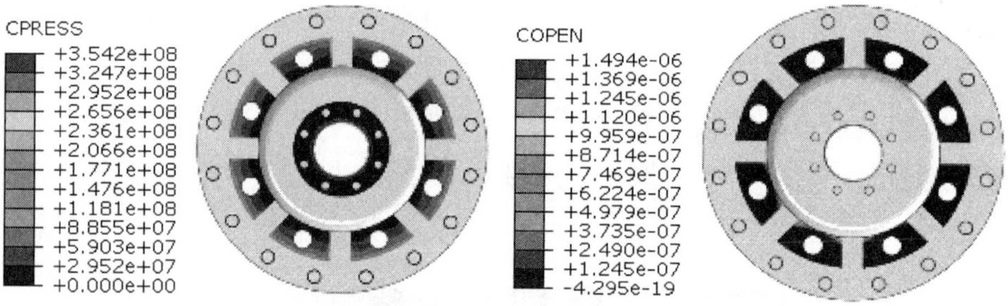

(a) (b)

图 3.128 热负荷下接触面状态

(a) 接触压力 (b) 接触间隙

热量能够及时被冷却油带走，温度相对低，活塞杆和活塞头膨胀量相对较小，而接触面外侧远离冷却腔，温度相对较高，两者膨胀量相对较大，故两者之间接触压力较大；接触面之间的间隙值分布云图也很好地证实了上述解释，由于接触面外侧膨胀量大所以两者之间接触间隙小，相反接触面靠近冷却腔侧由于两者热膨胀变形量小，所以接触面之间的间隙值就较大，最大达到 0.001 mm。

如图 3.129(a)所示，热机耦合作用下两者接触区域的接触压力明显增大，并且在扇形接触面的直线边界处达到最大值 467 MPa，出现此现象主要是由于活塞头接触面边界处存在直角，结构发生突变，容易造成应力集中，故此处应力值偏大，但是接触面边界并非直接承压点，对于该处应力集中有相当一部分的缓冲区域，所以接触压力大不代表该处会出现破坏情况，并且除了该边界区域以外的扇形接触面接触应力分布都较均匀，大小为 250 MPa 左右，压力分布均匀。图 3.129(b)中可知载荷作用下活塞头和活塞杆紧密贴合,两种之间间隙分布均匀且非常小,基本为 0。

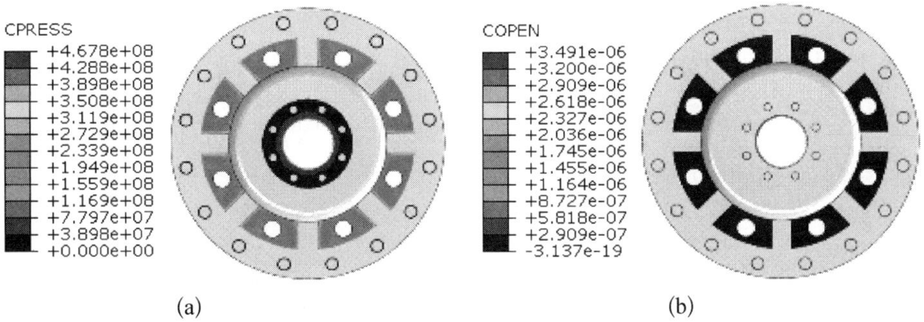

图 3.129　热机负荷下接触面状态

(a) 接触压力　(b) 接触间隙

通过上述结果分析可知活塞头与活塞杆之间的最大接触压力出现在热机耦合作用下,但并未超过材料的屈服极限,满足强度要求;同时两者之间最大接触间隙则出现在热负荷作用下,但区域较小且最大值为 0.001 5 mm,对密封性影响较小。

3.6　船用柴油机典型结构的屈曲稳定性分析

细长杆丧失工作能力并非杆件本身强度不足,而是由于其轴线在轴向压力作用下不能维持原有的直线形状,这称为压杆丧失稳定,简称失稳。

因此对于较细长的受压杆件,在很小的压力作用下就会弯曲,若压力继续增大,杆件会发生显著的弯曲变形而丧失工作能力。压杆能否保持稳定,主要取决于压力 P 的大小,压力 P 小于某一数值时压杆就处于稳定平衡状态,压力 P 超过某一数值时,压杆则处于非稳定的平衡状态。要使连杆组能安全可靠地工作,必须满足强度、刚度和稳定性的要求,强度和刚度可以通过结构有限元方法分析,这将在后续内容介绍。

连杆的杆身作为杆件在活塞上止点时承受气体爆发压力作用,且连杆组由于加工误差或安装不精确使得受力作用线和杆身轴线不一致,连杆杆身材料不均或存在缺陷,这些因素都将导致连杆发生弯曲,而此时杆内的应力远未达到屈服极限(甚至小于比例极限)。

压杆的长度和约束条件、压杆的截面形状以及材料的性质等都是影响压杆稳定的重要因素。

3.6.1 连杆屈曲稳定性

(1) 压杆柔度系数。压杆约束条件、截面尺寸、长度和形状等都可以通过连杆杆身的柔度 λ 来呈现出来。

$$\lambda = \frac{u \cdot l}{i} \tag{3.53}$$

式中, u 为长度系数; l 为连杆长度; i 为惯性半径。

长度系数 u 的选取可以依据图 3.130,此参数受连杆两端约束类型决定。

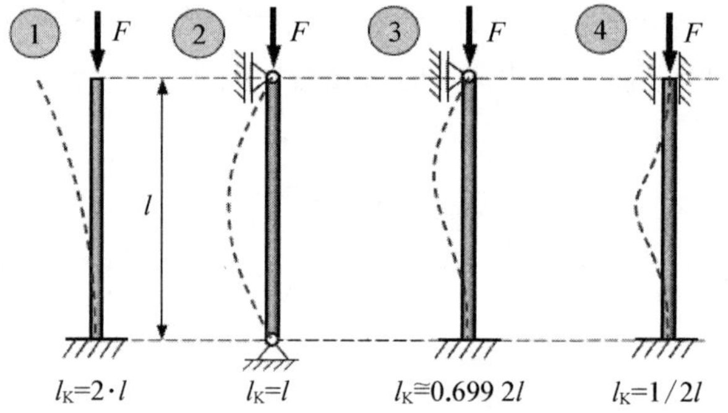

图 3.130 不同约束条件下压杆的相当长度

连杆的大小端均为转动副连接,因此在转动平面内的约束条件可以看作是两岸的两端固定,长度系数 u 等于 0.5,在垂直于转动平面内的平面约束条件为两端铰支,长度系数 u 等于 1,如图 3.131 所示。

压杆截面的惯性半径 i,应取 i_{min},其计算公式为

$$i = \sqrt{\frac{I}{A}} \tag{3.54}$$

式中, i 为压杆截面惯性矩; A 为压杆的截面面积。

代入具体数值,可以求得压杆的柔度为:① 在 x 方向发生屈曲时柔度: 29.56;② 在 x 方向发生屈曲时柔度: 17.178。

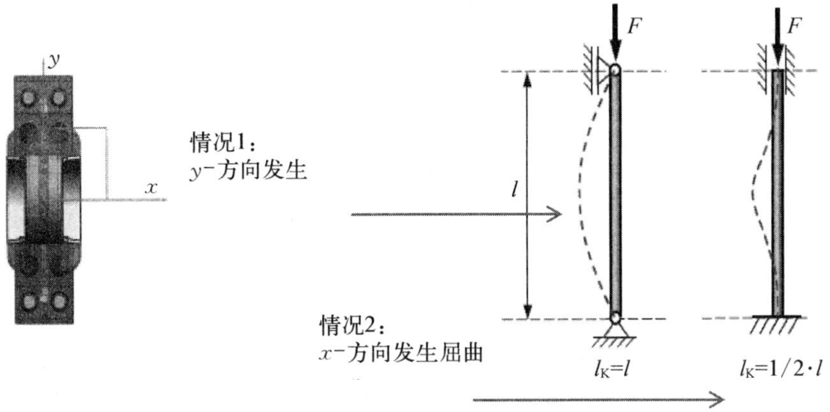

图 3.131　连杆屈曲分析时相当长度

(2) 欧拉公式的应用。欧拉公式的推导是基于杆件弯曲变形时挠曲线的近似微分方程导出的，因此只有在压杆临界应力 σ_{cr} 的值小于或最多等于材料的比例极限 σ_p 时，即 $\lambda \geqslant \lambda_p$ 才成立，因此在应用欧拉公式前还需校验柔度范围。

材料的柔度可由以下公式求解：

$$\lambda_p = \sqrt{\frac{\pi^2 \cdot E}{\sigma_p}} \tag{3.55}$$

将材料比例极限 $\sigma_p = 720$ MPa 代入，经求解：$\lambda_p = 53.01$。

若压杆的柔度 $\lambda < \lambda_p$ 时，公式 3.55 就不能使用，此时在工程实践中使用以试验数据为依据的经验公式，通常情况下直线公式是经常使用的一个。

临界应力 σ_{cr} 与柔度 λ 表示为以下的直线关系：

$$\sigma_{cr} = a - b \cdot \lambda \tag{3.56}$$

式中，a、b 是与材料的力学性能有关的常数，查询有关的工程资料可以得到：a 的值为 1 060.656 9 MPa，b 的值为 6.426 3 MPa。

柔度较小的杆件在压力作用下丧失稳定的可能性很小，这类粗短压杆的破坏原因主要由于压应力达到屈服极限(对于塑性材料)或强度极限(对于脆性材料)而引起的。因此，对于小柔度压杆来说，“临界应力”就理解为屈服极限或强度极限。因而，在使用公式(3.56)时，λ 应有一个最低的界限 λ_s。

对于塑性材料，可以借助于经验公式求得：

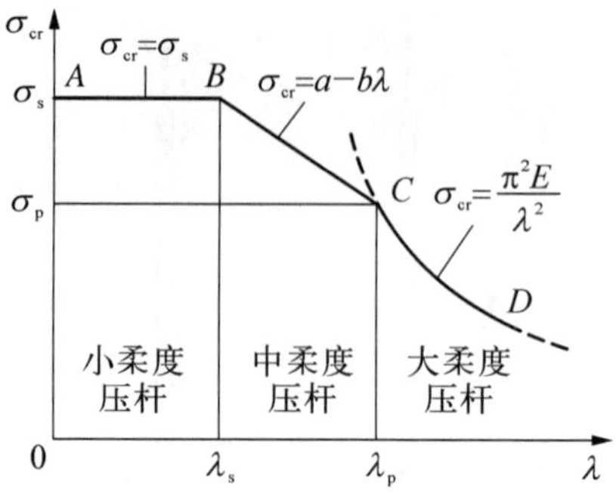

图 3.132　临界应力总图

$$\lambda_s = \frac{a - \sigma_s}{b} \tag{3.57}$$

将材料的屈服极限 $\sigma_s = 900$ MPa 代入，可得 $\lambda_s = 25$。

综上所述，将临界应力 σ_{cr} 随柔度 λ 变化的情况，绘制于图 3.132 中，可见：

① 对于 $\lambda < \lambda_s$ 的小柔度压杆，应该按强度问题计算，表示为水平线 AB。

② 对于 $\lambda \geqslant \lambda_p$ 的大柔度压杆，应用以下的欧拉公式计算临界应力，表示为曲线 CD。

$$\sigma_{cr} = \frac{\pi^2 \cdot E}{\lambda^2} \tag{3.58}$$

③ 对于 $\lambda_p < \lambda < \lambda_s$ 的中柔度压杆，可以按经验公式计算临界应力，表示为斜线 BC。

将实际连杆柔度和材料的比例极限及屈服极限值绘制于图 3.133 中，可以发现，连杆在 x 平面内的柔度值位于中柔度压杆区域，在 y 平面内的柔度值位于小柔度压杆区域内。将 x 平面内的柔度值代入公式(3.58)中，可得：

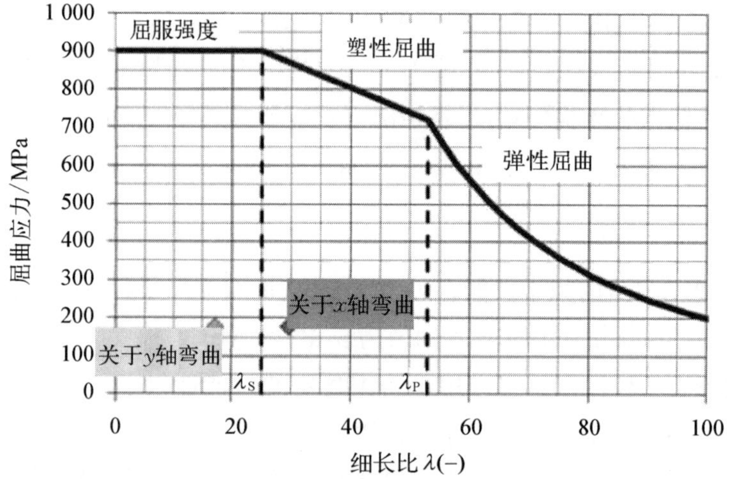

图 3.133　连杆屈曲临界应力图

- x 平面内，$\sigma_{cr} = 870.698$ MPa。

• y 平面内，由于 $\sigma_{cr}=\sigma_s=900$ MPa。

④ 连杆屈曲分析结论。柴油机爆发压力为 20 MPa，据此可以求得在连杆杆身的应力为 177.555 MPa，因此，可以得到连杆在 x 平面内和 y 平面内的屈曲安全系数为：

• x 平面内，$S_{Bx}=4.90$。

• y 平面内，$S_{By}=5.07$。

在工程中，一般将连杆的屈曲安全系数极限定为 2.0，因此连杆在最大压力下杆身是稳定的，不会发生屈曲失效。

3.6.2 活塞杆屈曲稳定性

本章研究对象为二行程十字头式柴油机的活塞头组，其活塞杆具有一定长度，当活塞杆失去工作能力时并非是其强度不足的表现，而是由于在活塞轴向上受到压力而使其杆身不能保持原来的直线状态，该现象成为压杆失稳现象。对于活塞杆而言，能否在工作状态下保持稳定很大程度上与活塞杆身所受压力 P 的大小相关，当压力 P 低于一定值时就能保证活塞杆处于稳定平衡状态，反之一旦压力 P 超过某一特定值时，活塞杆将处于非稳定状态。为保证活塞杆能在工作时处于稳定状态，有必要对活塞杆的刚度和稳定性都进行校核，即活塞杆的屈曲分析。

根据分析可知活塞在曲轴转过上止点 15°时的爆压最大，此时作用在活塞杆身上轴向的作用力最大，再加上活塞杆本身由于装配误差等影响因素都可能导致活塞杆发生弯曲现象。而对活塞杆的屈曲分析除了需已知作用力外还需根据活塞杆长度、约束条件、活塞杆截面形状以及材料性质等影响因素来进行评价。

1) 活塞杆柔度系数

活塞杆柔度 λ 是集中反映了杆身的长度、约束条件、截面尺寸和形状，与连杆稳定性分析中柔度公式相同，活塞杆的柔度 λ 公式同样是：$\lambda=\dfrac{u\cdot l}{i}$，其中，$u$ 为长度系数；l 为连杆长度；i 为惯性半径。

长度系数 u 可以根据图 3.134 选取，该参数由活塞杆两端的约束类型决定：

活塞杆下端为圆柱转动副，上端为平移副连接。由上图 3.134 可知，活塞杆

在 y 平面内绕 x 轴的约束条件为一段固定另一端铰支，其长度系数 $u=0.6692$，在 x 平面绕 y 轴的约束条件为下端固定上端平移，其长度数 $u=0.5$。

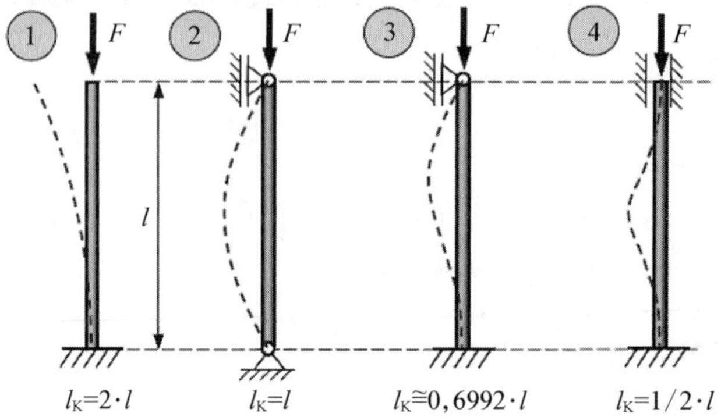

图 3.134　不同约束条件下压杆的当量长度

压杆的截面惯性半径 i 应取最小值 $i_{\min}$，其计算公式为：

$$i=\sqrt{\frac{I}{A}}$$

式中，I 为杆身截面惯性距，在建模软件例如 UG 中直接测量得到；i 为压杆截面惯性半径；A 为压杆的截面面积，单位为 m^2，本例中压杆截面面积 $A=1.0983\times10^{-2}\ m^2$。而由于活塞杆截面为对称结构，所以 x 和 y 轴的惯性积为 $I_x=1.36\times10^{-5}\ m^4$ 和 $I_y=1.36\times10^{-5}\ m^4$。

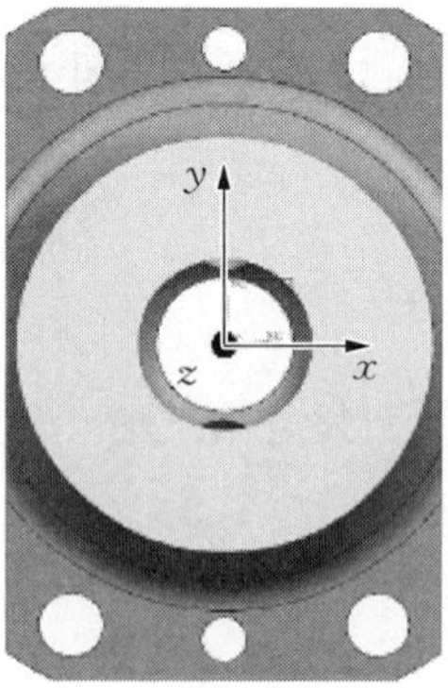

图 3.135　活塞杆屈曲分析时当量长度

将上述数值代入公式可知在活塞杆在两个平面内的柔度为：① 在 y 平面内绕 x 轴方向上的柔度为 43.49；② 在 x 平面内绕 y 轴方向上的柔度为 31.1（见图 3.135）。

2）杆身屈曲临界应力特性

在绘出材料的临界应力和柔度关系图的基础上，将上述所求得的 x 和 y 方向上发生屈曲时的柔度值 λ 来确定相应的临界应力值 σ_{cr}。

材料的柔度公式：

$$\lambda_p=\sqrt{\frac{\pi^2\cdot E}{\sigma_p}} \tag{3.59}$$

其中，E 为活塞杆的弹性模量，$E = 210\ 000$ MPa；σ_p 为材料的比例极限 $\sigma_p = 560$ MPa；经过计算可以确定活塞杆的 $\lambda_p = 60.8$。

如果活塞杆的杆身柔度 $\lambda < \lambda_p$ 时，式(3.59)不能使用，此时主要使用试验数据为依据的经验公式，一般使用一个线性公式进行计算，为了避免发生屈曲，活塞杆杆身最大的应力不应超过图 3.136 中的 $ABCD$ 所示的临界应力。

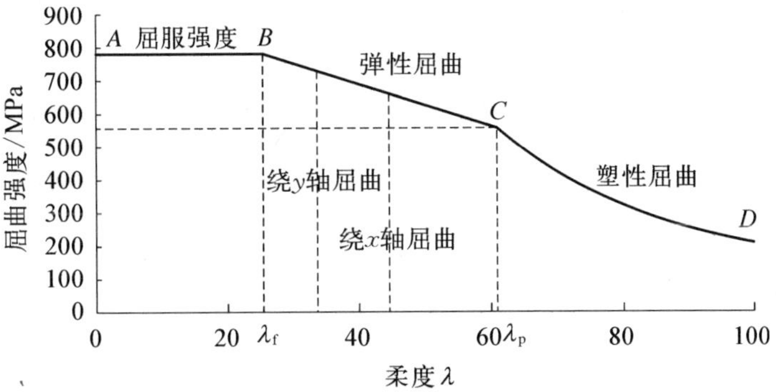

图 3.136　活塞杆屈曲临界应力图

(1) 小柔度杆。根据经验，塑性材料柔度 λ_f 可取值 25，当活塞杆的杆身柔度 $\lambda < \lambda_f$ 时，均视为小柔度杆。对于小柔度杆，当它受到压力作用时，不会丧失稳定，只在压应力达到屈服强度才会出现破坏情况。因此，对于小柔度杆身来说，临界应力就是其屈服强度。

图 3.136 中 B 点横坐标 $\lambda = \lambda_f = 25$，纵坐标为材料的屈服强度 $\sigma_{cr} = \sigma_s = 780$ MPa，对于 $\lambda < \lambda_s$ 的小柔度杆身，屈曲分析按强度问题计算，临界应力根据水平线 AB 选取。

(2) 大柔度杆。当杆身柔度大于材料本身柔度 $\lambda < \lambda_p$ 时，视为大柔度杆，此时对于大柔度杆的临界应力由欧拉公式(3.60) 计算得到，表示为图 3.156 中的 CD 段曲线段，其中 C 点的横坐标为 $\lambda = \lambda_p$，纵坐标为 $\sigma_{cr} = 560$ MPa。

$$\sigma_{cr} = \frac{\pi^2 \cdot E}{\lambda^2} \tag{3.60}$$

(3) 中柔度杆。当活塞杆杆身柔度介于塑性材料柔度和材料本身柔度之间 $\lambda_f < \lambda < \lambda_p$ 时，此时杆身视为中柔度杆。对于中柔度杆的临界应力，可以按照经验公式进行计算，并且根据斜线 BC 选取，其中 B 点和 C 点的横坐标以及纵坐标都一直，所以直线 BC 的方程如下所示：

$$\frac{\lambda - 25}{\lambda_p - 25} = \frac{\sigma_{cr} - \sigma_s}{-0.2\sigma_s} \tag{3.61}$$

根据实际活塞杆的柔度和材料的屈服强度值绘出图 3.136，假设活塞杆在 x 平面内的柔度值位于中柔度杆身区域，在 y 平面内的柔度值位于小柔度杆身区域内，就可以得到：① x 平面内，将 λ_x 代入公式 3.49 求得在 x 平面内的临界压力 σ_{crx}；② y 平面内的临界压力为 $\sigma_{cry} = \sigma_s$。

3）杆身屈曲计算结果

柴油机最大爆压为 $F = 1\ 996\ 412$ N，根据此数值可以求得活塞杆杆身应力 $\sigma = \frac{F}{A} = 181$ MPa，因此可以得到活塞杆在 x 平面和 y 平面内的屈曲安全系数分别为：

x 平面：

$$S_{\lambda x} = \frac{\sigma_{crx}}{\sigma_z} = \frac{666.484}{181} = 3.67$$

y 平面：

$$S_{\lambda y} = \frac{\sigma_{cry}}{\sigma_z} = \frac{742.549}{181} = 4.1$$

由上述计算求得的屈曲安全系数可知活塞杆在 x 平面内的屈曲安全系数最小为 3.67，而按照设计标准活塞杆最小的屈曲安全系数为 2.0，所以活塞杆能够稳定工作，满足屈曲强度要求。

3.7 本章小结

（1）对船用柴油机机体进行实体模型简化与分析模型的提取，为后续的仿真分析建立正确、简洁的网格模型，并根据机体的实际边界条件进行相应的约束、边界、载荷的加载，完成有限元分析模型的建立。对柴油机机体包括机架、机座和贯穿螺栓进行结构强度分析与讨论，找到结构的薄弱区域，校核机架、机座和贯穿螺栓的结构强度，具体分析评价了机架机座的装配强度、热膨胀特性、机架在极限十字头侧向力下的强度与刚度以及机座在极限轴承力下的强度;最后分别从应用 VDI 规范和有限元分析两个方面对贯穿螺栓的结构强度进行了校核与对比。

(2) 对船用柴油机曲轴根据国际船级社协会(IACS)的曲轴强度校核标准,利用曲轴当量模型计算了曲轴易破坏部位(曲柄销倒角、主轴颈倒角、曲柄销油孔)的扭转应力,运用曲轴简支梁模型计算了曲轴易破坏部位的弯曲应力及拉压应力,结合曲轴易破坏部位的应力集中系数,获得曲轴易破坏部位的等效应力。将等效应力与曲轴材料的疲劳极限比较,得到该曲轴的疲劳安全系数。计算分析表明该曲轴的安全系数满足要求,但安全系数值较低。鉴于曲轴的一维强度校核的安全系数较低,有必要对曲轴进行更细致的强度分析。利用有限元理论,建立曲轴的有限元模型,通过建立曲轴与主轴承及连杆大端轴承的接触模型来模拟曲轴与主轴承及连杆大端轴承之间的真实的接触。运用柔性体动力学获得的载荷对曲轴进行加载,分析了曲轴在各缸最大爆发压力下的应力。将获得的应力与曲轴材料的疲劳极限进行比较,校核了曲轴的强度,对提高柴油机曲轴的设计水平,具有重要的参考价值。

(3) 对船用柴油机连杆,其在惯性力等作用下,最长的伸长量为 0.856 651 mm,此时对应的转速为 635 r/min;应力分析结果显示,所有的应力均低于材料的屈服极限 900 MPa。接触分析的结果说明,连杆在惯性力等作用下,并没有发生接触面的分离,螺栓预紧力能满足连杆在不同工况下的需求,并且接触压力也没有超过 900 MPa。螺栓最大的应力幅值为 30.4 MPa,低于应力幅值极限,且疲劳安全系数为 1.84,也能满足工程要求。对于连杆的屈曲稳定性分析,连杆在气体爆压作用下,必会发生明显屈曲,最低屈曲安全系数为 4.9,大于工程中规定的 2.0。

(4) 对船用柴油机活塞,基于活塞应力场分析理论,运用有限元分析软件 ABAQUS 建立活塞有限元模型,将活塞温度场分布结果作为温度边界,模拟活塞所受热负荷,同时将通过理论计算和已知数据得到的机械负荷加载到活塞上,对仿真计算所得结果进行对比分析,对活塞组各部件的强度性能和刚度性能以及危险区域进行详细分析和预测。最后对活塞杆进行稳定性分析,研究活塞杆屈曲特性。

第四章　船用柴油机典型结构的疲劳特性

4.1　船用柴油机典型结构的疲劳特性分析方法

S/N 曲线影响因子评估法

除零部件的强度刚度不足引起的失效外，疲劳失效也是引起连杆机械失效的主要原因。载荷的循环次数、平均应力值、每一个循环的应力幅值和局部应力集中是零部件疲劳失效的主要几个因素。

一般情况下，标准试样的疲劳试验是在控制载荷或者应力的试验条件下，用旋转弯曲疲劳试验机或者高频拉压试验机来做的。然而，直接进行零件的疲劳试验，会消耗大量的零件材料。如果要对零件的不同结构方案进行比较，则要制造许多不同结构的零件试样，费用太大，也很不方便。所以，大多情况下，采用结构简单、造价低廉的标准试样进行疲劳试验，为零件的设计提供依据。因此，一般所说的材料疲劳性能数据，多是用标准试样得到的。

本文采用影响因子方法来评估零件工艺上的初期破裂以预测零件的疲劳寿命。经过有限元计算得到材料在各节点的 $S-N$ 曲线。局部零件的材料属性、普遍的应力，尤其是应力梯度影响着 $S-N$ 曲线的参数变化。图 4.1 为零件局部 $S-N$ 曲线，主要通过以下三个参数来描述：疲劳强度极限 $\sigma_{af,C}$；曲线斜率 K_C；极循环次数 $N_{cf,C}$。

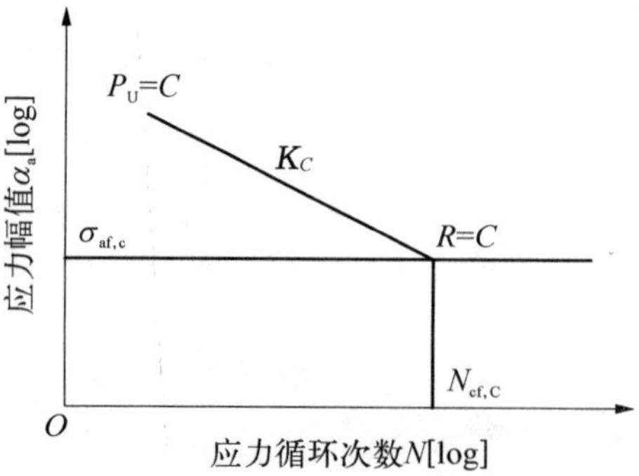

图 4.1　材料 $S-N$ 曲线图

疲劳强度极限、曲线斜率和极循环次数是计算疲劳强度需要确定的三个主要参数，通过该三个参数的确定可以得出局部应力状态，进而完成疲劳强度的计算。该三个参数受到很多因素的影响，影响该三个参数的主要因素如表 4.1 所示。

表 4.1　影响因子总结

影响因子	疲劳强度极限 $\sigma_{af,C}$	斜率 K_C	极限循环次数 $N_{cf,C}$
凹槽效应	$f_{GR,af}$	$f_{GR,sf}$	$f_{GR,cf}$
平均应力影响	$f_{m,af}$	$f_{m,sf}$	$f_{m,cf}$
表面粗糙度	$f_{SR,af}$	$f_{SR,sf}^{+1}$	$f_{SR,cf}^{+1}$
工艺参数影响	$f_{TP,af}$	—	—
回火工艺参数	$f_{T,af}$	—	—
表面处理			
喷丸影响	$f_{SP,af}$	—	—
滚压影响系数	$f_{RO,af}$	—	—
渗碳影响系数	$f_{CH,af}$	—	—
渗氮影响系数	$f_{NI,af}$	—	—
渗碳氮化物影响系数	$f_{CN,af}$	—	—
感应硬化影响系数	$f_{IH,af}$	—	—
火焰硬化影响系数	$f_{FH,af}$	—	—
几何尺寸影响系数	$f_{GS,af}$	—	—
温度影响系数	$f_{TI,af}$	—	—
统计影响系数	$f_{ST,af}$	—	—
锻造影响程度系数	$f_{DF,af}$	$f_{DF,sf}$	$f_{DF,cf}$

4.2　船用柴油机机体的疲劳特性

在 ABAQUS 中，已经对机体的各个工况下的静强度做了仿真计算，得到了应力结果 odb 文件，以此为疲劳分析的基础，在 FEMFAT 软件中进行机体的疲劳强度计算，根据机体静强度计算的工况特点，选择 FEMFAT 下的 Trans MAX 模块最为适合对机体进行疲劳分析。

4.2.1　疲劳破坏与材料的疲劳特性

结构的疲劳破坏是由于构件的局部区域的某些材料产生了微观的永久的结构变形，而在长时间的循环载荷的作用后形成裂纹进而质变为断裂的一种失效形式。疲劳失效的一般过程可以概括为裂纹的萌生、裂纹的发展和瞬间断裂三个主要过程。与静载荷破坏相比,疲劳破坏有着本质的差异性,主要表现出一些以下特殊属性:疲劳失效不会在承受不随时间变化的载荷作用下的情况时发生;构件的应力水平不高且仍然小于材料的屈服极限,但构件长期循环工作后亦会出现失效破坏;疲劳破坏是损伤不断进行累积的量变过程,疲劳破坏往往是从裂纹的萌生开始量变到最后完全失效质变的过程;最终的破坏形式为结构的断裂,但是断口特征与静强度破坏的断口样貌迥异,疲劳断口由疲劳裂纹源区域、疲劳裂纹发展区域和直接断裂区域三个完整的区域组成;疲劳破坏很大概率上是构件局部应力集中区域发生疲劳失效,而不涉及整个结构的全部材料都产生失效的情形。

疲劳分析中最关键的步骤并非数值计算本身,而是关于结构材料疲劳特性数据的确定,材料的疲劳特性数据主要包括真实的 $\delta-\epsilon$ 曲线、$S-N$ 曲线、疲劳极限曲线以及强度极限、屈服极限等材料参数。根据不同的疲劳分析方法所需要的材料参数也不尽相同,此处采用的主要为基于材料 $S-N$ 曲线的名义应力分析法,因此所需要的参数即为材料的 $S-N$ 关系曲线。$S-N$ 关系曲线主要描述的是构件的应力水平与标准试样疲劳寿命之间的关系的一种曲线。一般该曲线大致可分为三部分:低周疲劳区、高周疲劳区和无限疲劳区。当材料的载荷水平位于低周疲劳区域时,此时构件的疲劳主要受应变幅值控制,应力应变数值较高,循环次数低疲劳寿命短;当材料的载荷水平位于高周疲劳区域时,构件的疲劳寿命主要由应力幅值决定,循环次数与应力水平呈线性关系,此时构件的应力数值较低且一般不会达到材料的屈服极限,寿命循环次数一般在 $10^5 \sim 10^7$ 次;当构件的应力水平位于无限疲劳区域时,构件的循环次数一般大于 10^7 次,此时构件即达到了无限疲劳寿命的设计要求。

4.2.2 机架、机座疲劳分析建模

此处采用 FEMFAT 软件对机体进行疲劳分析,针对不同的分析对象选择适合的分析模块。根据机体载荷特点,本文选择的求解模块为 TRANSMAX 模块,TRANSMAX 模块适合依据不同时刻的载荷大小与方向均不断发生变化时对零件进行瞬态疲劳分析,特别适用机架机座的载荷大小与方向不断变化的多工况特性。同时,MAX 模块还具有以下特点:引入普遍的疲劳影响因素,如平均应力水平、统计学、零件工艺参数、热处理方法、常应力工况、温度热

量等等；拥有丰富的材料属性数据库，也可对材料属性进行自定义编辑；与通用有限元计算软件的丰富接口，包括 ABAQUS 等通用仿真软件；分析结果可以输出至相应的仿真软件中进行后处理，效果直观应用方便。

1）机架、机座材料疲劳参数

疲劳分析最重要的过程即为模型所使用的材料的疲劳特性曲线的准确获取，如果需要获得准确的材料性能参数（见表 4.2），往往需要对材料的试样进行大量的疲劳试验，通过一定量的试验来获得所需的材料疲劳特性数据，这种做法得到的材料数据虽然是准确详细的，但是在条件有限的情况下，也可以从疲劳软件中直接加载已有的材料数据，然后对原始的材料参数进行修正，使其准确度提高。根据分析模型中的材料类型，在疲劳软件中选择对应的材料牌号。其中机架所使用的是结构钢 CL. b/Q235B，机座部分使用的材料是铸钢。这两种材料可以在软件的数据库中自动添加，图 4.2 为这两种材料的 $S-N$ 曲线。图 4.3 为材料 $\delta-\epsilon$ 曲线；图 4.4 为材料的疲劳极限度。

表 4.2　材 料 参 数

材料牌号	对应牌号	屈服/MPa	抗拉/MPa
CL. b/Q235B	SAE1020	235	430
ZG230 - 450	St44 - 2	260	450

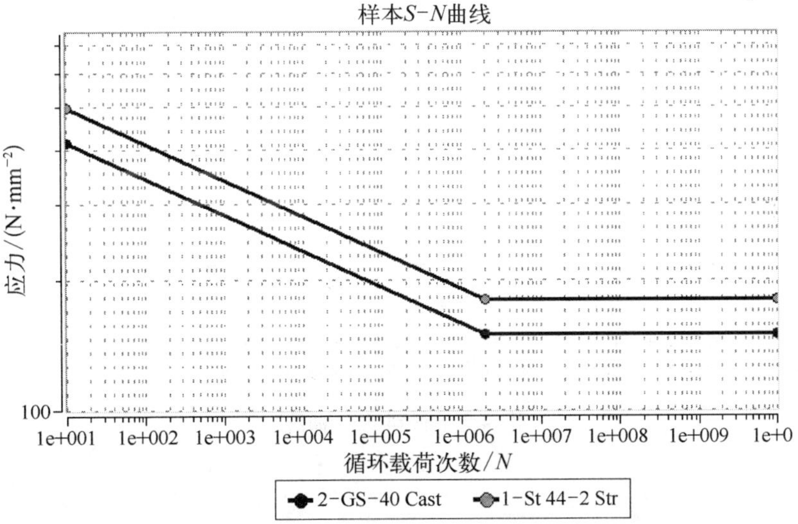

图 4.2　材料的 $S-N$ 曲线

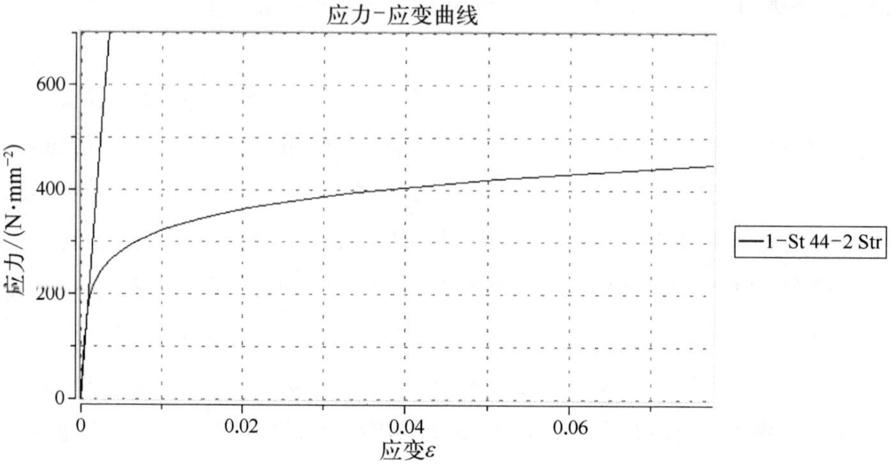

极限强度：400.0(N·mm^{-2})　　屈服强度：235.0(N·mm^{-2})

弹性模量：210 000.0(N·mm^{-2})　　断面收缩率A5：23.5(%)

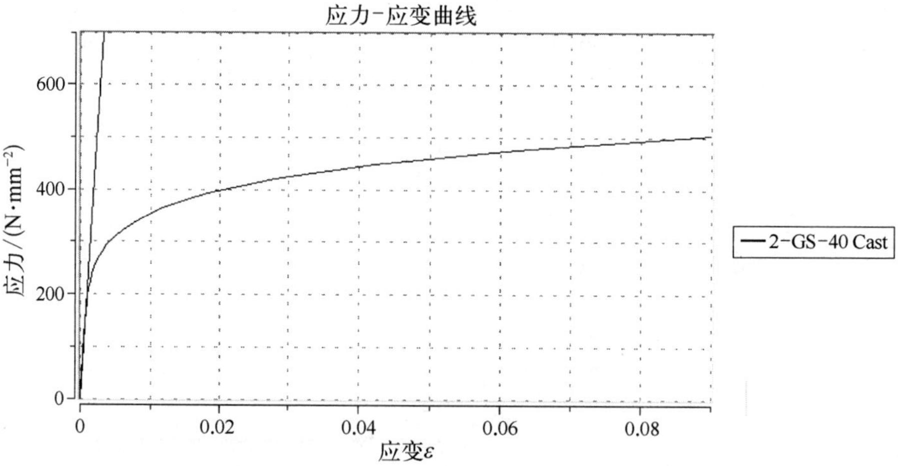

极限强度：440.0(N·mm^{-2})　　屈服强度：260.0(N·mm^{-2})

弹性模量：210 000.0(N·mm^{-2})　　断面收缩率A5：22.8(%)

图 4.3　材料 δ-ϵ 曲线

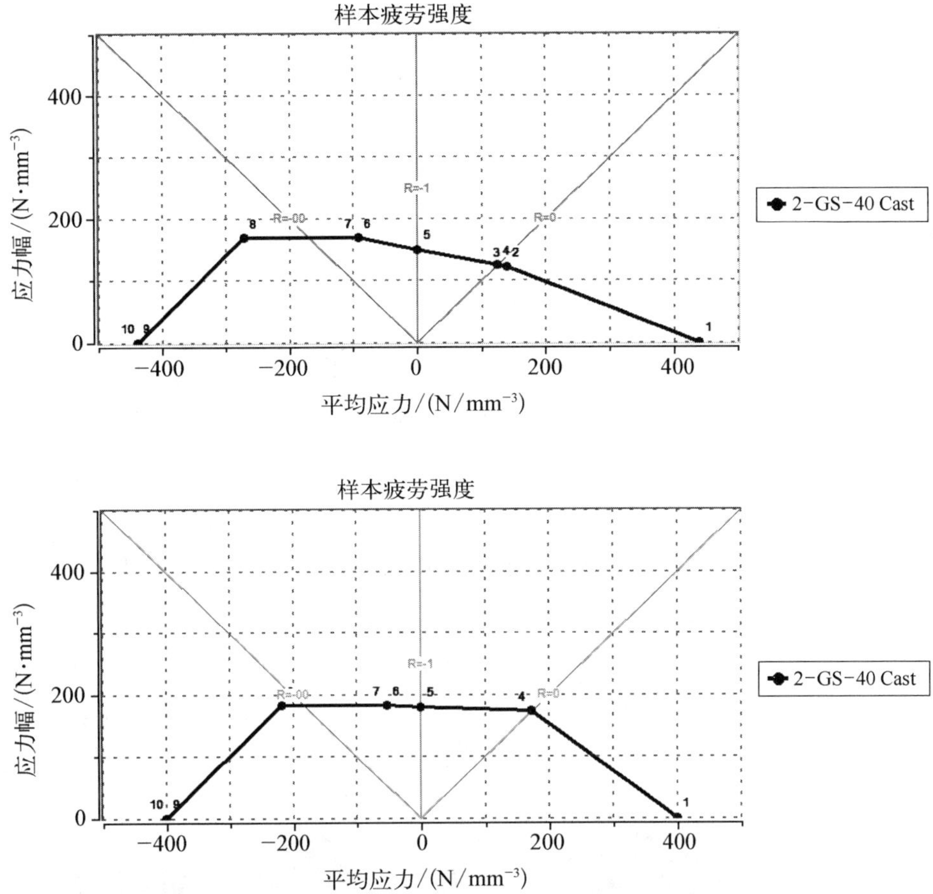

图 4.4 材料的疲劳极限图

2）疲劳影响因素

对于结构的疲劳安全系数根本上是由结构设计本身的强度、刚度，以及所选用材料的机械性能来决定的。但是结构的疲劳强度还受到其他很多外部因素的影响。在疲劳分析中，影响结构疲劳寿命的参数主要包括：平均应力、环境温度、零件表面粗糙度、表面处理方式、统计学因素、存活率因素等（见图 4.5）。

在对机架、机座的疲劳分析中，静力学分析结果已经在 ABAQUS 中完成，并得到了相应的结果应力的 odb 文件，并选择考虑的影响因素包括：温度、常应力、表面粗糙度、统计学因素和存活率。

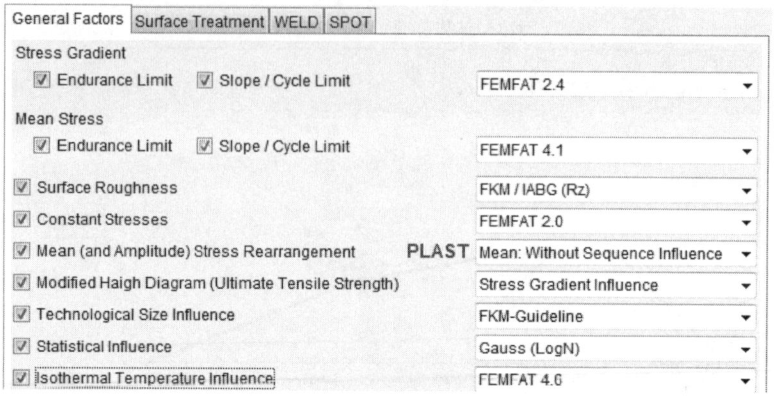

图 4.5　疲劳影响因素

4.2.3　疲劳分析结果评价

根据图 4.6 疲劳分析结果可以看出，机架整体的疲劳安全系数大部分在 8 以上，只有机架的十字头导板的下端区域疲劳安全系数稍小，最小的疲劳安全系数为 2.77，位于导板的油管孔区域。由于此孔位于导板边缘区域存在一定的应力集中，且十字头导板承受着机架上部的其他压力，在整机的整个运转过程中相对容易引起疲劳失效，但其安全系数仍能满足结构的疲劳安全要求。

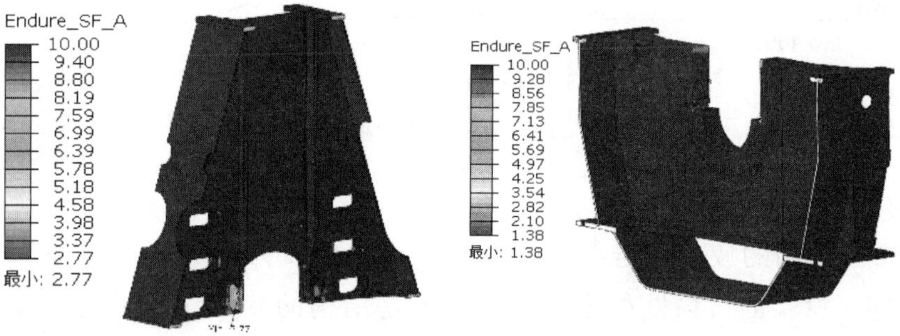

图 4.6　机架、机座疲劳安全系数

按机座疲劳分析结果，机座整体的疲劳安全系数仍然较大，绝大部分区域的疲劳安全系数也在 8 以上，仅主轴承的圆角区域出现疲劳安全系数较小的情况，其中最小的疲劳安全系数为 1.38，位于主轴承两侧的圆角上，由于主轴承是机座中最主要的受力位置，柴油机全部动力均是通过曲柄连杆结构来实现从内能到机械能的转变与传递，主轴承座为曲轴提供了最为重要的支撑作用;其次此区域的 Mises 应力值虽然能很好地满足结构的静强度要求,但是在曲轴旋转的交变周期作用力下,此区域的应力幅值会相对较高为 85.59 MPa,因此在主轴承附近的结构突变区域更容易发生疲劳失效的可能。所以此主轴承区域的疲劳系数较低是合理的,其疲劳安全系数 1.38 亦能满足结构疲劳强度设计值 1.2 的要求。

4.2.4　贯穿螺栓疲劳分析

贯穿螺栓的疲劳分析主要是对螺栓的应力幅值和疲劳安全系数的考察,如前章螺栓强度校核中已通关相关规范对其交变强度进行了相关校核,此处则是通过 FEMFAT 软件再次对贯穿螺栓的疲劳安全系数进行校核,进而可以选择较为危险的结果指导结构的设计。此时在 FEMFAT 中贯穿螺栓所选择的材料为 SAE4 135,设置相应的屈服强度值为 730 MPa。其他的疲劳分析设置均同于机架机座的疲劳分析。计算的贯穿螺栓应力幅值与疲劳安全系数如图 4.7、图 4.8 所示。

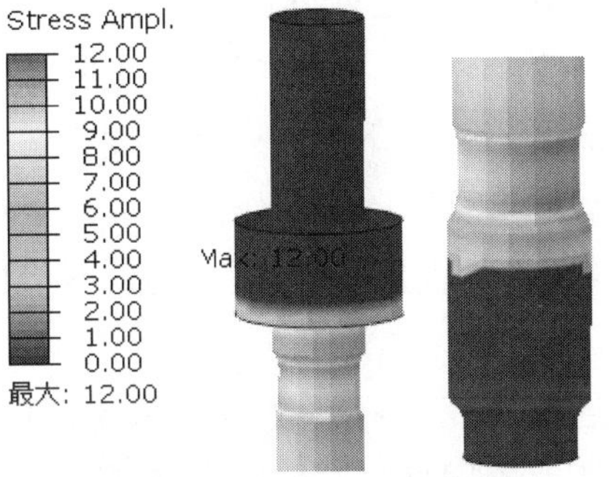

图 4.7　贯穿螺栓应力幅值

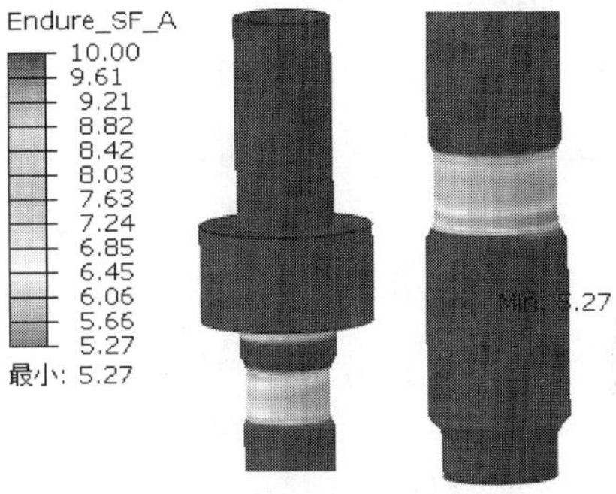

图 4.8　贯穿螺栓疲劳安全系数

从分析结果可以看出,贯穿螺栓的最大应力幅值为 12 MPa,最大应力幅值位于贯穿螺栓的上部圆角过度区域,此区域的槽口是为了提高螺纹啮合区域的强度而设计的过度圆角,因此能有效降低螺纹啮合区域的应力幅值,从而提高疲劳强度,其次是贯穿螺栓下部的圆角区域相比较其他区域也偏大,贯穿螺栓两端的应力幅值最小,满足自由端结构的特点。从疲劳安全系数分布云图 4.8 可以看出,贯穿螺栓的薄弱位置均位于螺栓的上下部的圆角过度区域。其中,贯穿螺栓的最小疲劳安全系数为 5.27,位于贯穿螺栓的下部的圆角过度区域。因为圆角区域在静强度分析时的应力也相对其他区域要大,因此平均应力会比较大;而且从应力幅值上看,这些区域的值也是较大的,两者的综合影响使得此处的疲劳强度最低。与前一章应用规范计算的贯穿螺栓的最小交变应力安全系数 1.85 相比,本章疲劳软件计算的疲劳安全系数为 5.27 相对较高。此时应当采用两者中较低的值来作为设计的参考,这样更有利于设计的可靠性与安全。

4.2.5 疲劳因素对机体疲劳强度的影响

在以上的分析过程中考虑了诸多的影响因素,但是在众多的疲劳影响因素中若要在不改变结构设计的前提下进一步提高结构的疲劳安全系数,可供选择的影响因素并不多,例如温度、粗糙度对结构疲劳强度的影响。因此可以通过改变环境温度、工艺参数来适当的提高结构的疲劳强度,为进一步探究温度和粗糙度对结构的疲劳强度影响,先以机架模型为分析对象继续对机架进行深入分析进一步讨论温度和表面粗糙度这两个因素对疲劳强度的影响。

1) 温度对疲劳强度的影响

为探究环境温度对结构的疲劳强度的影响,现以之前分析的机架为例,保持疲劳分析中的其他分析影响因素不变,仅改变环境温度来对机架进行二次疲劳分析,为保证分析得到温度对疲劳的影响特性,现取三组环境温度进行加载分析: 20℃,65℃和 100℃。上一节中已对 65℃的环境工作温度进行了计算,因此只需分析其余两组模型。相关材料属性的设置、影响因素的选择仍保持不变,以保证单一变量原则。

在 FEMFAT 软件中温度影响主要是通过温度影响系数 $f_{TE,af}$ 来实现的,从而实现对材料 $S-N$ 曲线不同程度的修正。不同材料对温度的敏感程度是不一样的,图 4.9 给出了温度对不同材料的温度影响因子的影响曲线,随着温度的升高对疲劳强度的影响也愈加明显。特殊的,在温度在 60℃以下 0℃以上时,温度对材料的机械性能几乎不产生影响。

20℃和 150℃下机架的疲劳安全系数分析结果如图 4.10 所示。其中,在环境工作温度为 20℃时,机架的最小疲劳安全系数为 2.77,仍然位于机架十字头导板的油管孔区域。当环境工作温度为 150℃时,机架的最小疲劳安全系数仍出现于机架十字头导板的油管孔区域,最小为 2.57。对比三组分析的结果可以看出,随着温度的升高材料的疲劳性能逐渐下降,结构的疲劳安全系数也更低。

在图 4.11 中的温度对机架疲劳强度的影响曲线中可以看出温度对疲劳

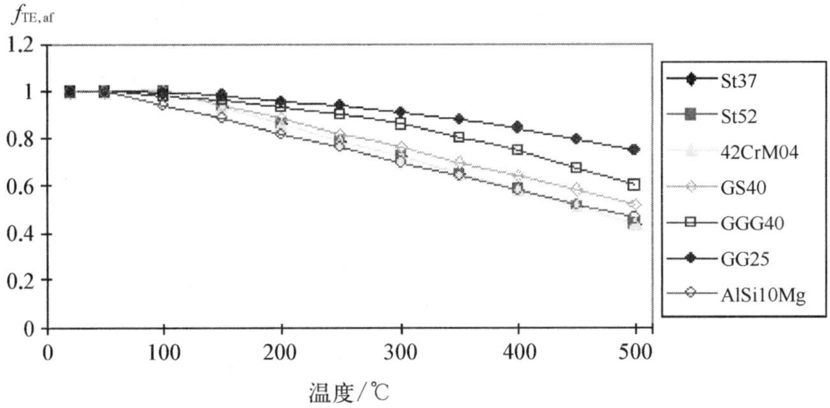

图 4.9　温度对不同材料疲劳因子的影响曲线

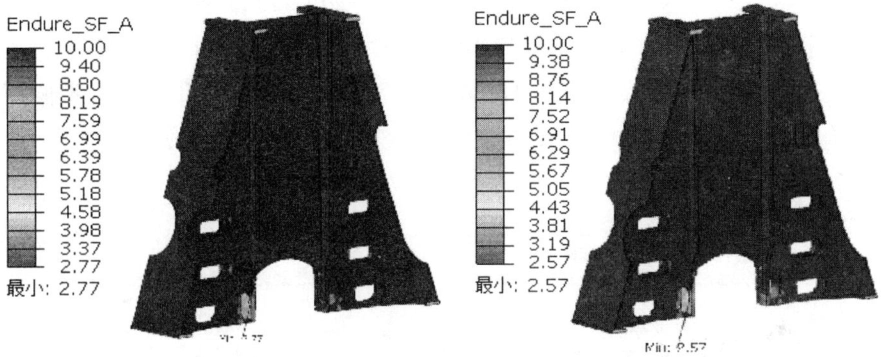

图 4.10　20℃和 150℃时机架疲劳安全系数

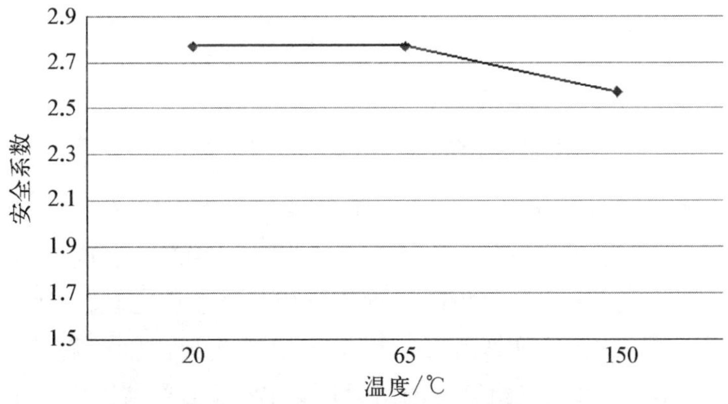

图 4.11　温度对机架疲劳安全系数的影响

强度的曲线趋势与温度因子的变化规律基本符合，在温度较低时（小于 65℃）疲劳强度基本不随温度的增高而改变，在超过一定温度后，随着温度的升高机架的疲劳强度逐渐降低。因此，在柴油机的工作过程中应该尽量减小结构的工作环境温度，保证结构的疲劳强度避免温度造成的结构疲劳失效。

2）粗糙度对疲劳强度的影响

为探究表面粗糙度对结构的疲劳强度的影响，仍以机架为例，保持疲劳分析中的其他分析影响因素不变，仅改变粗糙度来对机架进行二次疲劳仿真计算，为保证分析得到粗糙度对疲劳的影响特性，现取三组粗糙度数值分别进行加载计算：10 μm，140 μm 和 200 μm。上一节中已对 140 μm 的粗糙度进行了疲劳计算，因此只需分析其余两组模型。相关材料属性的设置、影响因素的选择仍保持不变，同样保证了对比分析的单一变量性。

在 FEMFAT 软件中粗糙度影响主要是通过上文提到的粗糙度影响系数 $f_{1,af}$ 来实现的，从而实现对材料 $S-N$ 曲线不同程度的修正。不同材料对结构表面粗糙度的敏感程度是不一样的，图 4.12 给出了粗糙度对不同材料的影响曲线，随着粗糙度数值的升高，粗糙度影响因子的数值也随之不断减小。

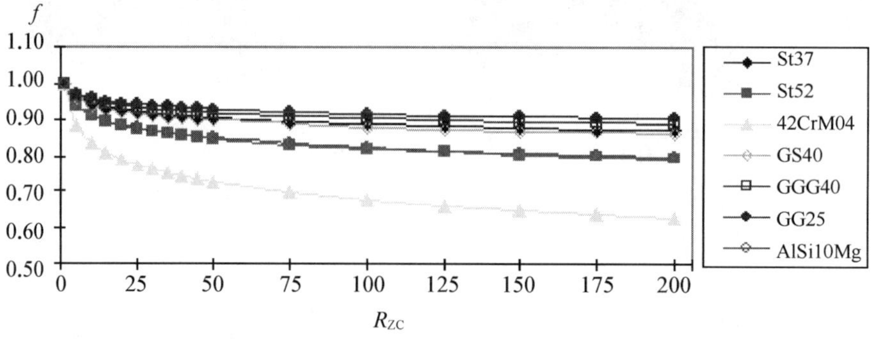

图 4.12　不同材料表面粗糙度因子变化曲线

表面粗糙度为 10 μm 和 200 μm 下机架的疲劳安全系数分析结果如图 4.13 所示。其中，在表面粗糙度为 10 μm 时，机架的最小疲劳安全系数为 3.00，仍然位于机架十字头导板的油管孔区域。当表面粗糙度为 200 μm 时，机架的最小疲劳安全系数仍出现于机架十字头导板的油管孔区域，最小为 2.74（见图 4.14）。对比三组分析的结果可以看出，随着结构表面粗糙度数值的升高，材料的疲劳强度性能也随之下降，结构的疲劳安全系数也变低。

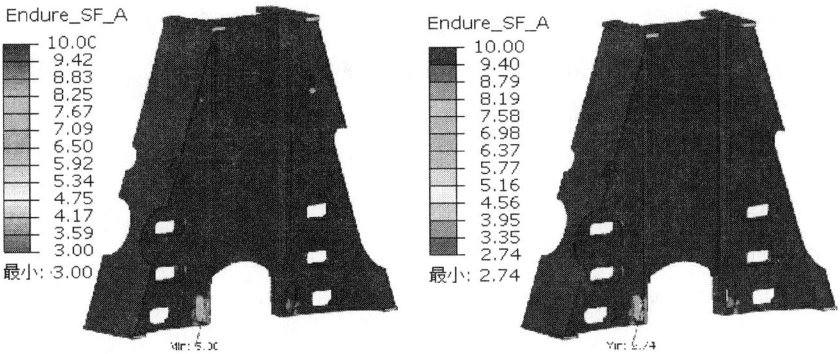

图 4.13　粗糙度为 10 μm 和 200 μm 机架疲劳安全系数

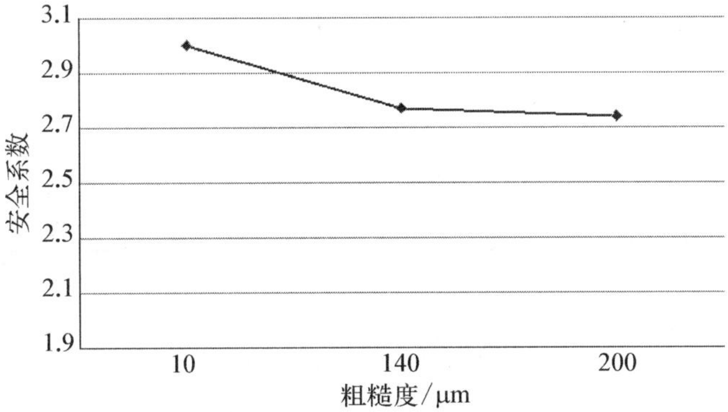

图 4.14　表面粗糙度对机架疲劳的影响

从图 4.14 的粗糙度对疲劳强度的影响曲线中可以看出，粗糙度对疲劳强度的影响能符合粗糙度因子随粗糙度数值的变化规律：随着工件的表面越光滑，粗糙度对疲劳强度的影响就愈加明显。因此，在柴油机的零件加工过程中，在比较容易发生疲劳失效的部位应保证此区域的工艺性，提高薄弱区域的表面粗糙度、防止结构缺陷能有效地提高零件的疲劳强度，避免加工因素造成的结构疲劳失效。

4.3　船用柴油机曲轴的疲劳特性

4.3.1　载荷计算

1）确定工况

由图 4.16 曲柄销处的载荷也可以看出第一通道载荷曲线可以判断在

368°时刻为最大压工况，在180°为最大拉工况。建立两个工况，计算两个工况下的应力应变，为接下来的疲劳分析提供初始文件。

2）协同仿真分析载荷

用多体动力学软件建模时应综合考虑曲轴变形及轴承润滑对其的受力影响，利用模态理论结合弹性动力润滑理论，在动力学软件VIRTUAL ENGINE中建立曲轴系统刚柔耦合模型。同时结合液动轴承，以缸压作为输入(见图4.15)，然后确定点火顺序，对曲轴系统进行动力学仿真。

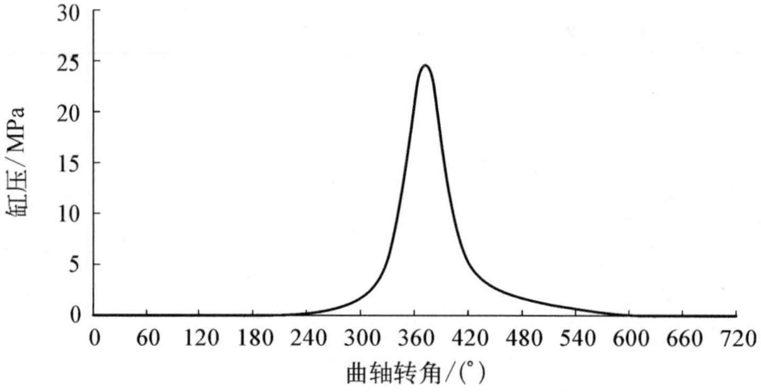

图4.15 缸压曲线

根据多体动力学软件VIRTUAL ENGINE的计算，提取某一曲拐的曲柄销及主轴颈处载荷，如图4.16所示。根据计算结果，整理出在一个周期内作

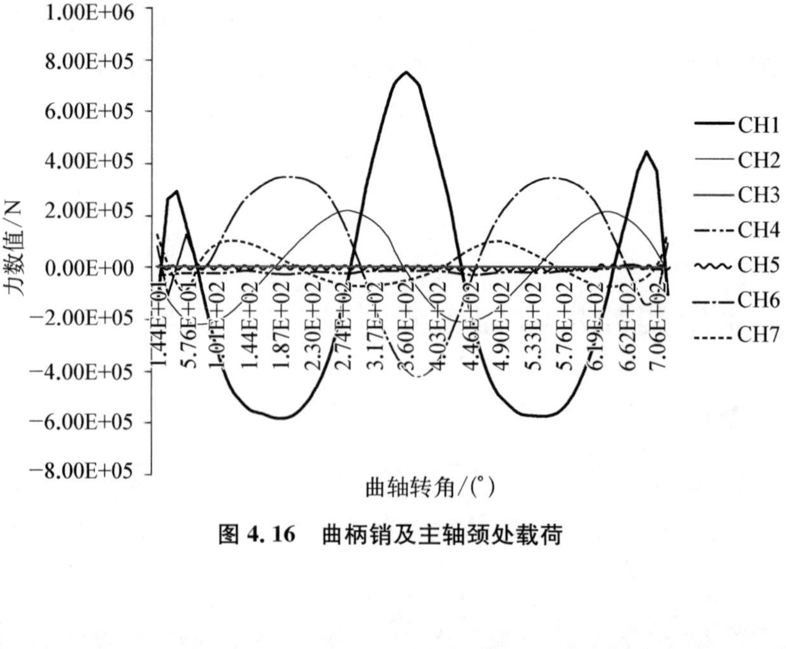

图4.16 曲柄销及主轴颈处载荷

用在曲柄销和主轴颈处的各个力的力谱。第一通道 CH1 对应的是曲柄销处所受的 x 方向的力，其方向与爆发气体压力施加在活塞上的方向相同，其趋势也与气体爆发压力相同，在约为 180 度时所受为最大惯性力，在约为 360 度时候为最大爆压力。与之相应的第六通道 CH6 承受与通道 1 相反的力。第 2、3 通道为主力在 y、z 方向的分解。通道 4、5 为所受的转矩，都接近零。与实际情况相一致。7 个通道分别对应曲柄销处 x、y、z、CM1、CM2 方向的力以及主轴颈处 x、y 方向的力。

在有限元软件 ABAQUS 中计算 7 个通道对应的单位载荷的应力应变结果与曲柄销及主轴颈处的力谱一起作为疲劳分析的输入条件，进行疲劳分析。

4.3.2 有限元模型建立

以某船用中速柴油机曲轴为例。该柴油机为四行程 12 缸 V 型机，最大爆压 22 MPa。主要用于推进船舶和发电。运行过程中，曲轴承受着由缸内燃气作用力、往复惯性力及旋转惯性力引起的周期性变化的交变载荷，并对外输出转矩。这种交变载荷会引起曲轴的疲劳失效。其疲劳强度在很大程度上能决定内燃机的可靠性及寿命。

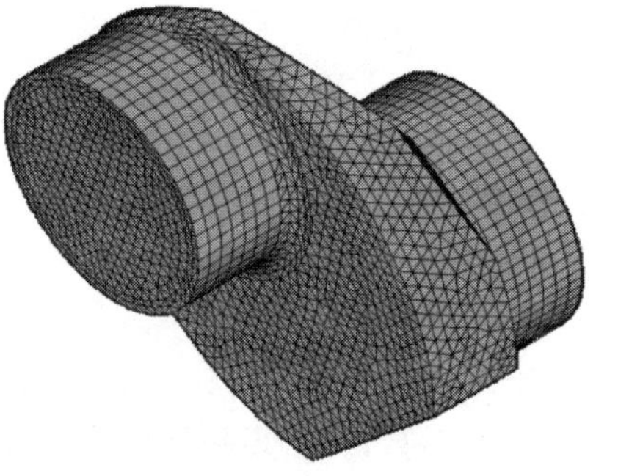

图 4.17 曲拐网格模型

柔性体生成时需要考虑到计算的精度以及在分析过程中载荷的施加以及约束方式。曲柄销和主轴颈处采用二阶楔形单元，与曲柄臂处的二阶四面体单元形成很好的过渡。曲柄销和主轴颈外层外圈设置两层单元是为了在施加载荷和约束的时候能正确模拟实际情况，选择合适的单元进行约束以及载荷的施加。而在曲柄销、主轴颈与曲柄臂连接处加密处理是考虑到应力集中问题。本模型包含 61 494 个单元，其中四面体 44 364 个，楔形单元 17 130 个，单元类型分别为 C3D10I 和 C3D15，有限元模型如图 4.17 所示。

4.3.3 曲轴材料

船用柴油机曲轴的材料牌号为 31CrMov9，可以根据“金属材料拉伸试验标准(GB/T 228.1—2010)”对其进行单轴拉伸试验，根据“金属材料疲劳试验旋转弯曲方法(GB/T 4337—2008)”进行疲劳试验。结果如下：杨氏模量为2.11e5Pa,泊松比为0.3,极限强度为900 MPa,屈服强度为690 MPa;疲劳极限为405 MPa,疲劳循环极限为2e6次,$S-N$ 曲线斜率为12。

4.3.4 疲劳模型创建

本章中曲轴的材料牌号为31CrMov9,材料的 $S-N$ 曲线表达式如下：

$$\log\sigma_{\mathrm{a}}=\begin{cases}K_{\mathrm{C}}N+\sigma_{\mathrm{af,C}}-K_{\mathrm{C}}N_{\mathrm{cf,C}},N_{\mathrm{cf,C}}>N>0\\ \sigma_{\mathrm{af,C}},N>N_{\mathrm{cf,C}}\end{cases}\tag{4.1}$$

式中,$\sigma_{\mathrm{af,C}}$为疲劳强度极限;K_{C}为曲线斜率;$N_{\mathrm{cf,C}}$为极限循环次数。

根据FKM标准,考虑到应力梯度、平均应力、加工工艺、可靠性等因素的影响,对 $S-N$ 曲线的三个参数$\sigma_{\mathrm{af,C}}$、K_{C}、$N_{\mathrm{cf,C}}$进行修正。

对于 $\sigma_{\mathrm{af,C}}$：

$$\sigma_{\mathrm{af,C}}=\sigma_{\mathrm{A,tsc}}=f_{\mathrm{tot,af}}\tag{4.2}$$

式中,局部 $S-N$ 曲线的疲劳极限,$\sigma_{\mathrm{A,tsc}}$为材料的交变应力极限,$f_{\mathrm{tot,af}}$为综合影响系数。

$$f_{\mathrm{tot,af}}=\frac{1}{f_{\mathrm{ST,af}}}\cdot\frac{\sqrt{f_{\mathrm{GR,af}}^{2}-1.0+f_{1,\mathrm{af}}^{2}}}{f_{\mathrm{m,af}}}\cdot f_{\mathrm{TS,af}}\cdot f_{2,\mathrm{af}}\cdot f_{\mathrm{TE,af}}\cdot f_{\mathrm{GS,af}}\tag{4.3}$$

式中,$f_{\mathrm{GR,af}}$为应力梯度影响系数;$f_{1,\mathrm{af}}$为粗糙度/锻造影响系数;$f_{\mathrm{ST,af}}$为统计影响系数;$f_{\mathrm{m,af}}$为平均应力影响系数;$f_{\mathrm{TS,af}}$为几何尺寸影响系数;$f_{2,\mathrm{af}}$为表面处理影响系数;$f_{\mathrm{TE,af}}$为温度影响系数;$f_{\mathrm{GS,af}}$为综合影响系数。

$$f_{1,\mathrm{af}}=1-\mathrm{sign}(1-\mathrm{f}_{\mathrm{SR,af}})\sqrt{(1-\mathrm{f}_{\mathrm{SR,af}})^{2}+(1-\mathrm{f}_{\mathrm{DF,af}})^{2}}\tag{4.4}$$

式中,$f_{\mathrm{DF,af}}$为锻造影响程度系数;$f_{\mathrm{SR,af}}$为表面粗糙度影响系数。

$$f_{2,\mathrm{af}}=f_{\mathrm{SP,af}}\cdot f_{\mathrm{RO,af}}\cdot f_{\mathrm{CH,af}}\cdot f_{\mathrm{NI,af}}\cdot f_{\mathrm{CN,af}}\cdot f_{\mathrm{IH,af}}\cdot f_{\mathrm{FH,af}}\tag{4.5}$$

式中,$f_{\mathrm{SP,af}}$为喷丸影响系数;$f_{\mathrm{RO,af}}$为滚压影响系数;$f_{\mathrm{CH,af}}$为渗碳影响系数;$f_{\mathrm{NI,af}}$为渗氮影响系数;$f_{\mathrm{CN,af}}$为渗碳氮化物影响系数;$f_{\mathrm{IH,af}}$为感应硬化影响系数;$f_{\mathrm{FH,af}}$为火焰硬化影响系数。

其次确定 $S-N$ 曲线斜率合并影响参数为

$$k_C=\left[\frac{k_M-IFK2}{(f_{GR,sf})^{IFK3}-1+\dfrac{1}{(f_{1,af})^{IFK3}}}+IFK2\right]\cdot\frac{1}{f_{m,sf}} \tag{4.6}$$

式中，k_C 为局部 $S-N$ 曲线斜率，k_M 为交变载荷下 $S-N$ 曲线斜率，$IFK2$、$IFK3$ 为材料参数，$f_{GR,sf}$ 为应力梯度对 $S-N$ 曲线斜率的影响因子，$f_{1,af}$ 为表面粗糙度/锻造影响因子，$f_{m,sf}$ 为平均应力对 $S-N$ 曲线斜率的影响因子。

最后，对极限循环次数 $N_{cf,C}$ 进行修正。

对于铸造件：

$$N_{cf,C}=N_{cf,M}\cdot\left[\frac{10^{\left(6.8-\frac{3.6}{f_{m,sf}\cdot k_C}\cdot F_{akt21}\right)}}{10^{\left(6.8-\frac{3.6}{k_M}\right)}}\right]\cdot\frac{1}{f_{m,cf}} \tag{4.7}$$

其他材料：

$$N_{cf,C}=N_{cf,M}\cdot\left[\frac{10^{\left(6.4-\frac{2.5}{f_{m,sf}\cdot k_C}\cdot F_{akt21}\right)}}{10^{\left(6.4-\frac{2.5}{k_M}\right)}}\right]\cdot\frac{1}{f_{m,cf}} \tag{4.8}$$

其中：

$$f_{m,cf}=N_{cf,M}^{1-\left(\log\sigma_{af,C}C/\log\sigma_{A,tsc}\right)^{1/16}} \tag{4.9}$$

式中，$N_{cf,C}$ 为局部 $S-N$ 曲线极限循环次数；$N_{cf,M}$ 为 $R=-1$ 时，局部 $S-N$ 曲线极限循环次数；F_{akt21} 为热机械参数对 $S-N$ 曲线斜率的影响系数；$f_{m,cf}$ 为平均应力对极限循环次数的影响系数；$f_{m,sf}$ 为平均应力对曲线斜率影响系数；$\sigma_{af,C}$ 为局部 $S-N$ 曲线极限疲劳强度；$\sigma_{A,tsc}$ 为材料受拉力/压力的交变应力极限。

在下面曲轴疲劳计算中，根据 FKM 标准，选取的主要参数有：表面粗糙度 $R_Z=3.2\ \mu m$，统计学影响 90%，表面采用渗氮处理，影响数值为 1.30。其余参数由以上公式通过软件计算得出。

4.3.5　简化载荷法曲拐强度及疲劳计算

1）静强度分析

(1) 约束条件及载荷。如图 4.18 所示，对曲柄销和主轴颈处分别耦合，曲

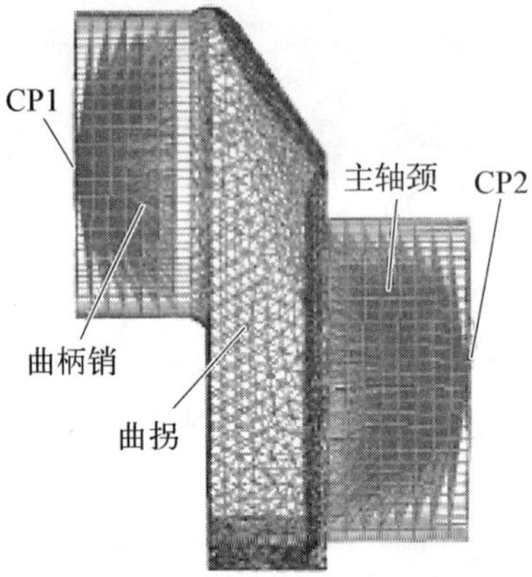

图 4.18　曲拐约束和载荷的施加

柄销处耦合为 CP1，主轴颈处耦合为 CP2。在 CP1 处要施加 z 方向的惯性力以及爆炸压力，故对 CP1 约束 z 方向的自由度，而对 CP2 进行全约束。

根据疲劳软件 FEMFAT 的分析要求，建立两个工况，提供 FEMFAT 的分析文件。

工况 1：曲轴单拐扭矩 T＋惯性力。

工况 2：曲轴单拐扭矩 T＋爆炸压力。

其中单拐扭矩 T 是根据柴油机的参数：单缸功率 P 和转速 n 计算出

$$T = 9\,550P/n \tag{4.10}$$

惯性力是理论求解出：$F = ma$。其中 m 为活塞组和连杆小头的质量，a 根据转速 ω 以及连杆和曲轴尺寸理论计算出的活塞的加速度。

(2) 静强度分析结果。图 4.19 为曲轴单拐扭矩 T 和惯性力施加的结果。从应力云图可以看出受力变形的趋势，与实际相符。在节点号 480 处受到最大的拉应力46.92 MPa。

图 4.20 为施加曲轴单拐扭矩 T 以及爆发压力的计算结果。从应力云图可以看出曲拐受力变形的整体趋势，与预想结果一致，有受压和受扭转的趋势。在节点号 480 处受到最大的压应力大小为 224.7 MPa。

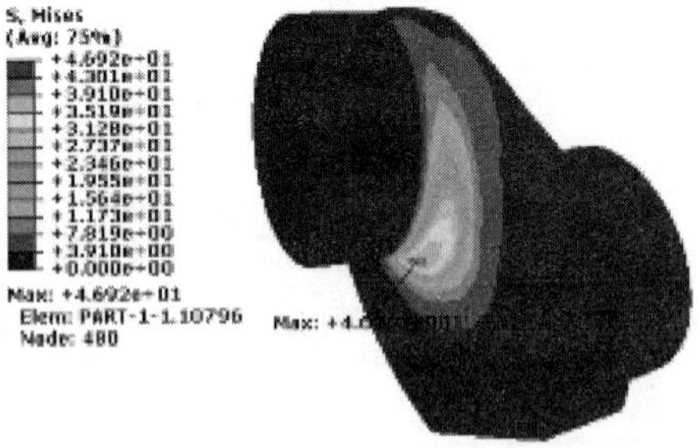

图 4.19　工况 1 分析结果

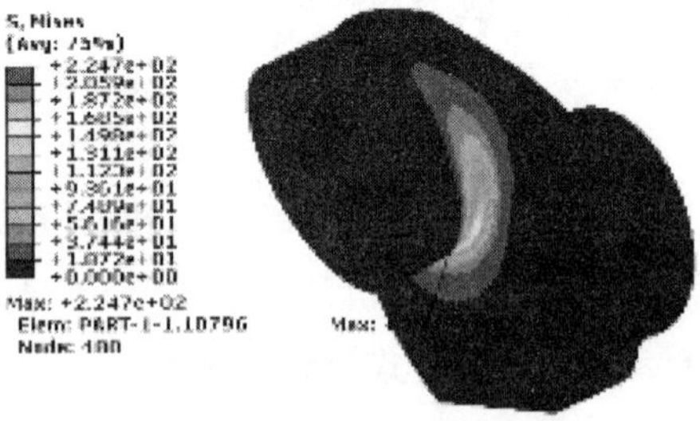

图 4.20　工况 2 分析结果

2) 基于 FEMFAT/BASIC 模块曲轴疲劳计算

(1) 工况输入。将 ABAQUS 计算结果 main. fil 文件输入到 FEMFAT 软

件中。在 ABAQUS 软件中创建了两个工况,分别计算出最小应力结果和最大应力结果。作为 FEMFAT 软件计算疲劳的输入。

(2) 材料选择。根据曲轴的材料牌号,选择材料库中的材料,导入到软件中,并点击 Open Material Generator 根据实际情况修改极限应力及屈服强度。

(3) 影响因素选择。在实际分析中要考虑到各种因素对曲轴疲劳强度的影响,如表面粗糙度、平均应力幅、统计学影响和温度影响等影响参数。

(4) 计算结果。在计算的过程中为了简化计算,选择相对应力计算,将应力小于某特定值的区域忽略不计算,图中白颜色的区域就是应力很小被忽略的区域。这样既简化了计算又能很清楚的从疲劳分析结果云图中看到危险的区域。从图4.21、图 4.22 疲劳分析结果云图中可以看出在曲柄销和曲柄臂连接的区域是危险区域。最小安全系数在节点 480 处,为 2.795 7,与 CAE 中分析中应力变化最大的节点一致。

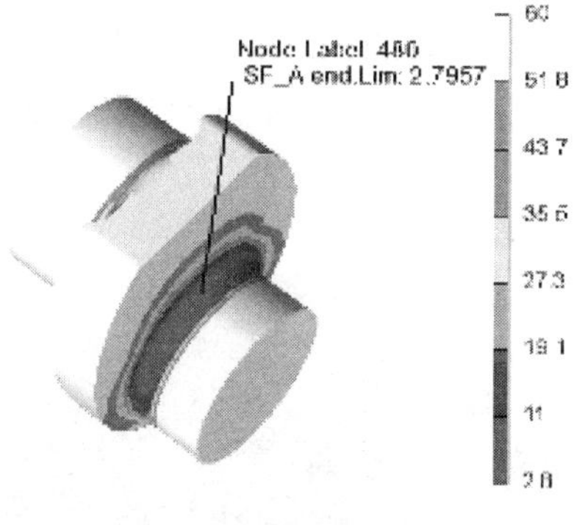

图 4.21　BASIC 模块疲劳计算结果云图

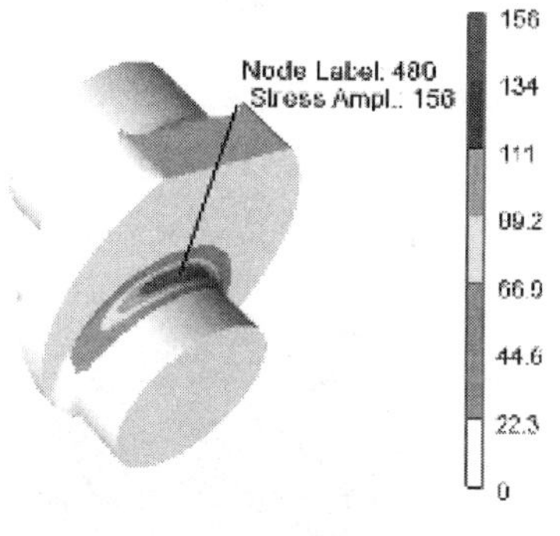

图 4.22　应力幅值

4.3.6　协同法曲拐强度及疲劳计算

1) 静强度计算

(1) 约束、载荷和工况。根据动力学软件 ADAMS 的计算结果,得到曲柄销和主轴颈处的受力大小。将受力近似为零的方向忽略掉。曲柄销处有 x、y、z、CM1、CM2 方向的力,主轴颈处有 x、y 方向的力。于是对应设置 7 个通道,将 7 个方向的单位力应力结果设置为 7 个载荷步。

工况 1：加载 CP1 的 x 方向单位力，全约束 CP2。

工况 2：加载 CP1 的 y 方向单位力，全约束 CP2。

工况 3：加载 CP1 的 z 方向单位力，全约束 CP2。

工况 4：加载 CP1 的 CM1 方向单位扭矩，全约束 CP2。

工况 5：加载 CP1 的 CM2 方向单位扭矩，全约束 CP2。

工况 6：加载 CP2 的 x 方向单位力，全约束 CP1。

工况 7：加载 CP2 的 y 方向单位力，全约束 CP1。

(2) 分析结果(加载单位力)在曲柄销处加载 x 方向的单位力，由结果应力云图 4.23 可以看出，在曲柄销与曲柄臂连接内侧为应力较大的区域。有应力集中现象。

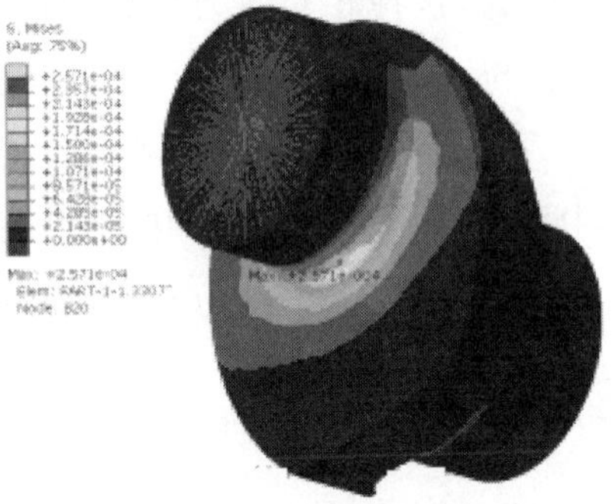

图 4.23　工况 1 应力结果

在曲柄销处加载 y 方向的单位力，由结果应力云图 4.24 可以看出，仍在曲柄销与曲柄臂连接内侧为应力较大的区域。

在曲柄销处加载 z 方向的单位力，由结果应力云图 4.25 可以看出，在曲柄销与曲柄臂连接内侧为应力较大的区域。

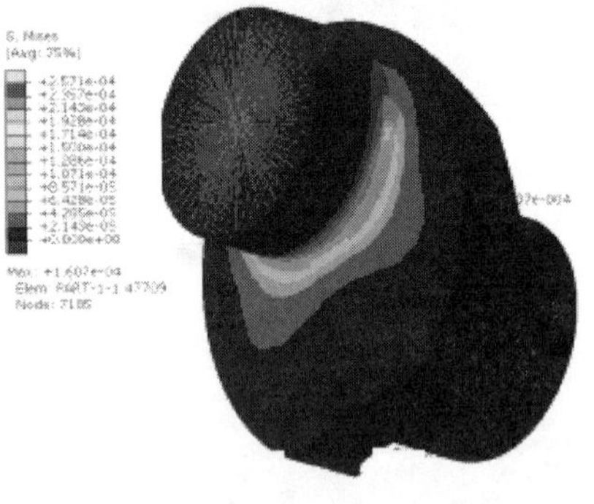

图 4.24　工况 2 应力结果

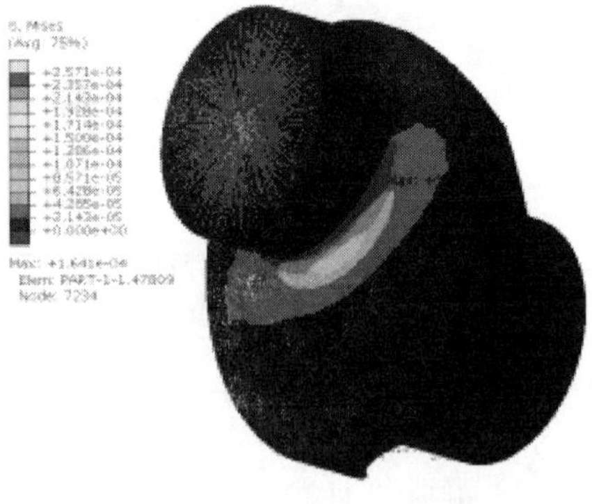

图 4.25　工况 3 应力结果

在曲柄销处加载 CM1 方向的单位扭矩，由结果应力云图 4.26 可以看出，应力很小。在曲柄销处加载 CM2 方向的单位扭矩，由结果应力云图 4.27 可以看出，应力很小。

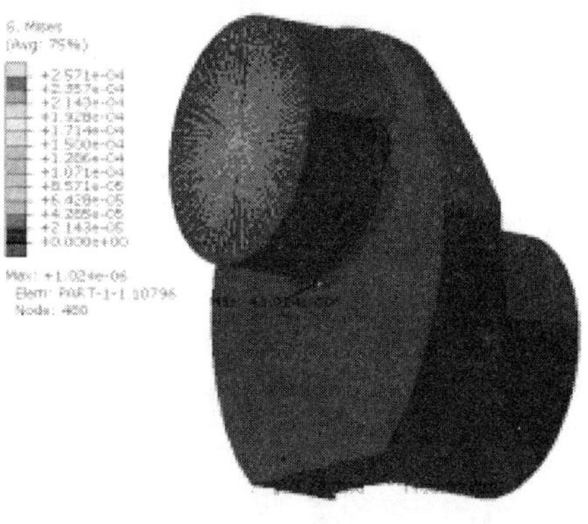

图 4.26　工况 4 应力结果

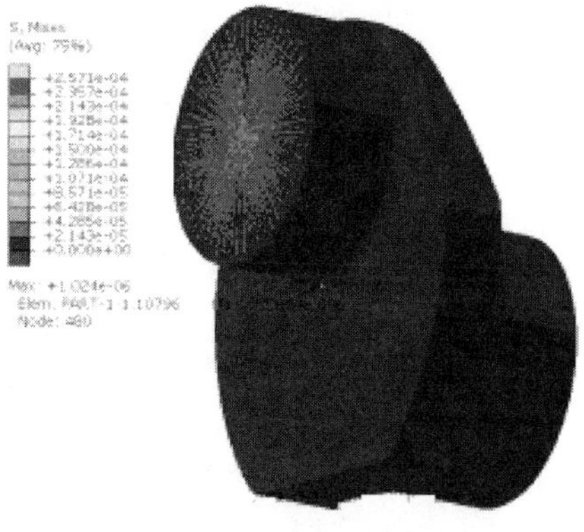

图 4.27　工况 5 应力结果

在主轴颈处加载 x 方向的单位力，由结果应力云图 4.28 可以看出，在曲柄销与曲柄臂连接内侧为应力较大的区域。中间处有应力集中现象。

在主轴颈处加载 y 方向的单位力，由结果应力云图 4.29 可以看出，在曲柄销与曲柄臂连接左右侧为应力较大的区域。

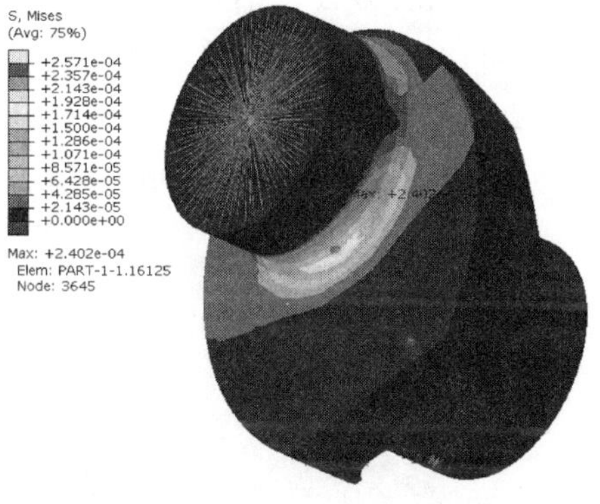

图 4.28　工况 6 应力结果

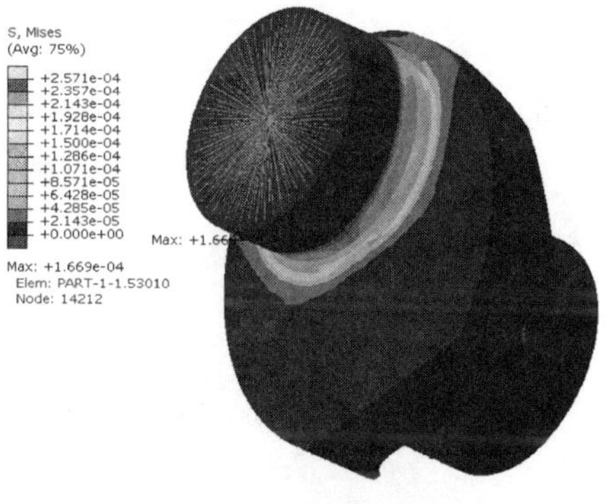

图 4.29　工况 7 应力结果

2) 基于 FEMFAT/CHANNEL MAX 模块曲拐疲劳计算

(1) 7 通道分析应力的输入。将动力学计算结果导入软件中后，通过 Channel history 可以看到输入的各通道的力谱曲线。图 4.30 可以清楚地看到在一个周期内，曲柄销处和主轴颈处各个方向受力情况。

(2) 计算结果。与 BASIC 模块计算疲劳相同，选择相同的影响因素进行曲轴疲劳强度的分析。在计算的过程中为了简化计算，选择相对应力计算，将

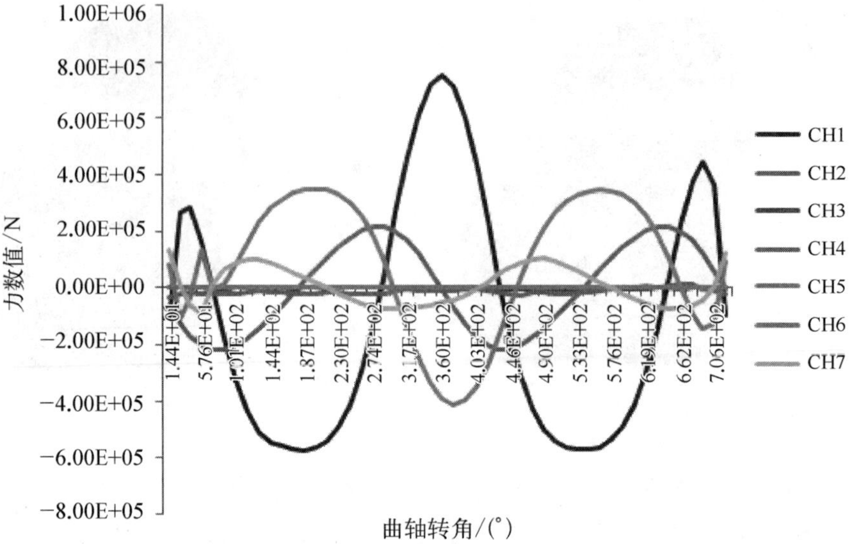

图 4.30　七个通道力谱

应力小于某特定值的区域忽略不计算，图 4.31 中白颜色的区域就是应力很小被忽略的区域。这样既简化了计算又能很清楚的从疲劳分析结果云图中看到危险的区域。从图 4.32 疲劳分析结果云图中可以看出在曲柄销和曲柄臂连接的区域是危险区域。最小安全系数在节点 480 处，数值为 2.617 1，与 CAE 分析中应力变化最大的节点一致。这与基于 BASIC 模块计算的结果 2.79 相差不大。

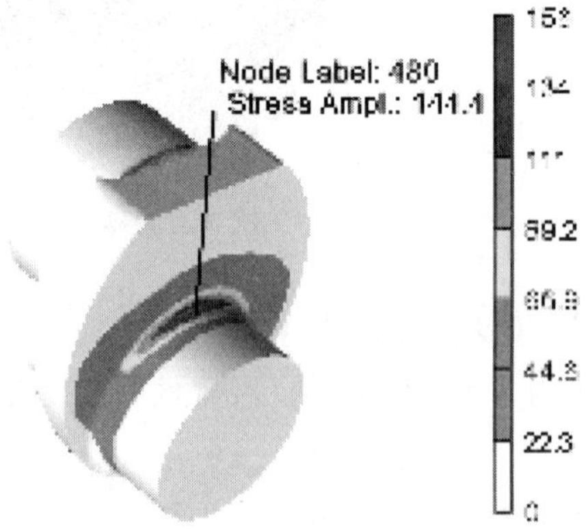

图 4.31　应力幅值

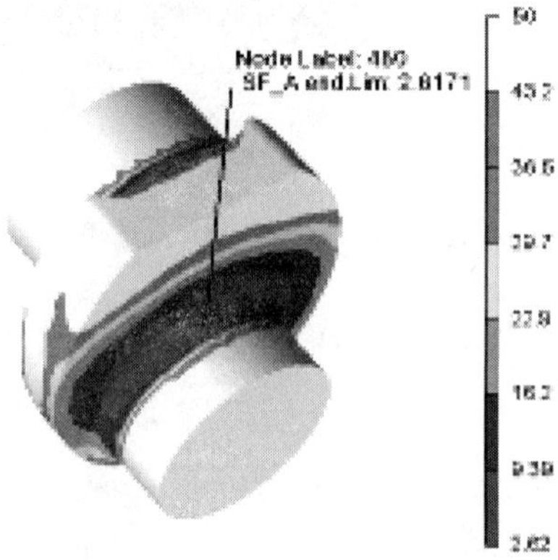

图 4.32　协同法疲劳计算结果

4.3.7　结果分析与讨论

通过上图 4.31 和图 4.32 可以清楚的看到两种不同载荷提取方案对应的疲劳安全系数的结果比较。由两者的结果云图可以看出，危险区域都在曲柄销、主轴颈和曲柄臂的连接圆角部分。其中最危险的区域为曲柄销和曲柄臂的内侧连接圆角。从区域的范围来看，简化的方案得到的疲劳危险区域较小，而根据全载荷周期计算疲劳结果的区域范围较大。

关键工况的简化提取和全载荷周期的提取计算出最小安全系数分别为 2.79 和 2.617，并且都是 480 号单元出现最小安全系数，如表 4.3 所示。两个结果相差 6.6%，在误差许用范围内。验证了疲劳计算结果的准确性。

表 4.3　疲劳计算结果对比

比较项目	简化计算	协同仿真计算
危险点节点号	480	480
应力幅值/MPa	156	144.4
最小安全系数	2.795 7	2.617 1

通过以上的结果对比分析，可以得出以下结论：

(1) 根据 FKM 规范，基于影响因子创建疲劳模型的疲劳安全系数分析方法是正确的，能够准确地计算出曲轴的疲劳强度。

(2) 通过理论计算，得到关键工况载荷作为强度分析边界进行有限元分析，并将应力结果作为疲劳计算的数据进行的简化疲劳计算方法是可靠的，但是偏于保守，不能更真实地反映出实际的疲劳情况。

(3) 利用协同仿真方法将多体动力学结果进行全载荷周期的提取来进行强度分析，并将所得的应力结果作为输入条件进行曲轴疲劳计算的方法更加准确。为曲轴的设计优化提供依据。

4.4　船用柴油机连杆的疲劳特性

由实际经验可知，构件的破坏形式在交变载荷情况和静载荷情况下是完全不一样的，在交变载荷的作用下，构件本身的极限应力值往往都会低于材料的屈服极限值，但是在交变载荷的长期影响下，构件也会发生疲劳破坏式的失效情形。疲劳失效的直接原因大致可归结于内部因素和外部因素两个方面。内部因素主要是材料的成分、组织晶相、内部缺陷和材料的性能等，外部因素主要即为结构的几何形状、结构表面微观形态、构件载荷特性、结构的热处理方法等等。根据柴油机的工作特性可知，柴油机在长期的工作过程中所承受的载荷是相当典型的循环载荷，虽然其结构强度应力仍然没有超过材料的屈服极限应力，但是柴油机零部件在长时间承受循环载荷后亦会萌生微观裂纹而导致疲劳破坏。对连杆进行必要的疲劳校核与寿命预测是进行柴油机研发设计过程中的重要环节。一般疲劳计算的步骤如图 4.33 所示。

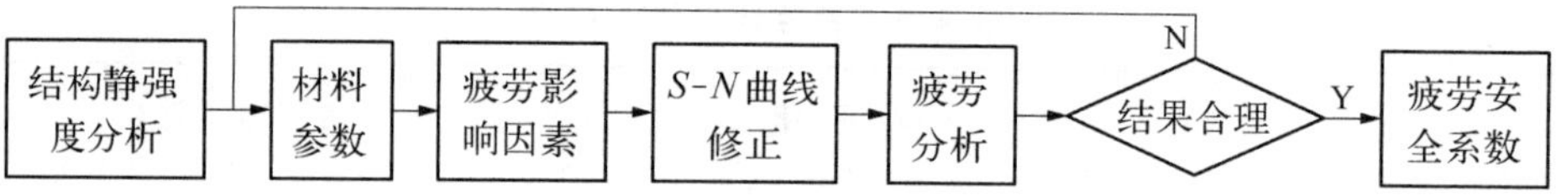

图 4.33 疲劳计算流程

在 ABAQUS 中，已经对连杆的各个工况下的静强度做了仿真计算，得到了应力结果 odb 文件，以此为疲劳分析的基础，在 FEMFAT 软件中进行连杆的疲劳强度计算，根据连杆静强度计算的工况特点，选择 FEMFAT 下的 Basic 模块最为适合对其进行疲劳分析。

4.4.1 连杆疲劳破坏与疲劳特性

连杆在曲轴和活塞之间传递着运动和力，其自身在平面内做复杂的运动，并且承受着拉、压周期性载荷，因此连杆的应力也会呈现周期性变化。在连杆的局部区域如杆身螺母承载面圆角以及轴承盖螺栓孔都会出现较高的应力，这些应力都会出现明显的变化，连杆的杆身在静载荷和受拉情况下最大主应力一般较小，但是在受压的情况下会出现比较大的最小主应力，这些都会对连杆的疲劳寿命产生一定的影响。

4.4.2 连杆应力状态及计算方法

在进行零件的疲劳强度计算时，首先根据零件危险截面上的 σ_{max} 及 σ_{min} 确定平均应力 σ_m 及应力幅 σ_a，然后在应力极限曲线图上标出工作应力点 M 或者

N，如图 4.34 所示。

零件极限应力曲线 AGC 上的某一点所代表的应力将用来进行强度计算，计算强度时所用的极限应力点的选取要根据零件由于结构特征而呈现的变化规律来决定。应力变化规律通常会因零件上载荷规律、零件间的相互约束等因素呈现出以下三种典型形式：

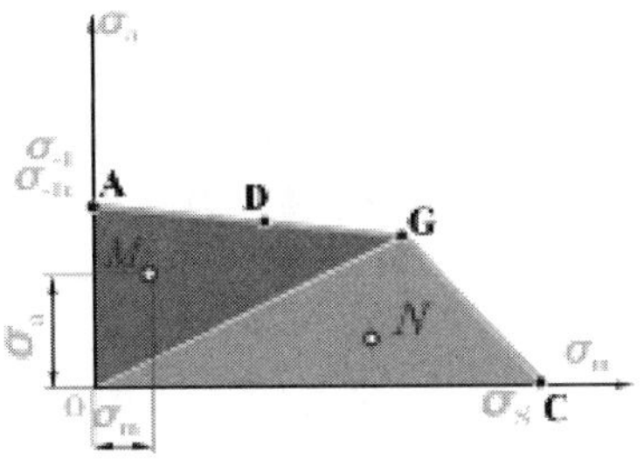

图 4.34　零件的应力在极限应力曲线图上的位置

(1) 变应力的应力比保持不变，即 $r=C$，如图 4.35(a)所示。安全系数要根据疲劳强度来计算的情况是：当零件的工作应力 M 位于 OAG 区域内。其次，当零件的工作应力 N 位于 OGC 区域内，则极限应力就是屈服极限 σ_s 即安全系数根据静强度来计算。极限应力点可由过 M 或 N 的射线与 AGC 的交点得到。

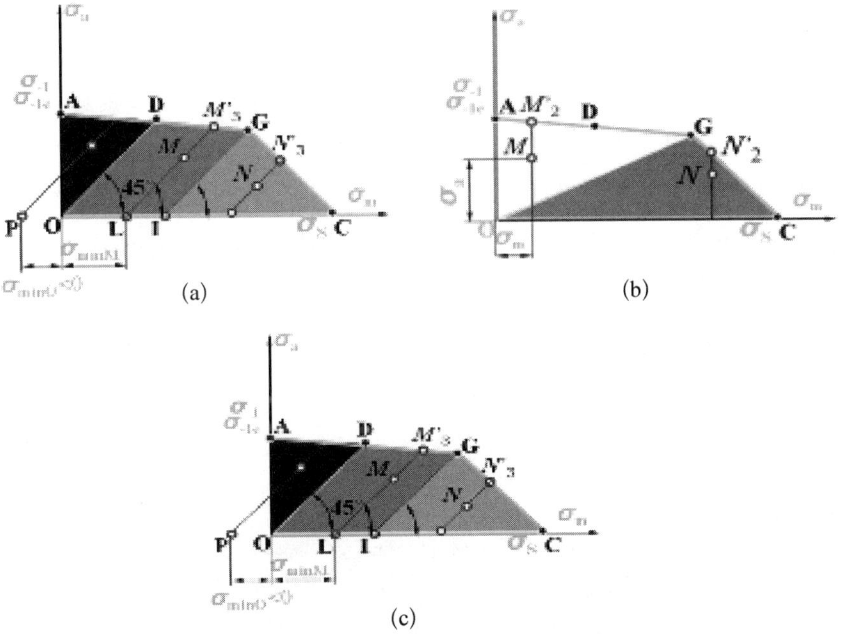

图 4.35　三种应力变化规律下零件的极限应力

(2) 变应力的平均应力保持不变，即 $\sigma_m=C$，如图 4.35(b)所示。要找到一个合适的极限应力值，它的平均应力和零件工作应力的平均应力值相同。

为此，过 M 或者 N 点作水平轴的垂线。极限应力值即为垂线与折线 OAG 的交点。类似于第一种情况，对于工作应力点落在不同的区域需要按照不同的计算方法求得极限应力。

(3) 变应力的最小应力保持不变，即 $\sigma_{min}=C$，如图 4.35(c)所示，图中有 OAD、$ODGI$、GCI 三个区域。在 OAD 区域内的最小应力值均为负，在 $ODGI$ 区域内的最小应力值均为正。在这两个区域内都要计算疲劳极限应力；当最小应力值位于 GCI 区域内时，极限应力为屈服应力，因此只要按静力问题分析。

当在工程实例中遇到应力变化规律难以确定时，$r=C$ 的计算方法就会被采纳。对于做平面运动的连杆来说，如果柴油机的工况点不发生变化，那么连杆的应力状态都符合以上的三个规律，反之，连杆的应力比、平均应力以及最小应力可能发生变化，此时可以采用 $r=C$ 时的计算方法或者分别用三种方法进行计算然后取安全系数最小值进行疲劳校核。

4.4.3 连杆疲劳分析

本小节采用 FEMFAT 疲劳分析软件进行连杆的疲劳安全系数计算，直接导入含有后 4 个载荷步的 ABAQUS odb 文件。

定义材料 42CrMo4(见图 4.36)，一般情况下，可以只定义材料的抗拉强度和屈服强度，其他数据可由软件自动计算或者在 Strength Data 中进行修改。

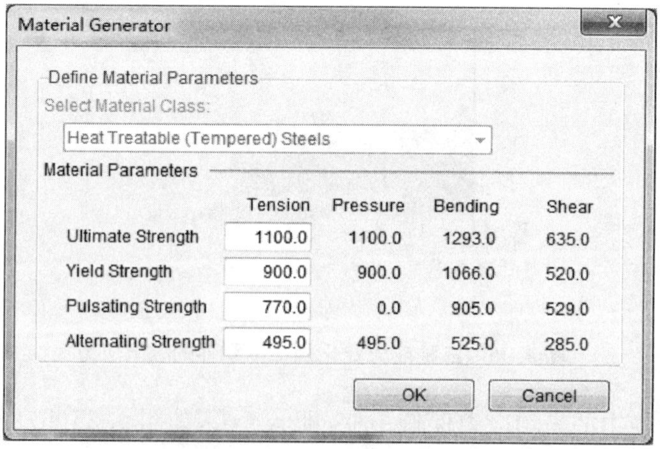

图 4.36 连杆主要材料的属性

零件的疲劳强度受到构件外形、体积(尺寸)、表面处理等因素的影响，因此在分析时需要充分考虑各个因素的影响。图 4.37 为基于 FEMFAT 软件计算时的相关的设定。

Node Characteristics	Value	Note
Applied Material	42CrMo4	
Influence Factors		
Stress Gradient	on	FEMFAT 2.4
Mean Stress	on	FEMFAT 4.1
Surface Roughness	on	As Cast (=200μm)
Modified Haigh-Diagram	on	Stress Gradient Influence
Mean Stress Rearrangement	on	w/o Sequence Influence
Isothermal Temperature Influence	on	FKM-Guideline
Statistical Influence	on	Gauss (Log N)
Range of Dispersion	on	1.35
Other Influence Factors	off	
Results of Analysis		
Survival Probability	90%	
Fatigue Margin Limit	1.5 (σ_m) 1.25 (R)	
Endurance Safety Factor	σ_m=const. / R=const.	
FEMFAT Analysis		
Load cases used for HCF evaluation	Step 2, Step 3, Step4, Step5	

图 4.37　FEMFAT 软件求解设置

前面提到根据变应力的特点可以分为 3 种情况对连杆的疲劳安全系数进行评价，结合连杆的受力特点，本文分别采用 $\sigma_m = C$ 及 $r = C$ 的方法对连杆进行疲劳强度校核。计算结果如图 4.38 所示。

(1) 平均应力不变 $\sigma_m = C$ 进行评价：杆身安全系数小于 1.4 的区域占 0.01%，安全系数大于 1.8 的区域占 99.96%。疲劳极限为 444.78 MPa。

(2) 应力比不变 $r = C$ 进行评价：杆身安全系数小于 1.4 的区域占 0.05%，安全系数大于 1.8 的区域占 99.55%。疲劳极限为 444.78 MPa。

如图 4.39 所示为连杆的杆身在两种计算方法下的疲劳安全系数等值线图，从图中可以发现：杆身危险部位的疲劳安全系数分别为 2.21、2.14，一般规定，在平均应力不变的情况下，安全极限系数为 1.5，在应力比不变的情况

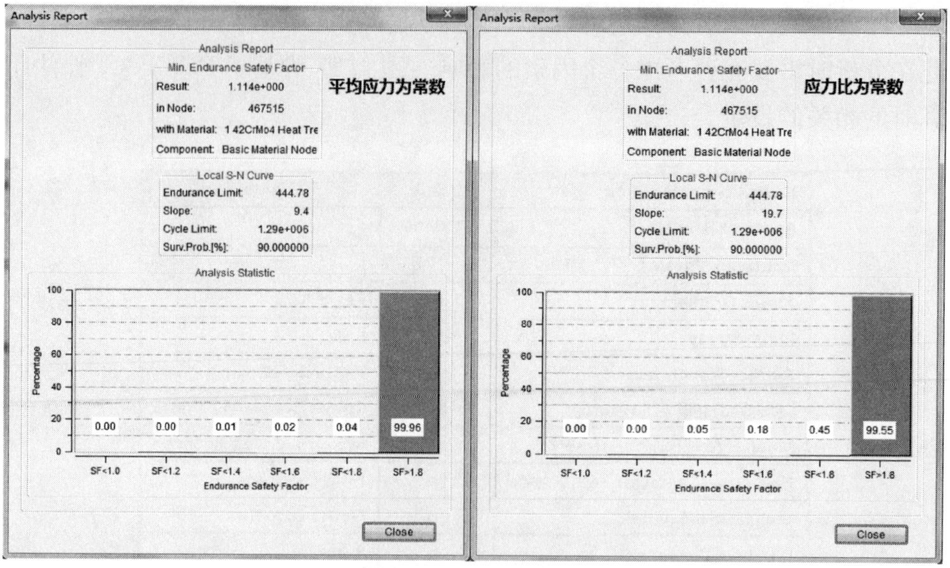

图 4.38　疲劳安全系数报告

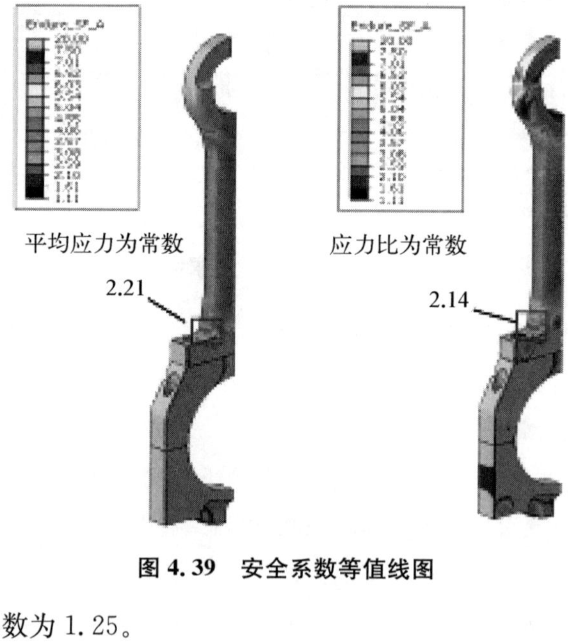

图 4.39　安全系数等值线图

下，安全极限系数为 1.25。

连杆安全系数大于 1.8 的区域占 99%以上，小于 1.4 的区域占比 0.05%以下，危险部位的安全系数也大于疲劳安全极限系数，因此连杆满足疲劳强度的要求。

4.4.4　螺栓疲劳分析

1）基于 VDI2230 规范的贯穿螺栓结构强度

VDI2230 是德国工程师协会专门为计算高强度性螺栓连接而执行的目前最为严格的螺栓设计计算准则，并在国内和国际的工程领域都被普遍采纳和使用。此标准主要适用于高强度螺栓连接系统的设计计算与强度校核。由于船用柴油机作业工况的恶劣性，其使用的高强度螺栓连接更应当使用此标准进行强度的校核。在规范 VDI2230 中，所有的螺栓解析方法都有阐述，而且也提供了更多的螺栓连接方式下应采用的计算公式。

螺栓连接是指将两个或者多个零件通过单个或多个螺栓装配至可靠状态的一种连接方式。它可以准确地实现力和力矩在被连接件之间的传递。螺栓的设计主要是基于其处于的工作状态和负载水平来进行，以保证其连接功能的可靠与安全。在计算中，将螺栓连接进行必要的简化可以更加方便进行解析计算，现将螺栓连接抽象简化为如图 4.40 所示的各种连接状态。连接方式主要包括以下三种：

单轴连接：单螺栓连接方式（如下图方式①）

双轴连接：横梁连接方式（如下图方式②和③）

三轴连接：板状连接方式（如下图方式④至⑧）

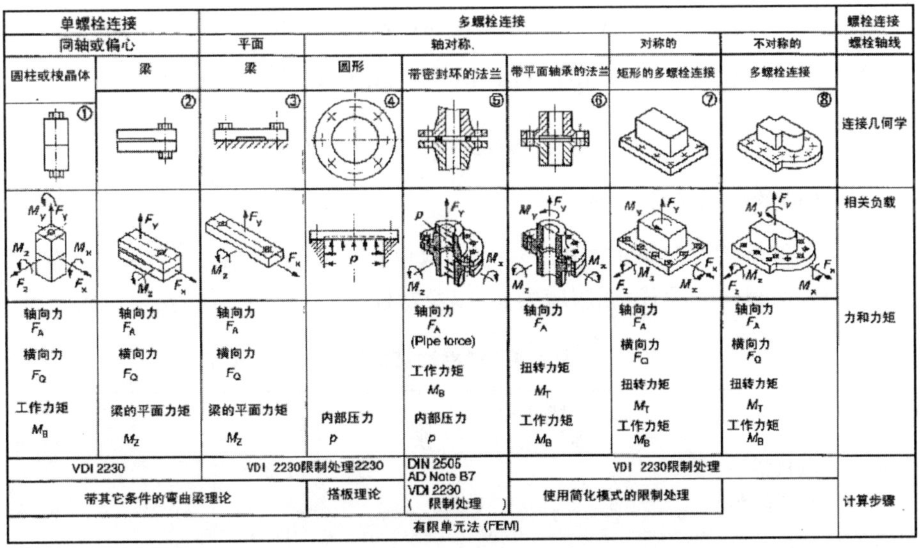

图 4.40　螺栓连接方式

在图 4.40 中，对于设计过程中常见的被连接件的形式给出了相应的计算方法。从根本上来看，所用的螺栓连接系统都可以简化为单螺栓的连接方式来进行计算，因此设计者可以把某个复杂的螺栓连接系统分割简化成若干个单螺栓连接系统，相应螺栓计算结果的精度和准确性取决于螺栓连接的个数以及载荷的分布情况，对于螺栓连接计算的分析原理，规范中也进行了详细分析。对于单螺栓的连接法则，主要是根据螺栓轴向连接的弹性特性进行简化模拟，同时考虑了连接区域的变形和螺栓轴向受力。因此，单螺栓连接系统即可简化为简单的弹簧系统进行模拟，在此系统中被连接件和螺栓被相应的看作是完全弹性的弹簧模型。对于螺栓在安装工作状态的强度计算主要是校核螺栓的装配应力和工作应力以及在交变应力下的安全系数。

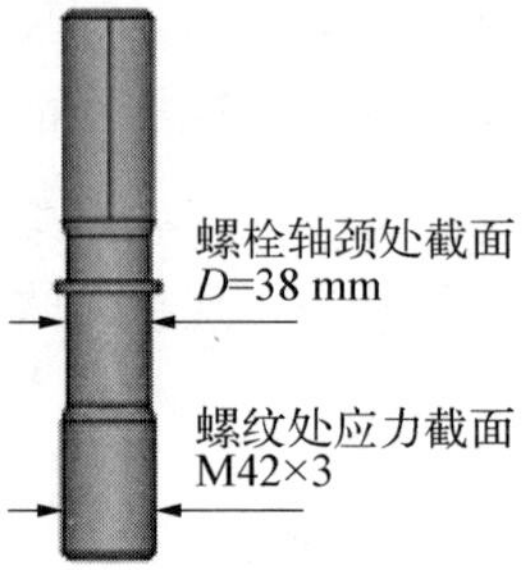

图 4.41　螺栓规格尺寸

2）螺栓预紧力

文中螺栓的规格为 M42×3，并假设螺栓等级为 10.9，图 4.41 为螺栓的规格尺寸。螺栓的最小直径为 38 mm，预紧力一般设为螺栓屈服强度的 70%，因此可以算出螺栓的预紧力：

螺纹截面面积 $A_s = 1\ 205.975\ \text{mm}^2$，据此计算的预紧力为：

$$F = 70\% \times R_{p\,0.2} \times A_s = 793.5\ \text{kN}$$

式中，$R_{p\,0.2}$为螺栓材料达到 0.2%的塑性应变所对应的应力，即屈服极限。

螺柱最小截面积 $A = 1\ 134.115\ \text{mm}^2$，据此计算的预紧力为：

$$F = 70\% \times R_{p\,0.2} \times A = 746.25\ \text{kN}$$

3）螺栓的疲劳安全系数

本节对螺栓的分析基于德国 VDI2230 标准，表 4.4 为螺栓的动态载荷，表中列出了对应规格螺栓的预载/屈服应力比，以及螺栓在两种工艺下的安全系数。

表 4.4　螺栓动态载荷

VDI－2230 动态应力				
数目描述	螺栓 M42x3			
最大幅值	1	2	3	4
	30.4		19.6	

（续表）

VDI－2230 动态应力	
直径 M_x	42
受拉面积/mm^2	1 205.976 3
屈服应力 $Rp_{0.2}$/MPa	940
预紧力 F_V/kN	765.5
屈服力 $F_{0.2}$/kN	1 136.617 722
$F_V/F_{0.2}$	0.68
热处理后滚压安全系数 SF_1	1.84
滚压后热处理安全系数 SF_2	1.39（最大幅值下安全系数）

根据技术文件 VDI2230，绘有如图 4.42 所示的螺栓直径 VS 疲劳强度关系曲线，每种曲线均代表一种加载条件，即 $F_V/F_{0.2}$ = cons tan t，而每种加载条件又根据材料的后处理方式绘制对应的曲线。

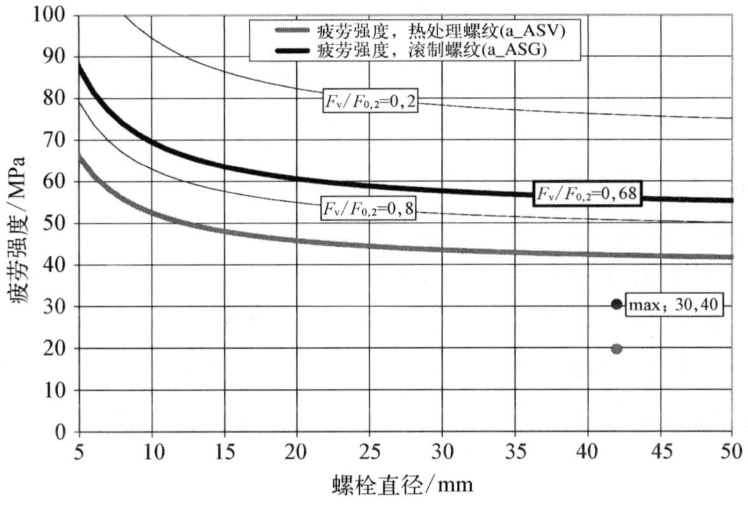

图 4.42　螺栓疲劳极限

根据 FEMFAT 软件计算出螺栓的应力幅值，本文短螺栓和长螺栓的应力幅值分别为 30.40 MPa、19.60 MPa。螺栓预紧力和屈服极限的比值 $F_V/F_{0.2}$ 为 0.68，其对应图 4.42 中的粗实线。后处理工艺会对螺栓的疲劳性能产生很大影响，图 4.42 所列的两种工艺分别为：热处理后滚压、滚压后热处理，对应于图中的蓝线和红线。

根据螺栓的公称直径、应力幅值以及图 4.42，可以算出短螺栓和长螺栓的疲劳安全系数，已知螺栓的公称直径 42 mm，由上图可以分别得到两种工艺下的螺栓的疲劳强度为：

(1) 热处理后滚压 $F_{blue}=55.936$ MPa。

(2) 滚压后热处理 $F_{red}=42.256$ MPa。

由此，可以得到热处理后滚压的安全系数：

(1) 短螺栓：55.936/30.40=1.84。

(2) 长螺栓：55.936/19.60=2.85。

滚压后热处理的安全系数：

(1) 短螺栓：42.256/30.40=1.39。

(2) 长螺栓：42.256/19.60=2.16。

一般对于规格小于 M64 的螺栓，要求安全系数大于 1.5，因此，对于短螺栓来说热处理后再滚压的工艺不能满足要求，而长螺栓皆能满足要求。

4.5 船用柴油机活塞的疲劳特性

活塞在柴油机工作时承受周期性的高温燃气和高爆发压力使其各零部件结构内部存在很大的交变应力，工况的复杂性和恶劣性导致其经常出现疲劳破坏，其中活塞头、活塞杆以及活塞螺栓是出现问题特别突出的关键部位。本文在上一节中已经对活塞主要部件进行了强度校核，其仿真结果显示上述部位强度基本满足活塞各部件的设计要求，本节将对上述零部件进行疲劳强度分析，通过疲劳仿真结果预测上述部件的可靠性和使用安全系数，考核各部件设计缺陷，对后续各部件的结构设计、材料选择、结构改进等方面提供指导意见。

4.5.1 工作应力特性

疲劳强度计算前活塞各零部件材料、结构以及尺寸都已确定，所以可以按某一工作应力下安全系数法来判断零件危险界面处的安全程度，其条件为$S>[S]$。如图 4.43 所示，常见的工作应力增长规律主要分为以下三种：① 应力比 $r=\sigma_{min}/\sigma_{max}=$ 常数，如转轴的弯曲应力；② 平均应力 $\sigma_m=$ 常数，如车辆减振弹簧，由于车的质量预先在弹簧上产生平均应力，车辆在运行中的振动又会在弹簧上产生对称循环应力；③ 最小应力 σ_{min} = 常数，如气缸盖在螺栓预紧力下会对杆身产生一个最小拉应力，而气缸在工作时压力又在螺栓杆上产生循环拉应力。对于活塞各受载零部件而言，由于工作时螺栓预紧力和热应力持续存在，往复惯性力和气体爆压周期性变化，与第二种工作应力情况相符，所以将依据平均应力 σ_m =常数的评价标准对活塞各部件进行疲劳分析。

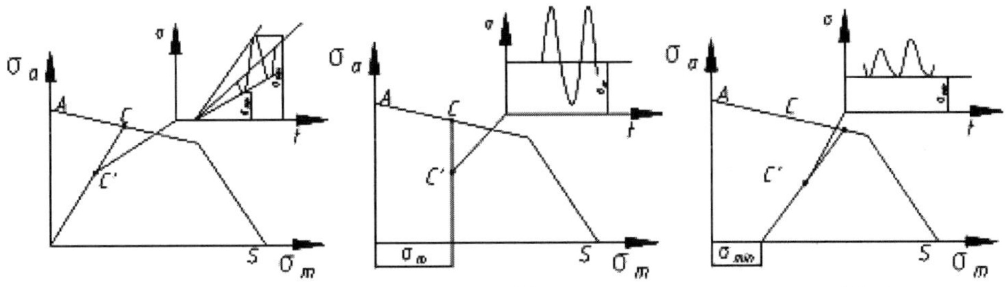

(a)　(b)　(c)

图 4.43　工作应力增长规律

(a) r=常数　(b) σ_m=常数　(c) σ_{min}=常数

4.5.2　活塞材料属性

本章研究对象中活塞头、活塞杆以及活塞螺栓长期在复杂载荷下工作，经常出现疲劳失效情况。本节重点对所述部位进行疲劳强度分析，预测分析所述部件易失效区域以及安全系数。活塞头材料为 15CrMo，活塞杆材料为 42CrMo，活塞杆螺栓为 40CrNiMoA，相关材料属性如表 4.5 所示：

表 4.5　材 料 属 性

材料类型	15CrMo	42CrMo	40CrNiMoA
弹性模量(GPa)	210	210	210
泊松比	029	0.29	0.29
密度/kg/mm^3	7.85e-6	7.85e-6	7.85e-6
屈服强度/MPa	450	560	685
抗拉强度/MPa	640	780	880
伸长率/%	21	>12	>12

参照表中材料属性，在 FEMFAT 疲劳软件中选取相似材料并进行修改，

保证材料屈服强度和抗拉强度与表中参数一致，同时软件根据输入参数自动计算出用与疲劳分析的相关材料性能，如图 4.44 所示：

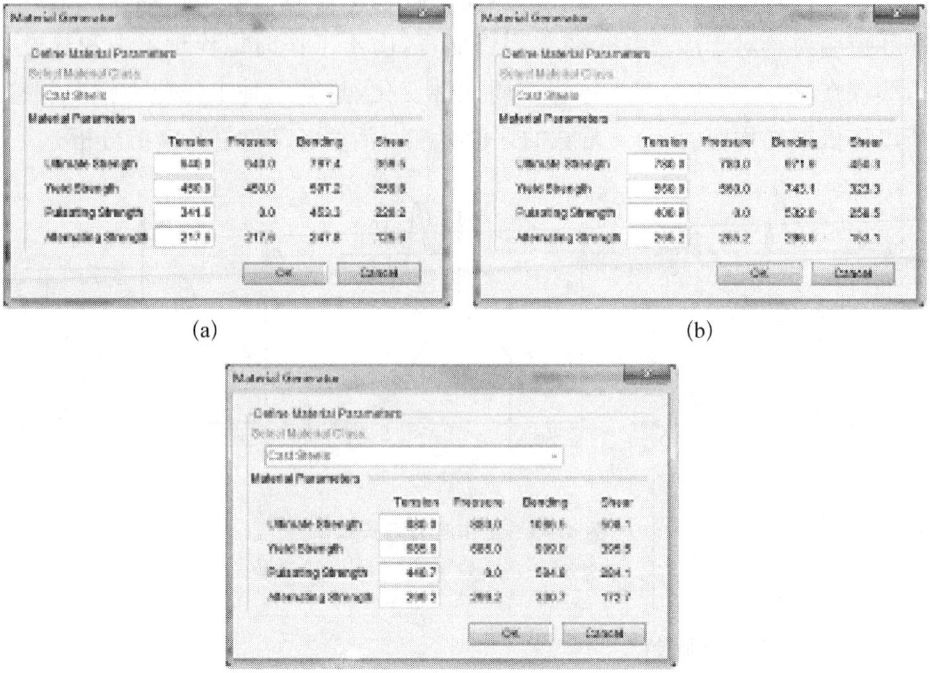

(a) (b) (c)

图 4.44　活塞部件材料属性

(a) 15CrMo　(b) 42CrM　(c) 40CrNiMo

4.5.3　载荷输入

本节采用 FEMFAT 软件 BASIC 模块对活塞头、活塞杆以及活塞螺栓进行高周疲劳分析，柴油机工作时气体爆压对活塞产生循环作用，应力水平相对较低而循环次数较高。分析时必须根据实际情况确定活塞工作时零部件所受交变应力的最大载荷工况和最小载荷工况，然后选取上一节中 ABAQUS 强度分析 ODB 文件中对应于分析步即可完成交变载荷的定义。本书对活塞进行疲劳分析时活塞处于最危险工况处，其所受螺栓预紧力、热应力都处于稳定状态，而气体爆压是活塞内部交变应力存在的关键影响因素，故选取 ODB 文件中分析步 4 中载荷作为交变应力最大载荷，而 ODB 文件中分析步 5 对应交变应力最小载荷。其具体设置如图 4.45 所示。

Data Set	Format	File Name	Src
Upper	ODB ABAQUS	stracture_mech_analysis.odb	
Lower	ODB ABAQUS	stracture_mech_analysis.odb	
Constant	MS-UNVI_DEAS		
Temporary	MS-UNVI_DEAS		

图 4.45　FEMFAT 最大和最小应力选取

4.5.4　疲劳分析影响因素

本节进行活塞部件疲劳分析时主要考虑的影响系数主要包括：表面粗糙度、统计学影响系数等，其余参数可直接使用默认值。统计学影响因素主要影响合格率，本书取 90%；表面粗糙度可根据实际模型表面粗糙度检验设定，由于本书研究对象还处于设计研发阶段，该参数主要根据对标机型进行设定，但是为了提高疲劳分析安全性在疲劳分析时表面粗糙度 R_z 取值 200 μm。疲劳寿命影响系数设置如图 4.46 所示。

Influence Factors		
Stress Gradient	on	FEMFAT 2.4
Mean Stress	on	FEMFAT 4.1
Surface Roughness	on	As Cast (=200μm)
Modified Haigh-Diagram	on	Stress Gradient Influence
Mean Stress Rearrangement	on	w/o Sequence Influence
Isothermal Temperature Influence	on	FKM-Guideline
Statistical Influence	on	Gauss (Log N)
Range of Dispersion	on	1.35
Other Influence Factors	off	
Results of Analysis		
Survival Probability	90%	
Fatigue Margin Limit	1.5 (σ_m)	
Endurance Safety Factor	σ_m=const.	
FEMFAT Analysis		
Load cases used for HCF evaluation	Step 4- Gas pressure cylinder Step 5- Unloading	

图 4.46　疲劳分析影响因素

4.5.5 活塞疲劳分析结果

本节根据活塞工作时变应力特点，采用平均应力 $\sigma_m = C$ 的评价准则对活塞各零部件进行安全性评价。计算结果如图 4.47 所示。由图可知 99.47%的模型的安全系数都超过 1.8，而整个活塞安全系数小于 1.4 的区域展0.09%，故从安全系数数据比例可以推断整个活塞相对来说是安全可靠的。

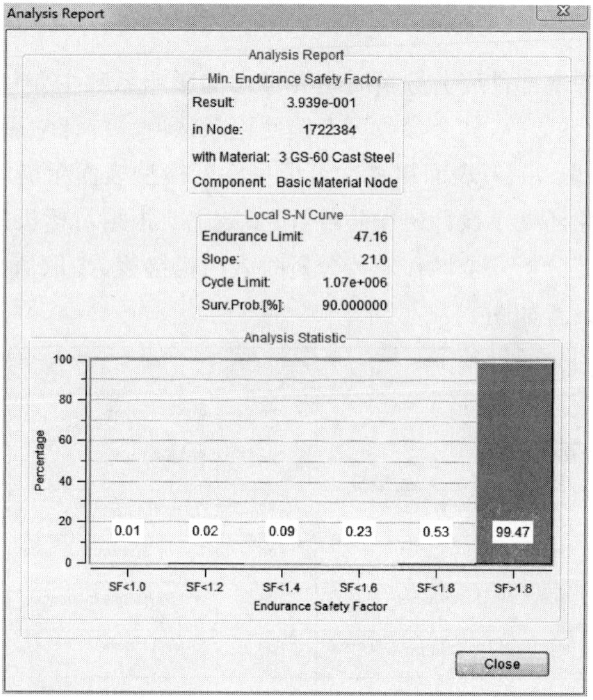

图 4.47 疲劳安全系数报告

图 4.48 为活塞头疲劳安全系数分布云图，从图中可以发现活塞头绝大部分区域的安全系数都接近 10，而安全系数较小区域主要集中分布于活塞头与活塞杆接触面以及活塞冷却腔与活塞顶部过渡圆角等处，该区域安全系数普遍在 1.5 以上，而安全系数最小值为 1.23，位于活塞头和活塞杆接触面边界上，究其原因，此区域是接触面边界螺栓预紧区域预紧力大同时此处几何形状突变容易产生应力集中。一般而言，以平均应力 $\sigma_m =$ 常数作为评价标准时，极限安全系数为 1.5，而上述两处部分区域安全系数虽然小于 1.5，但在实际情况中出现疲劳破坏可能性不大，接触面虽然应力较大但主要是以压应力为

主，而材料的耐压极限远高于抗拉极限，同时上述过渡圆角处应力集中主要是结构突变引起，而实际情况下接触面边界并非直接承压点，而且此处应力集中有一定缓冲区域，所以上述安全系数偏小区域不太可能发生疲劳破坏，故活塞头安全可靠。

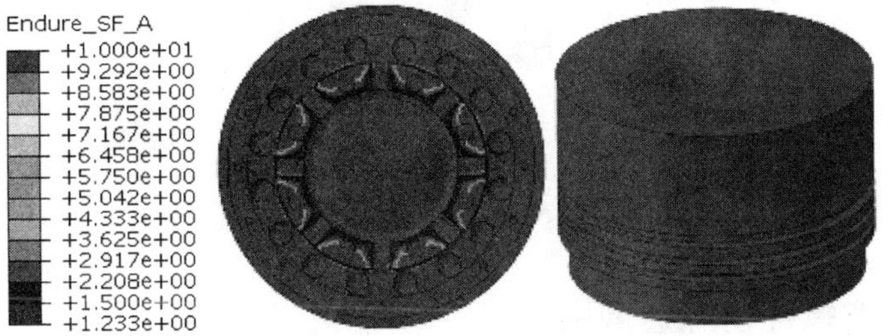

图 4.48 活塞头疲劳安全系数云图

图 4.49 为活塞杆疲劳安全系数分布云图，由图可知活塞杆绝大部分区域安全系数同样都接近 10，而安全系数较小区域主要位于活塞杆与活塞头接触面边界以及接触边界下方壁面与底面过渡圆角区域，安全系数最小值为 1.504，整个活塞杆都满足疲劳强度要求，而上述区域安全系数偏小主要原因和活塞头相似，接触面边界处尺寸突变易出现应力集中，造成安全系数降低，但最小安全系数仍大于规定的极限安全系数 1.5，故活塞杆也是安全可靠的。

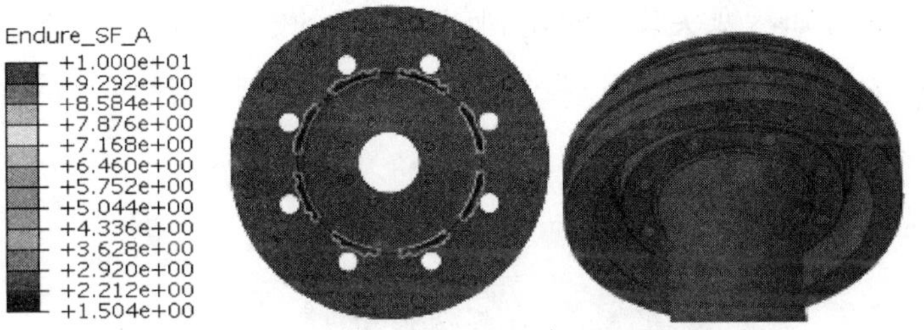

图 4.49 活塞杆疲劳安全系数云图

图 4.50 为活塞杆螺栓的疲劳安全系数云图，对于活塞杆螺栓而言，其螺纹段安全系数高达到 10，主要原因螺纹段采用接触绑定约束进行定义，爆压对螺纹段影响较小，而安全系数最小区域主要位于杆身与螺栓头过渡圆角处，该区域由于几何结构原因出现局部应力集中现象，但该区域不是重点关注区域。对螺栓进行疲劳评价主要是观察其杆身部位安全系数，对于螺栓杆身而言，其安全系数普遍大于 1.5，故分析结果表明活塞杆螺栓也是安全可靠的。

图 4.50　活塞杆螺栓疲劳安全系数云图

4.5.6　活塞螺栓动态疲劳强度

活塞组由多种规格螺栓连接装配组成，活塞在工作时受到静载荷、周期性的惯性载荷以及气体爆压作用，螺栓所受到的拉应力均为动态循环应力，因此对其进行疲劳强度估算显得尤为重要。上节中仅仅是利用 FEMFAT 疲劳软件对活塞螺栓进行疲劳分析，并且 FEMFAT 主要是对螺栓杆身安全系数进行校核，显然该方法具有一定局限性，未对螺纹段进行疲劳分析。目前，对于螺栓螺纹段主要遵循 VDI2230 规范对其进行动态疲劳强度校核。

1）螺栓参数

根据上文可知活塞头装配时用到三种规格的螺栓，图 4.51 为三种不同规格螺栓分别为活塞杆 M16×8 螺栓、活塞裙 M8×16 螺栓以及冷却管M8×8 螺栓。

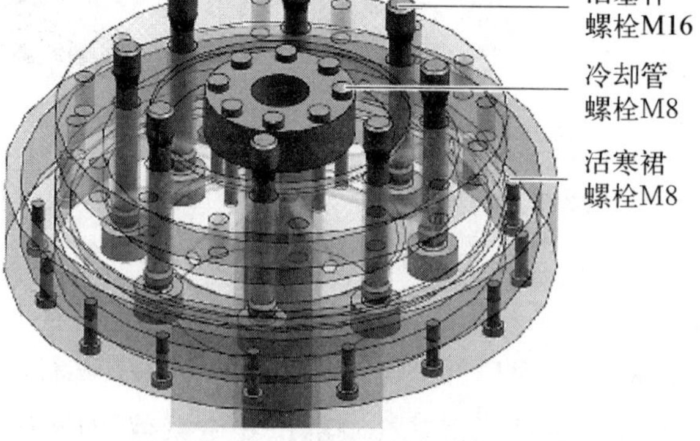

图 4.51　活塞组连接螺栓

同时根据 3.5.2 节可知活塞杆与活塞头连接螺栓的预紧力 F_{V1} = 60.4 kN，其螺纹处截面面积根据 GB/T16823.1—1997 标准得到 A_1 = 167 mm^2；活塞裙螺栓以及冷却管螺栓 M8 预紧力 $F_{V2} = F_{V3}$ = 14.17 kN，其螺纹截面面积同样根据 GB/T16823.1—1997 标准得到 $A_2 = A_3$ = 36.6 mm^2。

2）螺栓动态疲劳强度计算结果

本节将依据德国 VDI2230 标准来对上述螺栓进行疲劳强度校核，该标准主要适用于强度等级在 8.8～12.9 级之间并且受到静态和动态轴向负载的钢制高强度螺栓。根据该标准要求列出所用螺栓相关数据得到表 4.6 螺栓动态载荷，表中列出了相应规格螺栓的实际预紧力与屈服应力之比 $F_V/F_{0.2}$，然后对应绘制出该比值下的螺栓疲劳曲线图。

表 4.6　螺栓动态载荷

VDI2230 螺栓动态应力			
螺栓规格	M16×8	M8×16	M8×8
最大幅值应力/MPa	107	11.7	11
公称直径/mm	16	8	8
截面面积/mm^2	167	36.6	36.6
屈服强度/MPa	750	640	640
预应力(F_V)/kN	60.4	14.17	14.17
屈服应力($F_{0.2}$)Point/kN	125.25	23.424	23.424
$F_V/F_{0.2}$	0.48	0.625	0.626
热处理后轧制安全系数	0.65	6.37	6.77
轧制后热处理安全系数	0.43	4.63	4.93

图 4.52～图 4.54 表示的是螺栓直径与疲劳强度关系曲线，图中红色线为螺栓经过轧制后再进行热处理，蓝色线为螺栓在热处理后进行轧制。前者螺栓的疲劳强度较小但是经济型好，制造成本低，而后者能够保证螺栓具有较高强度但制造成本高。所以在选择螺栓时需要综合各方面影响因素。

根据 VDI2230 标准可绘出螺栓直径与疲劳强度关系曲线，其中 $F_V/F_{0.2}$= 0.2 和 $F_V/F_{0.2}$=0.2 分别表示螺栓在热处理后进行轧制工艺下，螺栓的许用动态疲劳极限应力的合理取值范围，图中蓝色加粗曲线表示该工艺条件下，螺栓预紧力和屈服应力实际比值所对应的螺栓直径与疲劳强度关系曲线；红色加粗曲线则表示螺栓在轧制后热处理工艺下，螺栓直径与疲劳强度关系曲线。

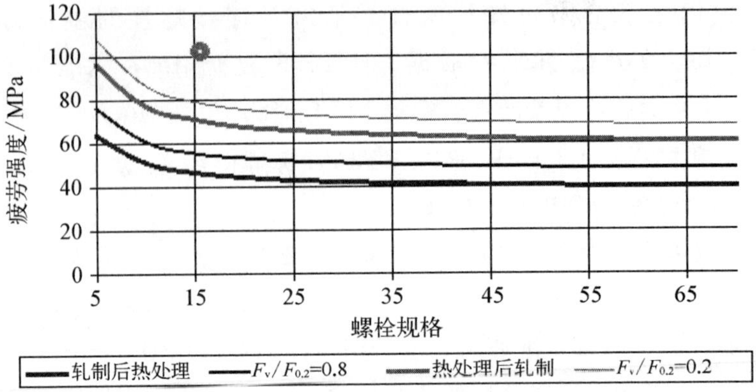

图 4.52　活塞杆 M16 螺栓疲劳强度曲线

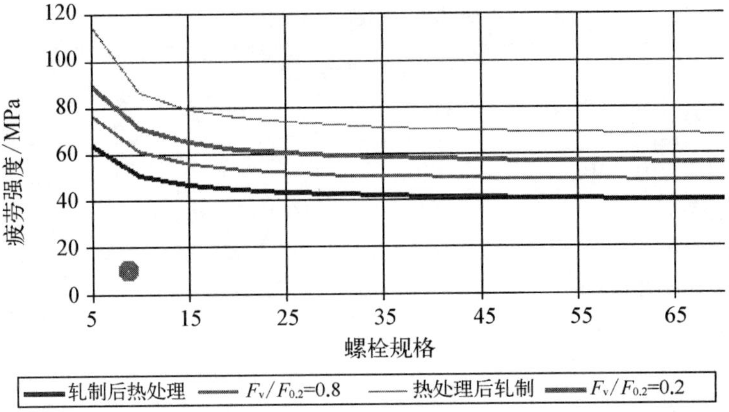

图 4.53　活塞裙 M8 螺栓疲劳强度曲线

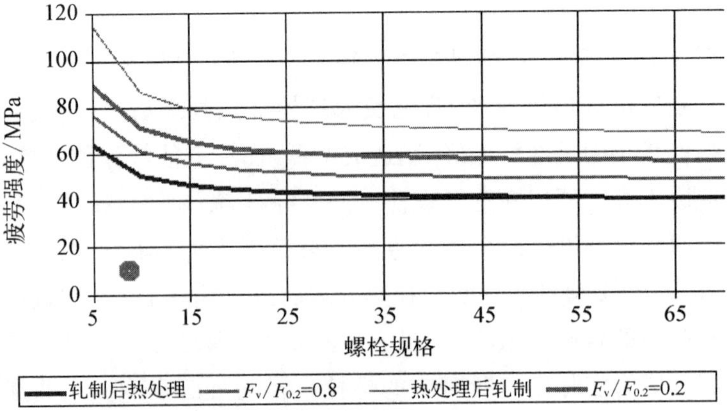

图 4.54　冷却管 M8 螺栓疲劳强度曲线

螺栓的应力幅值由 FEMFAT 软件计算得到，上述三种不同规格的螺栓的应力幅值分别为 107 MPa、11.7 MPa、11 MPa，其对应的预紧力与屈服应力比值分别为 $F_V/F_{0.2}=0.48$、$F_V/F_{0.2}=0.625$、$F_V/F_{0.2}=0.626$，故可以绘制出图 4.53、图 4.54 中蓝色加粗曲线。由上述图中曲线可知螺栓后处理工艺不同，其疲劳强度也有很大区别，螺栓热处理后轧制的疲劳强度明显高于轧制后进行热处理工艺。同时根据所绘制得到的蓝色加粗曲线、螺栓的公称直径以及已知的应力幅值，即可求出螺栓的疲劳安全系数。

活塞杆 M16 螺栓，其在两种不同工艺下螺栓需要动态疲劳强度为：

(1) 热处理后轧制动态疲劳强度：$F_{blue}=69.55$ MPa。

(2) 轧制后热处理动态疲劳强度：$F_{red}=46.01$ MPa。

已知 M16 螺栓应力幅值为 107 MPa，故可知两种工艺下螺栓动态疲劳安全系数为：

(1) 热处理后轧制动态疲劳安全系数：$S_{blue}=69.55/107=0.65$。

(2) 轧制后热处理动态疲劳安全系数：$S_{red}=46.01/107=0.43$。

活塞裙 M8 螺栓，其在两种不同工艺下螺栓需要动态疲劳强度为：

(1) 热处理后轧制动态疲劳强度：$F_{blue}=74.53$ MPa。

(2) 轧制后热处理动态疲劳强度：$F_{red}=54.17$ MPa。

已知 M8 螺栓的应力幅值为 11.7 MPa，故可知两种工艺下螺栓动态疲劳安全系数为：

(1) 热处理后轧制动态疲劳安全系数：$S_{blue}=74.53/11.7=6.37$。

(2) 轧制后热处理动态疲劳安全系数：$S_{red}=54.17/11.7=4.63$。

冷却管 M8 螺栓，其在两种不同工艺下螺栓需要动态疲劳强度为：

(1) 热处理后轧制动态疲劳强度：$F_{blue}=74.47$ MPa。

(2) 轧制后热处理动态疲劳强度：$F_{red}=54.23$ MPa。

已知 M8 螺栓的应力幅值为 11 MPa，故可以得到两种工艺下螺栓动态疲劳安全系数为：

(1) 热处理后轧制动态疲劳安全系数：$S_{blue}=74.47/11=6.77$。

(2) 轧制后热处理动态疲劳安全系数：$S_{red}=54.23/11=4.93$。

对于规格小于 M64 的螺栓，要求其安全系数一般需大于 1.5，上述计算结果可知活塞杆 M16 螺栓不满足动态疲劳强度要求，而活塞裙螺栓以及冷却管 M8 螺栓在两种工艺条件下均能够满足动态疲劳强度要求。所以需要提高

M16 规格螺栓的性能等级或者螺栓结构形式，而对于另外两种 M8 的螺栓采用轧制后进行热处理工艺，不仅满足疲劳强度要求，而且经济性也相对较好。

4.6 本章小结

（1）对船用柴油机机体，在对其完成静强度分析的基础上，对机体进行了疲劳分析，得到了机体的疲劳薄弱区域，校核了机架、机座和贯穿螺栓的疲劳安全系数；针对疲劳影响因素温度和粗糙度，进行了进一步的分析与讨论，探究了温度和表面粗糙度对疲劳强度的影响规律，并依此提出了提高疲劳安全系数的可行性措施。

（2）对船用柴油机曲轴分别采用简化法、协同法，对其疲劳分析方法进行研究。对于简化法，利用理论公式计算出关键工况下的载荷；对于协同法，采用 VIRTUAL ENGINE 动力学分析提取真实工况下的载荷历程。根据 FKM 标准建立疲劳分析模型，在进行曲轴疲劳计算时，简化法和协同法均考虑了应力梯度、平均应力、加工工艺、可靠性等因素的影响。结果表明，基于 FKM 标准建立的疲劳模型是正确的。二者结果基本吻合但存在一定的差异。得出了简化法计算的结果偏于保守，协同法计算出的疲劳结果更符合实际情况。

（3）对船用柴油机连杆的疲劳分析表明，连杆在两种评价方法下，危险部位对应的疲劳安全系数为 2.21、2.14，均大于连杆的疲劳安全极限 1.5、1.25，并且，连杆 99%以上的区域安全系数都大于 1.8，而小于 1.4 的区域占比小于 0.05%。

（4）对船用柴油机活塞，根据其工作时的工作应力特性选择合理的疲劳评价标准，确定综合考虑加工工艺因素、统计因素等疲劳影响因子和各重要部件材料属性后，运用疲劳分析软件 FEMFAT 对活塞主要部件进行疲劳分析，预测活塞部件的疲劳危险区域和疲劳安全系数，计算结果显示：活塞主要承载部件的安全系数均达到疲劳设计标准，满足设计要求。最后基于 VDI2230 螺栓强度计算规范对活塞螺栓螺纹段进行验证，得出活塞螺栓的动态疲劳强度性能。

第五章　船用柴油机活塞流固耦合特性

5.1　活塞流固耦合特性分析方法

活塞温度场是活塞进行热负荷和热应力分析的关键，在利用有限元技术求解活塞温度场时，活塞温度场结果精确与否很大程度上依赖于边界条件的准确性。而本章研究对象活塞以及缸套内部存在较大空间的冷却腔，如何获得较为精确的冷却腔区域的边界条件就成为求取活塞温度场问题的关键。

本节以热分析理论和第三类边界条件理论为基础，运用有限元软件和流体动力学软件进行联合仿真，获得活塞冷却腔壁面边界条件即耦合面的第三类边界条件，该类边界条件主要包含耦合面温度数据和对流换热系数数据。在该仿真方法指导下参考经验算法对模型进行适当的简化，将活塞头组件、气缸套、冷却水套、冷却液等组合在一起进行耦合计算，即流体、固体以及热耦合在一起计算。原本对于单个部件需提供边界条件处，此时可以不用考虑，例如活塞环不再需要提供根据经验公式计算的边界温度、对流换热系数或者热流密度等。整个模型只需要提供较为正确的燃气及冷却液参数，例如流速、温度、滑油黏度等即可进行计算求取冷却腔边界条件。

图 5.1 为活塞温度场仿真分析流程，首先在有限元软件内建立具有初始温度和部分初始边界条件的活塞固体域有限元模型，同时在流体动力学软件中建立带有初始流体边界条件的活塞流体域模型，两者通过流固耦合面建立联系，先在有限元软件中模拟出活塞固体域模型温度场分布，通过 Java 程序将活塞固体域耦合面边界条件数据调入流体动力学软件中，作为流体域边界条件，并进行 CFD 计算直到流体温度收敛，同样通过 Java 程序将计算收敛的流体域耦合面边界数据调回固体域有限元模型，并以此作为

活塞固体域模型新的温度场分析的边界条件，如此循环往复，直至活塞固体域和流体域耦合面温度收敛，此时输出活塞固体域温度场结果并结束联合仿真。运用流固耦合法能够为活塞热分析提供良好的边界条件，尤其是可以确定复杂的水腔和滑油腔的边界条件，对活塞以及缸套的冷却腔的分析具有重要的意义。

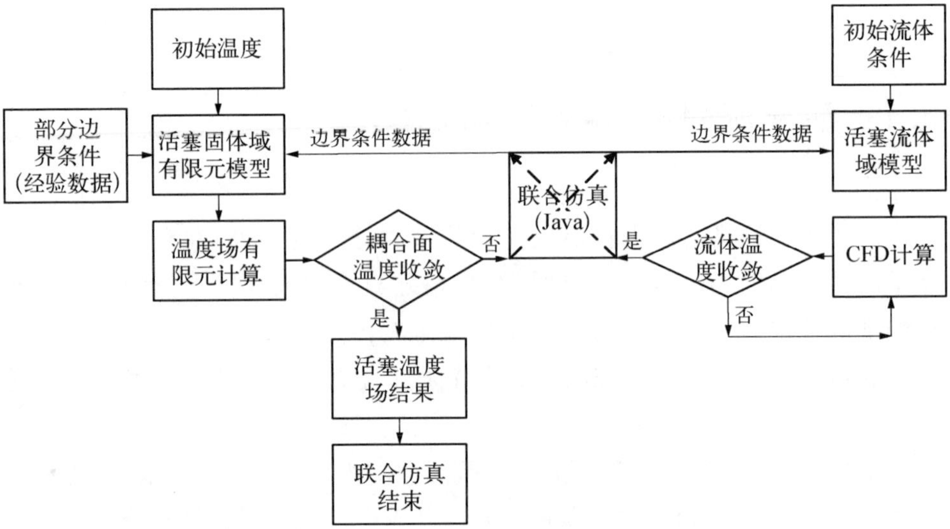

图 5.1　活塞温度场分析流程

联合仿真过程即为活塞固体域与流体域有限元模型耦合面边界条件信息通过 Java 程序相互调用映射的过程，为固体域有限元模型的温度场分析奠定基础，本节采用流体动力学软件 STAR－CCM＋与有限元分析软件 ABAQUS 进行联合仿真，在此过程中为确保边界条件的正确性和仿真流程的顺利进行需要建立以下两点判断机制：(1) 在流体域出口处建立温度监测点(见图 5.2)，当进行 CFD 计算时流体域出口处监测点温度差小于 1℃时认为仿真迭代计算收敛，此时将流体域耦合面边界条件数据提供给活塞固体域有限元模型作为温度场分析的边界使用，反之继续进行迭代计算直至温度收敛为止，通过该判断机制确保提供给活塞固体域模型的边界条件的正确性；(2) 有限元软件 ABAQUS 和流体动力学软件 STAR－CCM＋联合仿真过程中，活塞固体域耦合面和流体域耦合面边界条件相互循环调用，当两者耦合面温度收敛时结束仿真，此时 ABAQUS 中计算输出的活塞温度场分布即为活塞经过冷却后的最终温度场结果。

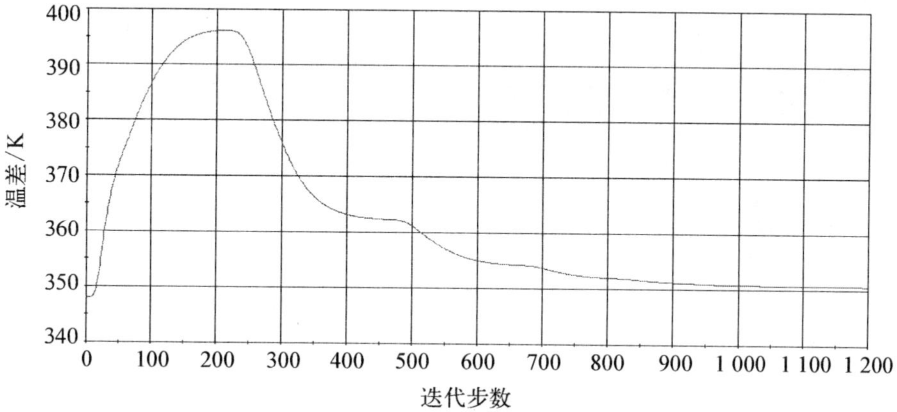

图 5.2　流体域监测点温差曲线

5.2　活塞流固耦合特性

由上节可知活塞是柴油机内部主要的受热零件之一，其工作时不仅要承受周期性交变的机械负荷、热负荷等一系列复杂的工况，而且长期处于高温、高速、高负荷、润滑不良，冷却困难的情况下工作，很容易出现活塞的拉缸、擦伤等失效情况。通过查阅相关论文了解到获取活塞及缸套的温度分布规律以及热负荷情况是解决此类问题的关键。通过观察活塞温度分布全貌，判断活塞各部分温度是否保持在正常的范围之内；此外从活塞温度场可以求得燃气向活塞的传热量，以及热流走向，为分析和改进活塞的冷却指明方向，并且温度场是进一步求得活塞各部分热应力，热变形的不可缺少的原始数据。同时将活塞温度、热应力、机械应力三者结合求解计算，是全面分析活塞结构强度安全性以及合理选择配合间隙的重要依据。因此，希望通过对该活塞头进行温度场分析，得出活塞头及缸套等受热部件的温度场分布，预测活塞头强度薄弱区域，进而为改善活塞头的结构提出解决方案。

5.2.1　活塞流固耦合模型

图 5.3 为活塞 1/16 流固耦合模型，用于活塞流固耦合仿真分析的流固耦合模型是由活塞固体域和流体域共同构成，其中活塞固体域模型主要包括缸套和

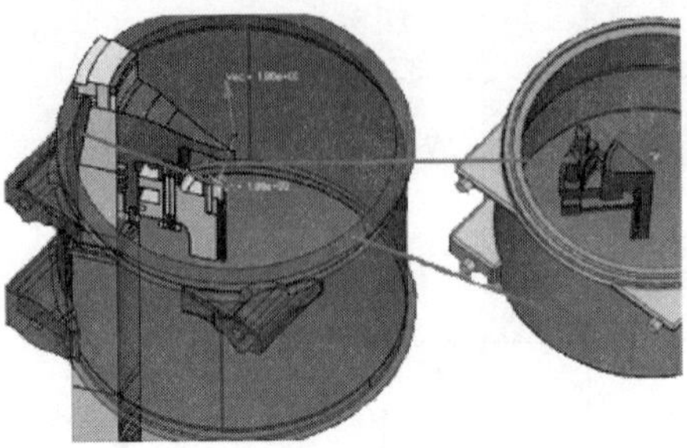

图 5.3　活塞 1/16 流固耦合模型

活塞组，活塞流体域主要由活塞滑油腔以及水套冷却腔构成。图 5.3 中左侧中半透明显示的水套未包含在耦合计算模型中，仅用于显示水腔作用。图右侧为流体域模型，流体域外侧蓝色区域为水套冷却水腔，冷却液从左侧固体域水套底部的入口流入，从水套上部的两个出水口流出进入气缸盖。流体域中部红色区域 1/16 模型为活塞滑油腔，滑油从活塞杆与冷却管之间入口进入，从冷却管内径泄出。

5.2.2　活塞流体域建模

1）流体域模型

如图 5.4 所示，建立活塞流体域模型时，将活塞固体域三维模型导入有限元前处理软件 HyperMesh 进行几何处理，最终形成由滑油冷却腔壳体和水套冷却腔壳体共同组成的流体域模型。

2）流体域网格

流体域模型主要由活塞冷却腔内部的油域以及水套内的水域组成，将两个腔体的三维壳体模型导入 STAR－CCM＋软件中进行网格划分，由于活塞内部结构的复杂性，冷却腔内部存在大量的曲面，STAR－CCM＋在分网过程中能够提供多面体类型的网格，此种网格与三角形或四边形相比具有更好的灵活性，计算更加精确。本文的流体域模型包括 1 228 625 个单元，4 275 499 个节点，温度场分析流体域网格模型如图 5.5 所示。

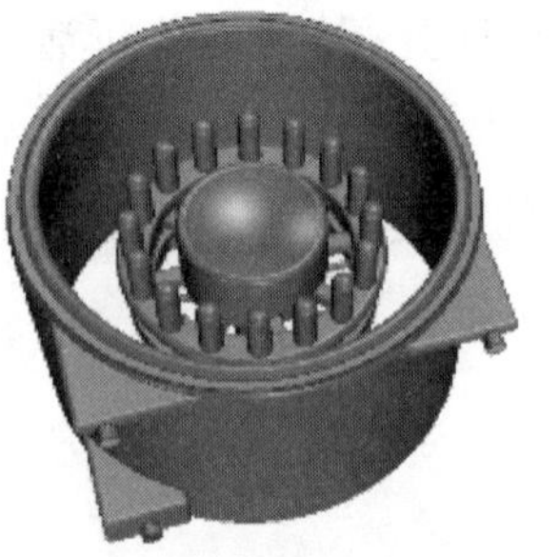

图 5.4　活塞流体域三维模型

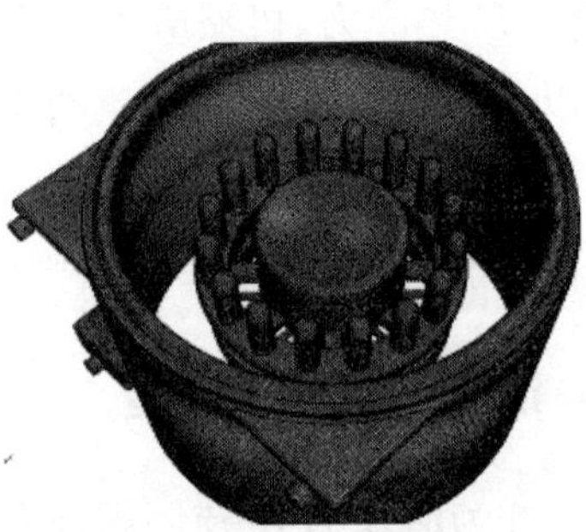

图 5.5　流体域网格模型

3）流体域边界

流体域和固体域的耦合面在活塞流固耦合联合仿真分析过程中是互为边界的，运用流体动力学软件对流体域模型进行 CFD 计算得出流体域耦合面边界数据，并将其提供给固体域模型，为固体域温度场模拟提供新边界。在进行 CFD 仿真计算时需要根据三维冷却腔的流动特性将流体域有限元模型划分为进口边界、出口边界以及壁面边界，在 CFD 计算时还需根据冷却腔不同区域温度分布的不同而加载不同的壁面边界条件，本文壁面边界主要分为活塞滑油腔壁面以及水套冷却水壁面两个区域。上述流体域进出口边界及壁面如图 5.6 所示。

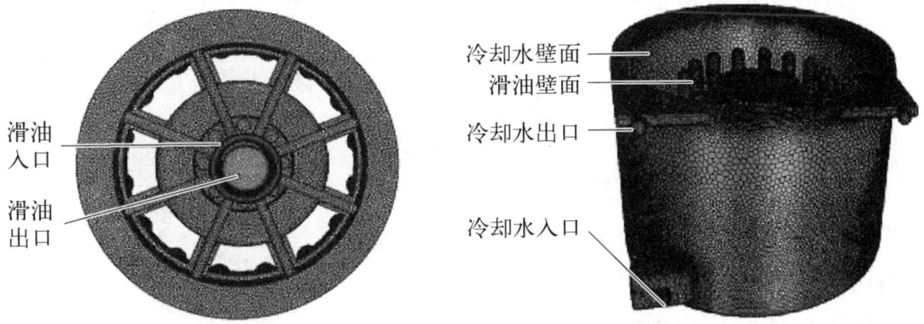

图 5.6　流体域冷却液进出口及壁面

由于不能直接通过实验得到冷却腔壁面温度分布，故只能根据经验对上述壁面区域边界进行假定，流体域初始边界条件的主要参数如表 5.1 所示：

表 5.1　流体域边界条件

区域名称	流速/(m/s)	温度/K
滑油入口	3.5	348
冷却水入口	3	333
活塞滑油腔壁面		393
水套冷却水壁面		350

(1) 滑油和冷却水初始温度定义为 300 K。

(2) 滑油入口温度 348 K，入口流速为 3.5 m/s。

(3) 冷却水入口温度 333 K,入口流速为 3 m/s。

(4) 活塞滑油腔壁面温度 393 K,水套冷却水壁面温度 350 K。

5.2.3 活塞固体域建模

1) 固体域模型

本节运用三维建模软件(UG、Pro/E 等)对活塞各部件进行建模(见图 5.7),活塞固体域模型由七大部分组成:活塞头、活塞杆、活塞裙、活塞环、冷却管、气缸套以及冷却水套等,活塞各部分之间依次由活塞杆连接螺栓、活塞裙连接螺栓、冷却管连接螺栓沿活塞杆轴心线方向装配而成。其中活塞头采用薄壁强背结构,同时为了增强活塞的冷却效果,该活塞在设计阶段在顶内腔中设有大容积的冷却空间,仿真时并且假定冷却液充满冷却腔,同时在冷却腔外围均匀分布一圈圆柱形喷油腔,采用喷油嘴对腔体进行冷却,活塞头设有四道活塞环槽,同时活塞外部为装配有设有冷却水套的气缸套。

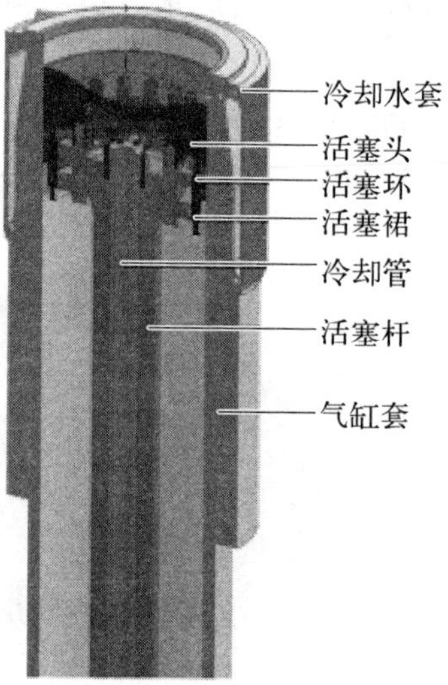

图 5.7 活塞固体域三维模型

2) 固体域网格

活塞建模结束并装配完整后导入有限元前处理软件 HyperMesh 对进行模型前处理。该软件在网格划分的正确性和便捷性方面表现相当出众,而且它还能够快速有效的读取结构复杂的模型,使得复杂模型的前处理问题得到有效的解决。此外 HyperMesh 对很多目前主流的 CAD 数据接口都有集成,这也是该软件的灵活性和便捷性特征的显著体现。活塞固体域在网格划分过程中能够及时检查出建模中存在的问题,避免错误模型导致的有限元计算错误或者无结果等现象的出现。

活塞固体域模型进行有限元网格划分时必须遵循一定的划分准则,为保证具有较好计算效率同时又兼顾较高计算精度,网格划分时应尽可能保证网格质量的同时减少网格数量。在该网格划分准则下,本文在对活塞流固耦合固体域模型划分网格时,对于分析需要关注区域可适当加密,例如活塞头等；对于不关注的区域可适当放大尺寸，同时针对具有对称特性活塞结构，为了简化划分网格的复杂性，将整体模型切割成 1/16 模型进行划分，最后将完成的 1/16 网格模型进行旋转阵列得到最终流固耦合分析活塞固体域有限元模型，该方法对缩减仿真计算时间具有很好效果。同时模型中存在大量的活塞连接螺栓，但由于螺栓结构简单，为了减小计算规模，对螺栓的网格划分采用六面体结构。图 5.8 为活塞固体域网格模型，其网格节点和参数如表 5.2 所示。

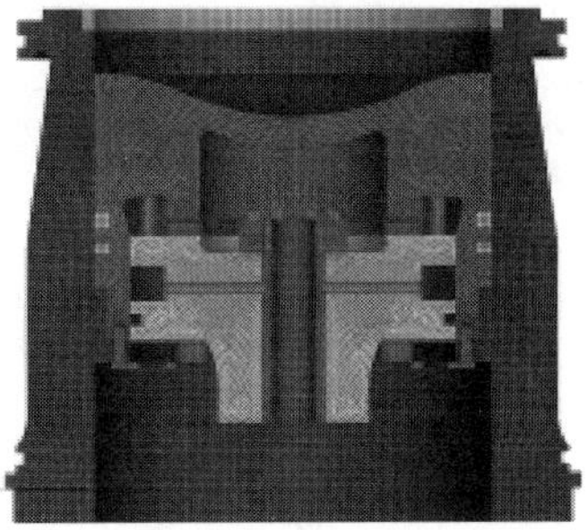

图 5.8　活塞固体域有限元模型

表 5.2　活塞固体域网格属性

	活塞头	活塞杆	活塞裙	活塞环	冷却管	缸套	螺栓	喷油嘴
单元类型	C3D4	C3D4	C3D8	C3D8	C3D8	C3D8	C3D8	C3D8
节点数	165 328	109 456	30 944	10 390	21 954	1 417 207	101 102	47 616

3）材料属性

活塞固体域模型中各个零部件材料如图 5.9 所示，活塞头的材料为 15CrMo，活塞环的材料为 HT300，活塞裙的材料为 HT300，活塞杆的材料为 42CrMo，冷却管的材料为 410I，喷嘴的材料为 35CrMoA，活塞杆螺栓材料为 40CrNiMoA、活塞裙螺栓和冷却管螺栓都为 45，上述各部件材料的主要物理性能如表 5.3 所示。

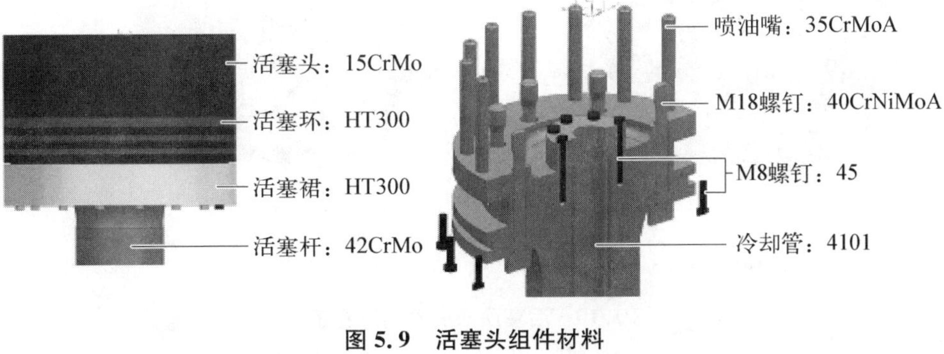

图 5.9　活塞头组件材料

表 5.3 活塞组材料物理性能参数

材料属性	杨氏模量 $E/(N/m^2)$	泊松比 ν	密度 $\rho/(kg \cdot m^{-3})$	热膨胀系数 $\alpha/10^{-6}(k^{-1})$	热传导率 $\lambda/(W/mK)$	比热 $c/(J(kg \cdot K)^{-1})$
15CrMo	210×109	0.29	7 850	13.5	46	500
HT300	210×109	0.26	7 850	12	48.5	535
42CrMo	210×109	0.29	7 850	13.5	46	720
410I	210×109	0.28	7 850	12.5	50	680
35CrMoA	210×109	0.29	7 850	13.5	46	515
40CrNiMoA	210×109	0.29	7 850	13.5	46	720
45	210×109	0.29	7 850	14	47.5	500

4）固体域边界

活塞进行温度场分析时需要的边界条件主要包括活塞顶燃气侧边界、活塞及缸套冷却腔边界以及除上述区域以外的活塞裙和缸套等区域的边界。活塞及缸套冷却腔边界条件主要通过流固耦合法得到，此处不再做过多叙述。

(1) 活塞燃气侧边界。活塞顶部边界条件主要包括活塞顶燃气温度以及燃气对活塞顶的对流换热系数，本节采用流体动力学软件 STAR－CD 对活塞整个工作循环进行求解计算后取平均值并将边界数据映射到活塞固体域有限元模型顶部。图 5.10 为 STAR－CD 计算得到的活塞顶部燃气侧边界条件分布图。

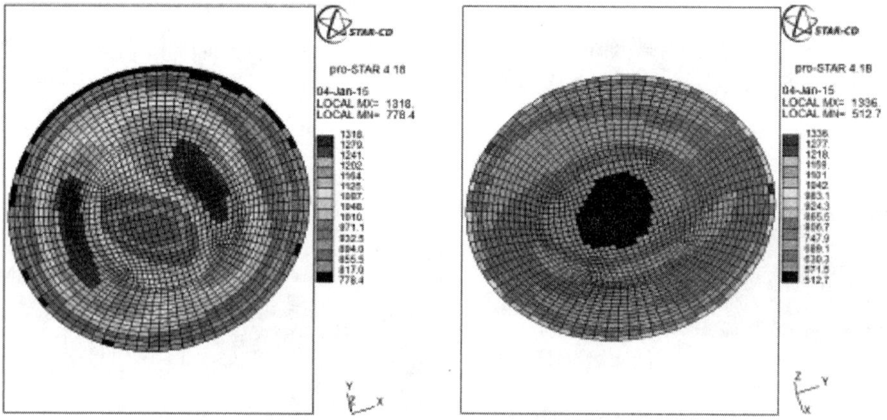

(a) (b)

图 5.10 活塞顶部燃气侧边界条件

(a) 燃气侧温度边界 (b) 燃气侧换热系数

(2) 活塞裙及缸套边界。活塞裙和缸套等区域主要和油气混合物接触，近似于自然对流换热，该区域的边界条件主要根据经验数据给出，具体区域边界条件如表 5.4 和图 5.11、图 5.12 所示。

表 5.4　活塞裙及缸套边界条件

区域名称	对流换热系数/(W/m^2K)	温度/K
活塞裙下缸套内表面	15	535
上部缸套外表面	6	308
下部缸套外表面	15	353
活塞裙内侧面及底面	10	353
活塞杆头部下表面	10	353

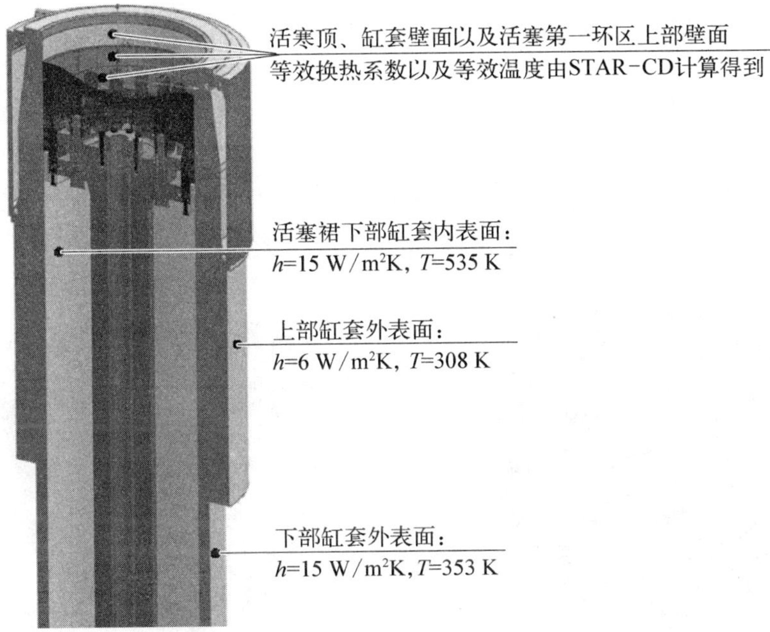

图 5.11　缸套壁面边界条件

对于活塞侧面、活塞环以及活塞裙侧面等区域的对流换热系数和温度，在建立流固耦合模型时将上述区域设为接触状态且不设置热阻，在计算过程中热量可毫无损失通过活塞侧面、活塞环和活塞裙侧面的接触面传递至缸套，这虽与实际情况不符，但是有利于提高活塞分析的安全性，同时也利于计算收敛。

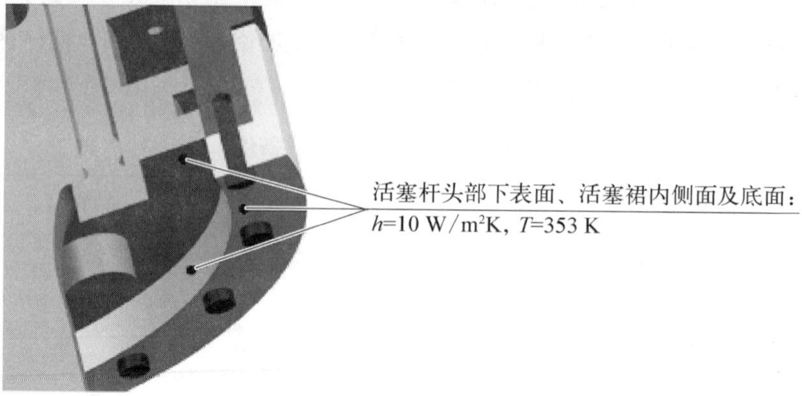

图 5.12　活塞裙部边界条件

5.2.4　活塞流固耦合分析结果

1）CFD 计算结果

通过有限元分析软件 ABAQUS 和流体动力学软件 STAR－CCM＋联合仿真，流体域和固体域耦合面边界数据反复循环调用互为边界，最终得到耦合面对流换热系数以及温度分布云图，如图 5.13 和图 5.14 所示：

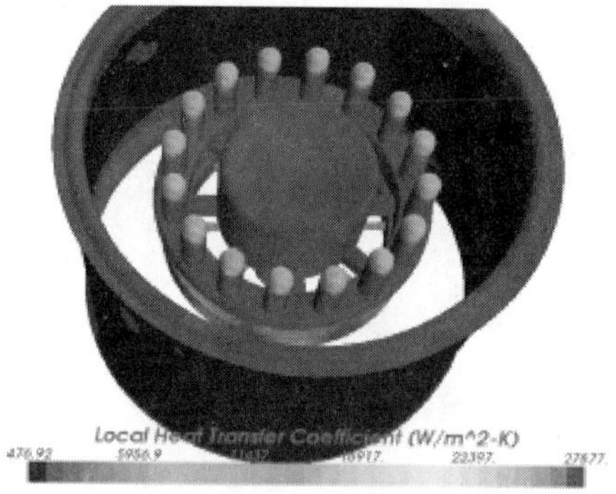

图 5.13　耦合面对流换热系数分布云图

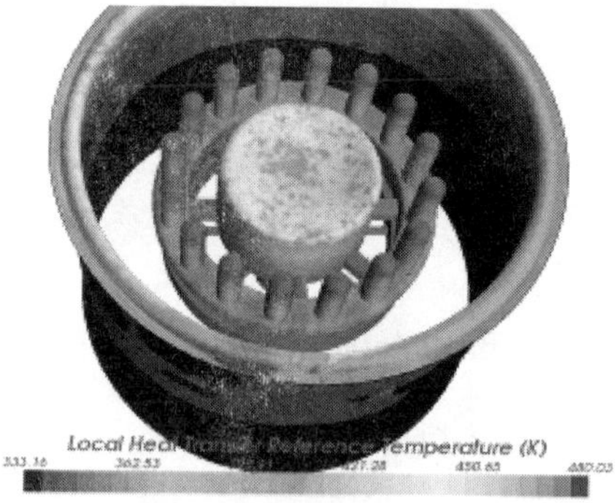

图 5.14　耦合面温度分布云图

由图 5.13 可知活塞内部喷油冷却腔顶部对流换热系数最高，该区域对流换热系数普遍高达 10 000 W/m^{2}K，由此可见该区域的散热量也较大，而除该区域以外的其他区域的对流换热系数稳定相对较小值，位于 2 000 W/m^{2}K 至 3 000 W/m^{2}K 之间，出现该现象的主要原因是活塞喷油冷却腔采用喷油形式进行冷却，冷却滑油流速较大，散热量大，而活塞中部冷却腔在仿真过程中滑油是充满整个腔体的，流速相对较慢，散热量相对较小，所以出现对流换热系数差距较大现象。

由图 5.14 可知耦合面温度最高区域位于活塞中部滑油腔顶面，该区域温度最高达到 480 K 即 200℃左右，但滑油腔顶面大部分区域温度在 390 K 到 450 K 即 100℃到 180℃之间，而活塞喷油冷却腔温度相对较低，普遍低于 350 K即 75℃，主要是由于上述对流换热量不同，对流换热系数大的区域热量能够被及时带走，所以温度较低，反之则温度偏高。

2）温度场分布

在上述流体域 CFD 计算得出的边界条件数据基础上，利用有限元软件 ABAQUS 对固体域有限元模型进行稳态温度场分析，计算得到数据在 ABAQUS 后处理界面输出，具体结果如下所示。

图 5.15 中整个活塞固体域模型仅在燃气作用下其温度分布很不均匀，最高温度 470℃(740 K)出现在缸套顶部侧壁面，超过了材料的最高容许温度 380℃，最低温度 70℃(340 K)位于固体域模型活塞杆下部回油腔处，温差高达 400℃，热应力很大，如果不对活塞和缸套进行冷却，活塞和缸套由于热应力很容易就发生破坏和失效情况。

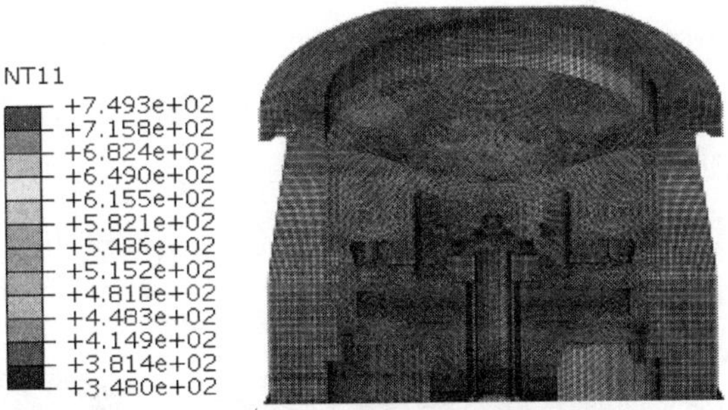

图 5.15　活塞固体域的初始温度场

图 5.16 中活塞和缸套经过滑油和冷却水的冷却，整体温度明显降低，最高温度 320℃(580 K)位于缸套顶部侧壁面，而活塞大部分区域温度降低至 60℃(330 K)左右，冷却效果十分明显，热应力相较于初始情况将得到明显改善。

图 5.17 中单个活塞温度场分布图中可知活塞最高温度 260℃(340 K)左

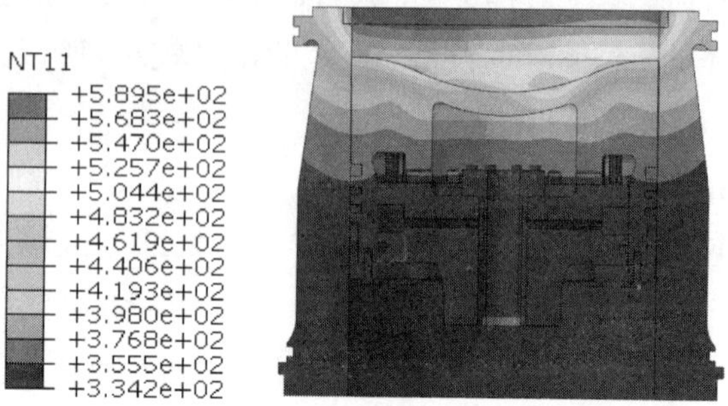

图 5.16　活塞固体域最终温度场分布

右从顶部到底部温度递减，活塞顶部温度随着半径的增大，温度也呈现增大趋势，主要是由于越靠近外侧活塞的冷却效果越差，故导致中心部位与其他部位相比温度较低；同时由于活塞除内冷却腔以外，其四周还均匀设有柱状的喷油冷却腔，具有一定的冷却效果，故在喷油嘴冷却腔对应位置处活塞顶温度会相对较低。

图中第一环区及环区附近区域大部分温度都在 160℃(430 K)左右，没有超过活塞所用的高温滑油的结胶和结碳温度 220℃，保证环槽处不会发生滑油的结胶和结碳现象，也不会因为温度过高导致环区产生较大的热应力变形从而影响气环的密封性或者出现活塞环卡死等现象。

相较于活塞环区和活塞内部冷却腔，活塞顶部温度较高，活塞环区和内部冷却腔大部分温度处于 70～150℃(340～420 K)范围以内，其中活塞内腔的最高温度位于腔体顶部位置，温度为 210℃(480 K)左右，但活塞内冷却腔顶部以下大部分区域温度都低于 170℃(440 K)，该温度分布说明活塞内部的冷却腔结构能够保证活塞具有较好的冷却效果。

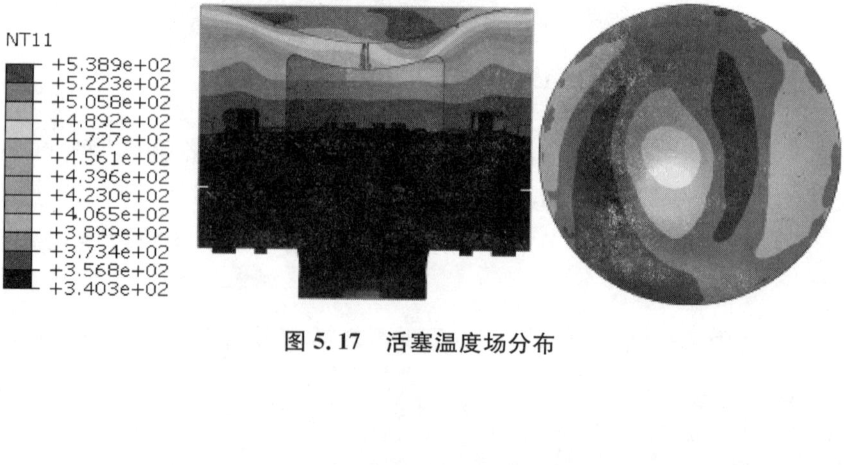

图 5.17　活塞温度场分布

图 5.18 中对标机型活塞头顶部温度分布在 200℃～300℃之间，且其顶部温度分布规律为活塞中心向活塞边缘先升高再降低的趋势。同时活塞内冷却腔顶部温度范围为 100～200℃之间。而仿真计算所得活塞温度分布与对标机型温度场实测值基本一致，故活塞温度场计算结果符合实际。

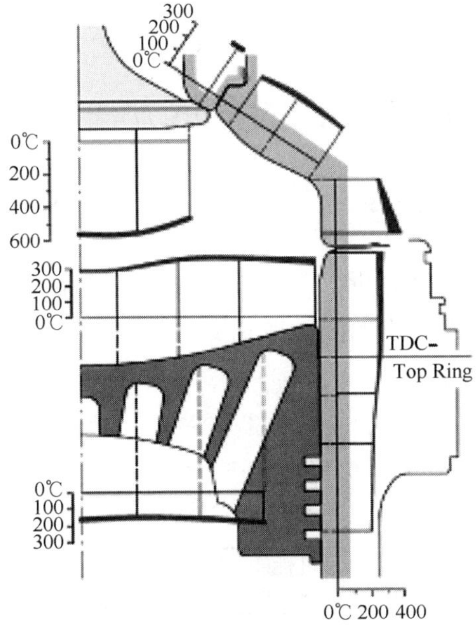

图 5.18　对标机型温度场实测值

5.3　本章小结

基于活塞物理工作过程分析，明确活塞各受载情况，并选取曲轴转过上止点 15°位置处活塞载荷工况作为最危险工况进行性能分析，并且总结了活塞进行性能分析时所需的理论基础。基于热分析理论基础，建立活塞流固耦合模型，运用流体动力学软件 STAR－CCM＋和有限元分析软件 ABAQUS 进行联合仿真求取活塞流体域和固体域耦合面上的边界条件，并以此作为进行活塞温度场分析的边界条件，求出活塞温度场分布结果，对仿真计算所得活塞温度场分布结果进行分析与讨论，通过与对标机型实测温度数据对比，验证活塞温度分布的合理性。

第六章　船用柴油机燃烧性能

6.1　船用柴油机燃烧性能分析方法

6.1.1　性能分析技术路线

柴油机工作过程仿真分析方法具有比较完整的流程，其中，柴油机扫排气过程和燃烧过程的技术路线如图 6.1 所示，喷雾过程分析方法的技术路线如图 6.2 所示。

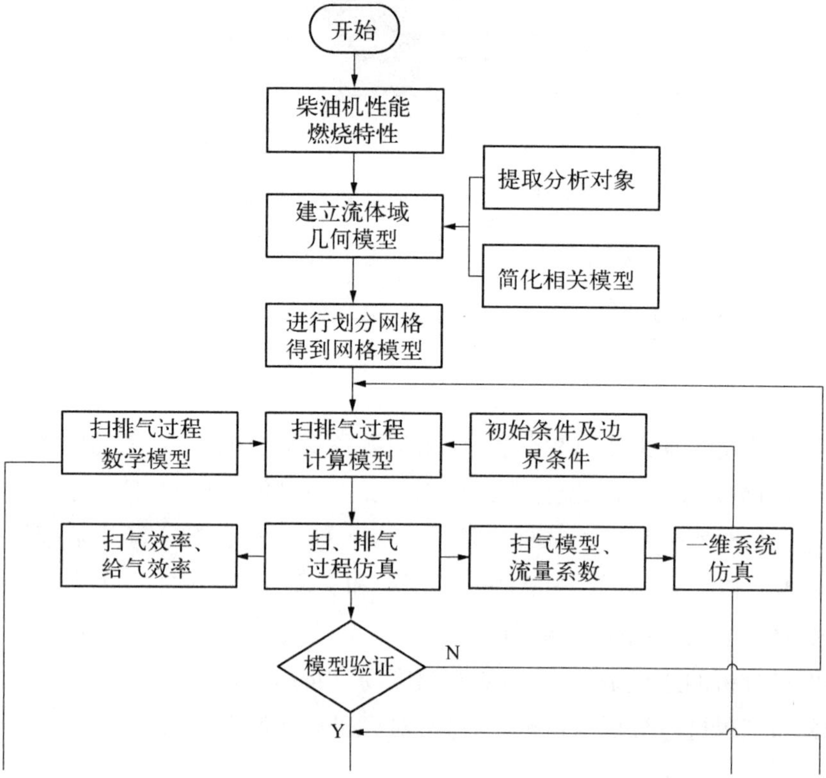

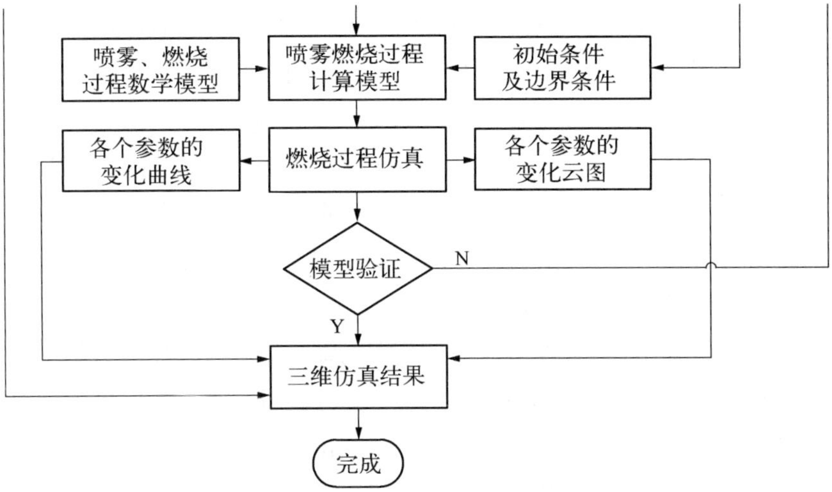

图 6.1　扫排气、燃烧过程技术路线

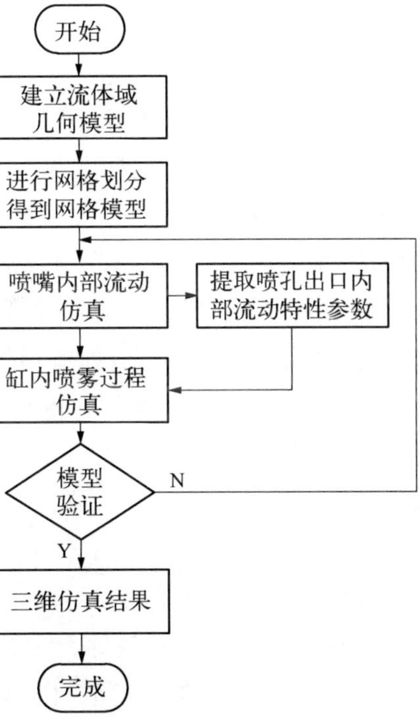

图 6.2　喷雾过程技术路线

根据图6.1所示，对于扫排气、燃烧过程的仿真分析，首先建立船用低速二行程柴油机工作过程三维仿真的几何模型，并对其进行网格划分，得到柴油机三维仿真模型；然后进行流动分析，并与试验值校核验证仿真的正确性，进而获取排气阀的扫气模型、流量系数以及柴油机缸内流动分析的扫气效率等参数，为船用发动机一维分析提供必要数据，也为三维燃烧计算奠定了基础；最后对柴油机缸内燃烧进行三维分析，利用试验数据标定燃烧模型，获取缸内燃烧的各场变量数值及其分布，并评判燃烧质量，为分析燃烧过程、优化结构、改善性能提供必要的基础数据。

根据图6.2所示，对于喷雾过程的仿真分析，首先建立喷雾过程三维仿真的几何模型，并对其进行网格划分，得到柴油机三维仿真模型；然后进行喷嘴内部空化流动仿真，并与试验值校核验证仿真的正确性，进而获得喷孔出口内部流动特性参数，作为缸内喷雾过程仿真的边界条件；最后对柴油机缸内喷雾进行三维分析，利用试验数据标定喷雾模型，获取喷雾锥角、贯穿距等关键参数，用于评判喷雾质量，为分析燃烧过程提供必要的基础数据。

6.1.2 扫排气、燃烧特性分析方法

目前，燃烧过程的分析方法主要有两种：试验方法和计算机数值模拟方法，试验方法主要依靠试验解决问题，但它受限于试验条件、测试技术水平和试验仪器的精度；此外，传统试验方法在确定柴油机性能参数时，不仅过程非常复杂，而且研究周期长、研发费用高，反复修改的方法不但耗费大量的人力和物力，而且难以揭示更深层次的物理现象。随着计算机技术的不断进步，计算机数值模拟方法可以得到全面，详细的信息，如流场的分布、速度、缸内温度和压力的分布以及环境条件和发动机运转参数的耦合，进而更好地预测柴油机的性能，而且计算机模拟可以短时间内进行大量变参数研究，利用它可以减少试验的盲目性、降低研究费用，缩短研发周期，节省大量的人力物力，从而使设计优化更方便、更有效。

目前，内燃机工作过程模拟技术仍在不断发展和完善中，仿真计算精确性还依赖于边界条件的适当选取，而这些边界条件大多是通过试验所获得的经验公式、统计数据和图表，计算的初始值大多也取自试验结果。因此计算机模拟计算与试验工作两者相辅相成，缺一不可，试验工作是模拟计算的前提和基础，而模拟计算又是试验工作的进一步深入和补充。本书使用数值模拟与试

验研究结合的方法。

6.1.3　喷雾特性分析方法

本文中喷雾特性数值模拟计算分别采用了 DPM 离散型模型和 LES - VOF 模型对柴油和空气之间的相互关系进行仿真，选取了压力、速度、密度等因素，并将其定义到整个三维流动区域坐标的函数内。

DPM 离散型模型以欧拉方式研究相关的流场参数，湍流模型采用了 K - ε 模型。SGS 模型则采用 WALE 模型。鉴于空化过程对柴油喷嘴内流特性的影响，先进行柴油空化模拟，得出柴油喷嘴实际情况下的喷雾流量和速度。再将空化模拟得到的数据，代入到喷雾特性仿真模拟中，最终获取柴油喷雾的特性参数：索特直径、贯穿距离和喷雾锥角。

使用大涡模型(VOF)和流体体积法对柴油在喷孔内部流动和近喷嘴区域雾化过程进行模拟，利用大涡模拟求解气液两相的流动情况，运用流体体积法追踪气液两相流体的界面。

6.2　船用柴油机工作过程

在船用低速二行程柴油机中，当活塞在上止点附近时，气缸内充满高压气体，将燃料通过喷油装置喷入气缸，气缸内的高温高压环境使燃料着火，燃烧所产生的压力驱动活塞向下运动，这就是动力行程，也称为膨胀行程；在膨胀行程后期，排气阀开启，缸内废气排出，缸内压力降低，当活塞向下止点运动到某一位置后，扫气口开启，受压空气填充气缸，强迫剩余废气排出，活塞经过下止点后上行，活塞压缩进入的新鲜空气，这就是压缩行程，当活塞到达上止点时，它的一个完整工作循环结束。

通常可以将船用二行程柴油机工作过程细分为扫排气过程，喷雾过程及燃烧过程，下面分别对各个过程进行阐述。

6.2.1　扫排气过程

船用低速二行程柴油机与四行程柴油机不同，它的一个具有进气、压缩、燃烧、膨胀和排气过程的工作过程只需要两个活塞行程，没有单独的换气过程。二行程柴油机的扫排气过程是在膨胀行程的后期，排气阀开启，缸内燃烧废气排出；当活塞向下止点运动到某一位置后，扫气口开启，具有较高压力的新鲜空气由扫气口进入气缸，并强迫剩余废气排出，进行气体的交换；活塞继续下行，通过下止点后上行，排气阀和扫气口依次关闭，扫排气过程结束。

6.2.2 喷雾过程

柴油机的燃油射流过程是将柴油在压差的作用下由喷嘴喷入气体介质中，由于气液两相间相对高速运动，在空气激烈的扰动下使液态燃油迅速碎裂并分散的过程。显然，柴油机的燃油射流分裂雾化机制属于雾化，雾化是柴油机燃油喷射的主要研究对象。1989 年，Lefebvre 在发表于 Hemisphere Publishing Corporation 的 *Atomization and Spray* 中提出初次雾化概念，他认为液体射流离开喷孔后就存在黏着力和破碎力之间的竞争。在条件合适的情况下，由黏着力和分裂力竞争产生的扰动会发生增长并最终导致液体射流发生分裂雾化，这一过程被称为初次雾化。破碎后的液滴会继续分裂形成细小液滴的过程称为二次雾化。

O'Rourke 和 Bracco 根据喷雾场中各区域的气液耦合情况及相互作用关系，将喷雾场按其离喷嘴的距离由近到远依次划分为液核区、翻腾流区、稠密区、稀薄区和极稀释区五个区域，如图 6.3 所示。

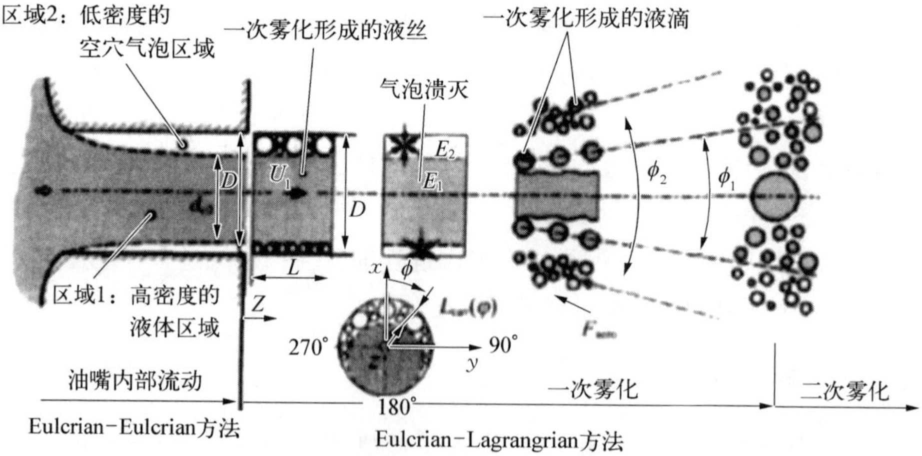

图 6.3 喷 雾 场

(1) 液核区。大量实验观测表明：燃油从喷嘴射出后并非瞬间完成雾化，而是存在一个长度与喷嘴喷孔特征尺寸成正比的连续液体核心，称为未受扰液核或分裂长度，该区内的液体流动类似于单相射流的势核。

(2) 翻腾流区。在紧邻液核的周围地带，液体开始分裂。但由于在两相混合物中液体所占体积分数与气体相当甚至超过之，所以燃油不能在气体中弥散以形成液滴，而是以薄片、纤丝或网络的形式存在。翻腾流是雾化过程的第一步，称为一次雾化或一次破碎。

(3) 稠密区。液体以离散液滴的形式存在，由于气液间的相对速度极大，作用与油滴表面的气动力促使液滴破碎，燃油得到进一步的雾化，即二次雾化或二次破碎。

(4) 稀薄区。由于空气卷吸，油滴间的距离远远大于其直径，油滴间的相互作用减弱，但气液间的耦合作用仍然很强，这时油滴间的相互作用通过"油滴—气体—油滴"这种间接的方式发生。

(5) 极稀薄区。是喷雾场最外围的部分。此时气液间的动量交换已将完成，气液间的相对速度接近零，油滴停止破碎。油滴间的相互作用，如碰撞、变形、聚合、破碎和振动均可忽略，只需考虑油滴的湍流扩散和蒸发。

6.2.3　燃烧过程

在柴油机中，燃料通过喷油装置在压缩过程末期喷入气缸，在经过一段很短的时间后着火，燃烧过程开始，通常将着火之前这段时间称为滞燃期。着火开始后，燃烧过程在依次经历急燃期、缓燃期和后燃期后，整个燃烧过程结束。由于内容简单、使用方便等特点，燃烧过程示功图通常被用来分析燃烧过程。燃烧过程示功图如图 6.4 所示。

第Ⅰ阶段，从燃料喷入气缸的始点（A 点）到开始着火，燃烧开始（B 点）为止，称为滞燃期。在燃烧喷入气缸时，虽然气缸内的空气温度远高于燃料在当时压力下的自燃温度，但燃料的温度不能马上达到自燃点，并不立刻着火，而是略有滞后，直到 B 点才着火，燃烧开始后气缸内压力急速升高，缸内压力曲线与纯压缩曲线分离。滞燃期内，喷入气缸内的燃料会经历一系列的物理-化学变化过程，包括燃料的雾化、加热、蒸发、扩散与空气混合等物理准备阶段以及着火前的化学准备阶段。滞燃期对第 2 阶段的燃烧有直接影响，对整个燃烧过程影响很大。

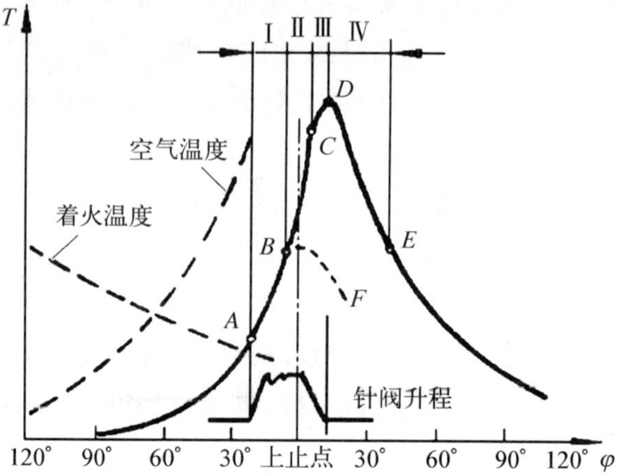

图 6.4　柴油机燃烧过程示功图

第Ⅱ阶段，从燃烧开始（B 点）到压力急速升高终点（C 点）为止，称为急燃期。在该阶段中，因为第一阶段滞燃期内形成的可燃混合气几乎同时燃烧，又由于活塞在上止点附近，气缸容积较小，所以气缸内压力上升速率特别快。

第Ⅲ阶段，从压力急速升高终点（C 点）到压力开始下降（D 点）为止，称为缓燃期。在该阶段中，由于活塞经过上止点进入膨胀行程，燃烧是在气缸容积不断增加的情况下进行的，因此只有在燃烧速度很快才能使气缸内压力稍有上升或几乎不变。柴油机在缓燃期内仍继续向气缸内喷入燃料，如果喷入的燃料处在缸内高温废气区域，由于缺少氧气，这部分燃料很容易形成碳烟；如果喷入的燃料处在缸内空气中，在气缸的高温环境中，化学反应很快，滞燃期很短，燃料迅速着火燃烧，但如果氧气不够，混合气浓度过大也容易形成碳烟。

第Ⅳ阶段，从压力开始下降（D 点）开始到燃料几乎耗尽（E 点）为止，称为后燃期。这一阶段，虽然不继续喷油，但是在柴油机中，由于燃烧时间短促，燃料和空气混合的不够均匀，总有些燃料未能燃烧，在膨胀行程中继续燃烧。后燃期放出的热量不能充分利用来做功，很大一部分热量将通过缸壁散至冷却水中，或随废气排出，使柴油机过热，排气温度升高，造成柴油机动力性下降，经济性下降。因此，要尽可能地缩短后燃期。在依次经历过这四个阶段后，一个完整的燃烧过程结束。

6.3　扫排气、燃烧特性

6.3.1　计算模型

本节以某船用低速二行程柴油机为例，基于 STAR－CD 软件对柴油机工作过程多维数值模拟的计算方法进行说明，该柴油机基本参数如表 6.1 所示。

表 6.1　某船用低速二行程柴油机的基本参数

参数名称	参　数	备　注
柴油机缸径/mm	350	几何参数
行程数	2	设计参数
行程长度/mm	1 550	几何参数
连杆长度/mm	1 550	几何参数
标定工况转速/(r/min)	167	几何参数

该柴油机结构如图 6.5 所示，根据已有的结构模型，应用三维建模软件 UGNX7.5，调整活塞的位置，使其位于上止点，之后抽取由缸套、活塞、缸盖、排气阀、排气道组成的封闭空间，此即流体在缸内、排气道的流域，如图 6.6 所示。

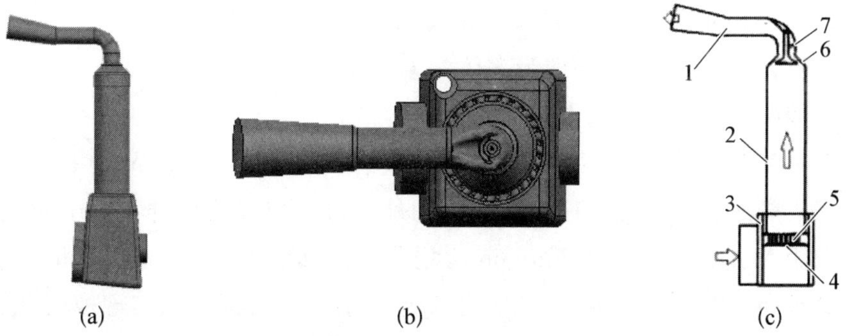

图 6.5　柴油机结构图

(a) 主视图　(b) 俯视图　(c) 剖视图
1 -排气道；2 -气缸；3 -扫气箱；4 -活塞；
5 -扫气道；6 -气缸盖；7 -排气阀

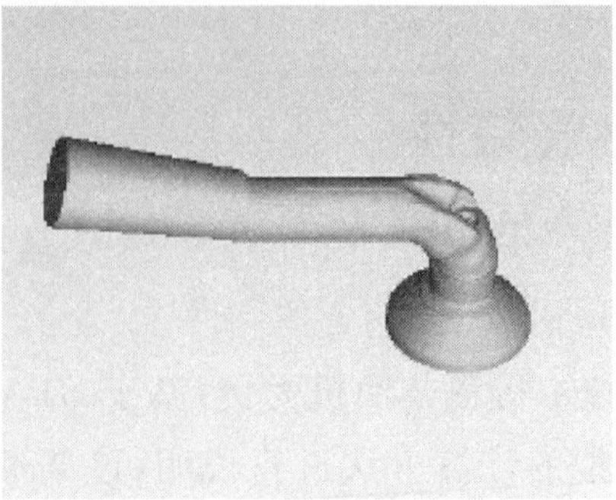

图 6.6　缸内排气道流域

6.3.2　网格划分

扫气部分的流域，由于几何特征密集，如直接从给定的结构模型中抽取流域将不利于后期的网格划分，因此在处理此处的流域时，选择简化的方法。在保证扫气箱容积大小基本相等的情况下，用与原模型几何尺寸基本相当的规则几何模型替代实际结构模型中复杂的扫气箱，这样一方面方便了网格划分，减少了网格的数量，另一方面减少了因网格问题所致的计算不收敛问题。扫气部分的流域如图 6.7 所示。

图 6.7　扫气部分流域

柴油机缸内流动和燃烧分析最棘手的问题是其动网格的生成，而 STAR - CD 的 ES - ICE (Expert Systems for Internal Combustion Engines)模块是一款集发动机运动网格生成，计算设定和后处理为一体的发动机分析专门工具。ES - ICE 的应用使柴油机网格划分问题得以解决。

ES - ICE 提供了三种动网格建模方法：Mapping，Trimming 和 Sector。本章分析柴油机扫排气过程除缸内流动外还包含扫气箱和排气道中的流动，只能采用 Mapping 法或 Trimming 法划分网格，而 Mapping 方法是将模板的各部分表面投影(mapping)到真实发动机几何对应的部位，以实现模板到真实模型的转化。其构建的网格几乎全为六面体网格，网格质量高，计算速度快，且可方便的更换发动机部件如活塞等。因此本书选用 Mapping 方法来划分缸内动网格。划分后的缸内网格如图 6.8 所示。

排气道流域几何特征稍复杂，但由于不涉及网格的运动，因此其网格划分相对简单，可应用网格划分工具 ICEM－CFD 或STAR－CD 内置前处理程序来完成，本书中应用 STAR－CD 前处理程序中 Trimming 法完成排气道流域的网格划分，最终划分完成的网格如图 6.9 所示。

由于网格装配需要，扫气道与气缸壁结合面的网格必须为四边形，而扫气道的几何模型又比较规则，所以选用 ICEM－CFD 来完成此处的网格划分，如图 6.10 所示。

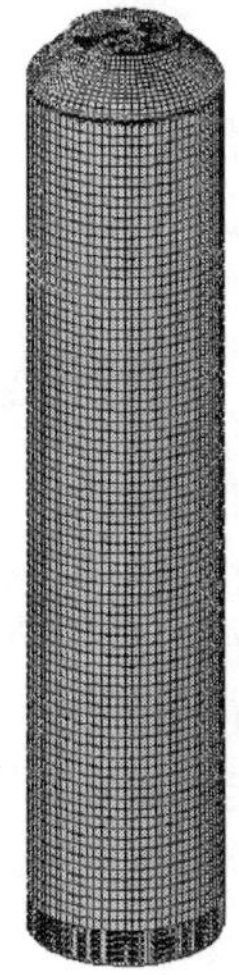

图 6.8　缸内网格

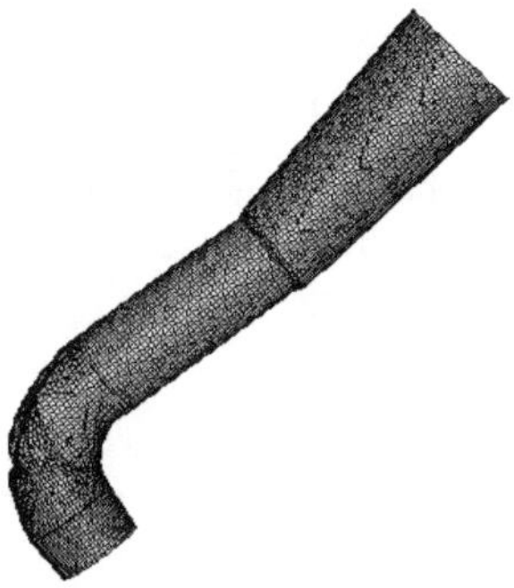

图 6.9　排气道网格

图 6.10　扫气部分网格

柴油机缸内、排气道、扫气部分流域网格划分完之后，在 ES－ICE 中进行组装，不同曲轴转角对应的组装后的网格如图 6.11 所示。上止点时的网格数为 192 312，下止点时的网格数为 372 752，110°曲轴转角时的网格数为 353 368。

上止点时　　110° 曲轴转角时　　下止点时

图 6.11　不同曲轴转角对应的网格

6.3.3 初始条件及边界条件

本书分析过程中所采用的主要初始及边界条件由一维 GT-Power 系统仿真提供。初始及边界条件如表 6.2 所示。

表 6.2 计算的初始及边界参数

输入参数	参数值	备注
计算初始时刻(初始)	曲轴转角 110°CA	选定值
计算结束时刻(初始)	曲轴转角 410°CA	选定值
缸内压力(初始)	11.36 bar	一维仿真结果
缸内温度(初始)	1 097.7 K	一维仿真结果
排气道压力(初始)	3.98 bar	一维仿真结果
排气道温度(初始)	407 K	一维仿真结果
扫气箱压力(初始)	4.52 bar	一维仿真结果
扫气箱温度(初始)	316 K	一维仿真结果
出口压力(边界)	4.06 bar	一维仿真结果
出口温度(边界)	700 K	一维仿真结果
进口压力(边界)	4.46 bar	一维仿真结果
进口温度(边界)	314 K	经验估计值
气缸盖温度(边界)	823 K	经验估计值
气缸壁温度(边界)	距顶端 0～1/6 处为 623 K 距顶端 1/6～1/2 处为 548 K 余下为 498 K	经验估计值

6.3.4 船用柴油机扫排气特性

因柴油机总体一维 GT-Power 系统性能仿真，是通过预设扫气模型、流量系数等参数，计算得到 STAR-CD 三维仿真所需的初始及边界条件，扫气模型及流量系数预设的正确与否会对三维计算的初始边界条件产生很大的影响，因此有必要获取扫气模型和流量系数来加以校正；而应用三维燃烧仿真软件 STAR-CD 对柴油机进行扫排气特性的三维仿真计算，不但可以获得给气效率和扫气效率等柴油机流动特性参数，而且得到柴油机的扫气模型、流量系数等一维计算所需的必要参数，构架起一维系统计算与三维单缸计算的迭代桥梁。

1) 数学模型

湍流模型选用标准 $k-\varepsilon$ 湍流模型；将计算中使用的气体看作实际气体，选用 Peng-Robinson 实际气体模型。

2）模型验证

本文主要分析某船用柴油机扫排气过程，未考虑燃油的燃烧。仿真从排气阀开启时刻（110°曲轴转角）开始，至 410°曲轴转角（排气阀关闭时刻为 285°曲轴转角）结束。采用示踪法用于统计扫排气过程中的新鲜空气的浓度，将扫气箱内初始状态下的新鲜空气浓度设置为 100%，缸内和排气道内初始状态下新鲜空气浓度设置为 0。仿真计算所得到的缸内压力曲线如图 6.12 所示。

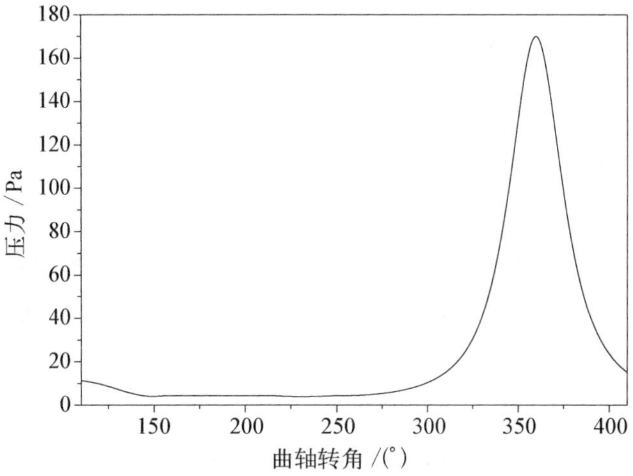

图 6.12　扫气过程缸压曲线

由图 6.12 可知缸内纯压缩压力峰值为 16.99 MPa，而试验压缩压力数值 16.9 MPa，相差 0.09 MPa，误差为 0.5%在工程误差允许之内，产生误差的原因一方面是由于几何建模和网格精度所致，另一方面初始条件和边界条件的选取误差也会引起误差，但总体看来缸压曲线的计算结果与试验结果吻合，因此我们认为计算模型比较准确，计算结果可以相信。

3）扫排气过程结果分析

（1）给气效率与扫气效率。通过从仿真结果文件提取相应的示踪气体的质量数据，得到的缸内、扫气箱、排气道内的新鲜空气的质量随曲轴转角的变化关系，如图 6.13 所示。

由图 6.13 扫气箱内新鲜空气质量变化曲线可以看出，扫气箱内新鲜空气的质量总体上比较稳定，约为 0.634 kg；但在 140°和 220°附近有所波动，这是由于扫气道于 140°打开，220°关闭，在扫气道打开和关闭的瞬间，因缸内和扫

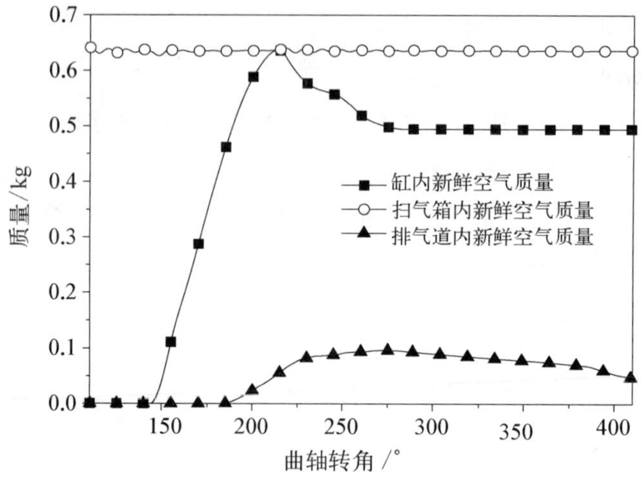

图 6.13　缸内、扫气箱及排气道内新鲜空气的变化规律

气道的压力波动较大，压力波的瞬变对扫气箱内的新鲜空气产生了影响。

从图 6.13 缸内新鲜空气质量曲线可以看出，扫气道打开后缸内新鲜空气迅速增加，从 140°CA 扫气道打开到 220°CA 气缸内新鲜空气质量几乎成线性增加达到最大值 0.637 kg，至此扫气过程已经完成，缸内新鲜空气质量不再增加。随着活塞的上移，强制排气的继续，一部分新鲜空气开始从缸内流入排气道内，缸内的新鲜空气量因此而下降；排气阀关闭后，排气过程结束，气缸内气体质量不再变化，缸内新鲜空气量趋于稳定值 0.495 kg。

从图 6.13 排气道内新鲜空气质量曲线可知，大约在 180°CA，排气道才检测到新鲜空气的质量，这是由于扫气道 140°CA 打开，刚开始扫气时，新鲜空气从扫气道进入缸内，推动缸内气流向上运动，首先将缸内残余的废气排入排气道，到 180°CA 时，缸内新鲜空气质量已比较多，且扫气过程还在继续进行，不断有新鲜空气通过扫气道补充进缸内，推动先前进入缸内的新鲜空气流入排气道；排气阀关闭后，气缸与排气道的流通路径被截断，排气道内的新鲜空气没有了补充，在流动惯性作用下，排气道内的气体从排气口排出排气集管，又排气道内与排气集管之间的压差较小，因此排气道内的新鲜充量减小缓慢。

通过上述分析可知，船用低速柴油机扫排气过程中，从扫气道进入缸内的新鲜气体并没有完全留在缸内为燃烧做功提供氧气，而是有相当部分新鲜空气通过排气道直接排入机外。通过监测从进气口流入的新鲜空气的流量，按式(6.1)计算可得该机的给气效率 η_{tr} 为 68.3%。

$$\eta_{tr} = G_2/G_1 \tag{6.1}$$

其中，G_1 为扫气过程扫入气缸的总气体量；G_2 为换气结束后留在气缸内的新鲜空气量。

监测得到的进气口及排气口新鲜空气的质量流量分别如图 6.14、图 6.15 所示。

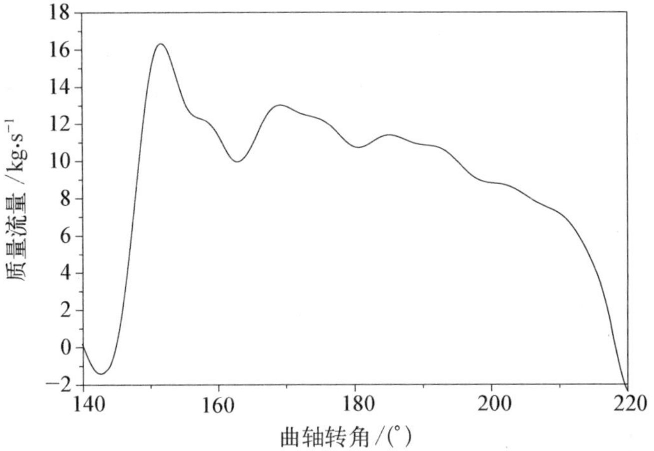

图 6.14　进气口新鲜空气的质量流量

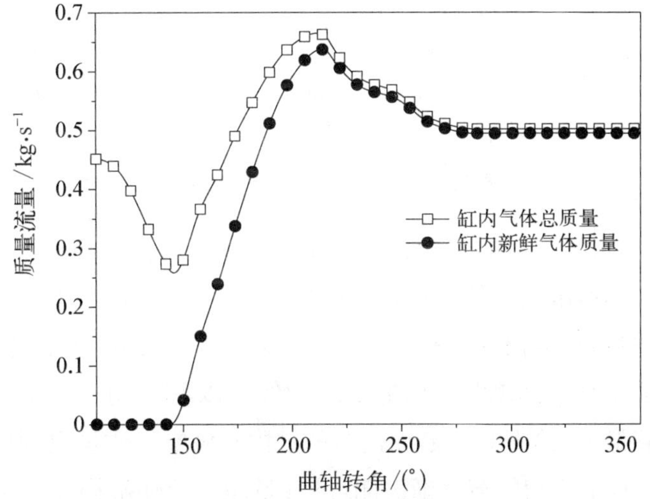

图 6.15　排气口新鲜空气的质量流量

由图 6.14 进气口新鲜空气的质量流量可知，扫气道刚打开时，由于缸内压力大于扫气箱，出现了倒流，继而有流量从进气口流出，在图中表现为负值，随着活塞的下行及扫气道逐渐打开，缸内压力逐渐低于扫气箱压力，气流由扫气箱进入缸内，外界气体则流入扫气箱内，伴随着扫气过程的结束，进气口的质量流量波动趋于 0 kg/s。

由图 6.15 排气口新鲜空气质量流量可知，扫气的初始阶段，排气道内没有新鲜空气流入，因此排气口的质量流量为 0 kg/s，随着扫气过程的充分进行，开始由新鲜空气进入排气道（见图 6.13 排气道内新鲜空气质量的分析），随之排气口检测到新鲜空气的质量流量，排气阀关闭后，排气道内仍存在新鲜空气，在压差作用下，排气口的流量波动变化逐渐减小。缸内气体质量状态变化如图 6.16 所示。

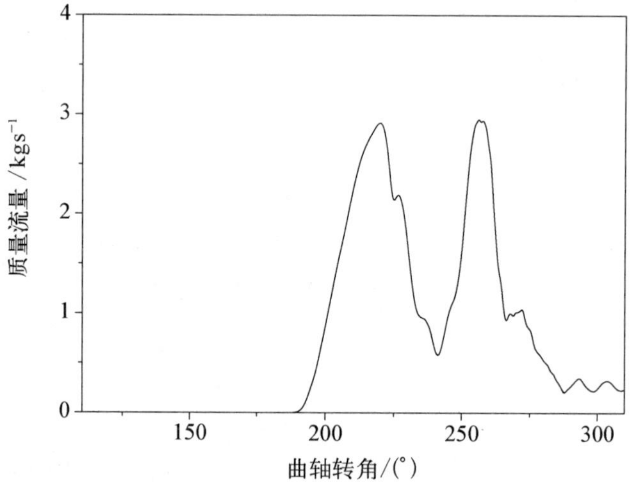

图 6.16　缸内气体质量状态变化

由图 6.16 可知，缸内的气体总质量是先减少后增加再减少至某一稳定值；排气阀开启后，缸内气体通过排气阀排出，此时扫气道尚未打开，因此致使缸内总气体质量减少，扫气道打开后，随着新鲜空气的流入，缸内总气体质量和新鲜空气质量均迅速增加，从图 6.16 曲线可以看出，于 214°CA 时，缸内气体总质量达到最大，约为 665 g，而此时的缸内新鲜空气质量也到达最大，约为 637 g。而此后，由于扫气道逐渐关闭，进气量减少致使缸内气体总质量下降，到曲轴转角达到 220°CA 时，扫气道完全关闭，缸内气体总质量下降增快，直到 285°CA 排气阀完全关闭时，缸内气体总质量达到 502 g，新鲜空气质量达到 495 g。此时缸内新鲜空气占缸内总气体的比值为 98.6%，此即扫气效率为：

$$\eta_s = G_0/G_a \tag{6.2}$$

其中，G_0为换气结束后气缸内的新鲜空气量；G_a为换气结束后气缸内的全部气体量。

(2) 扫气模型。为获得扫气模型，需要对计算所得数据进行处理。这里采用微积分的思想来处理数据。计算步长为0.1°CA，假定对应时间步长为Δt，可以从计算结果中获取t_0排气道的总气体质量(t_0)，经过Δt后的t_1时刻排气道的总气体质量(t_1)，则流过排气阀的总气体质量流量($V_{总}$)随转角变化可以通过式(6.3)得到：

$$V_{总} = V_{出口} \tag{6.3}$$

其中，t_0为排气道的总气体质量(从计算结果读取)；t_1为排气道的总气体质量(从计算结果读取)；$V_{出口}$为$t_0 \sim t_1$时刻的出口截面总气体平均质量流量(从计算结果读取)。

同理，排气阀新鲜空气质量流量随转角变化也可按此计算方法获取。因此$t_0 \sim t_1$时刻排气阀排出的气体中新鲜空气的浓度为：

$$\alpha_{新} = V_{新}/V_{总} \tag{6.4}$$

$$\alpha_{废} = 1 - \alpha_{新} \tag{6.5}$$

缸内的新鲜空气浓度$\alpha_{缸新}$可以根据图6.13中的数据得到：

$$\alpha_{缸新} = 缸内新鲜空气/缸内气体总质量 \tag{6.6}$$

$$\alpha_{缸废} = 1 - \alpha_{缸新} \tag{6.7}$$

由此可以得到缸内新鲜空气浓度和排气阀新鲜空气流量浓度的变化曲线(见图6.17)，扫气模型(见图6.18)。

从图6.17中可以看出，扫气道打开后，缸内新鲜空气浓度快速增加，而排气道此时没有新鲜空气流量浓度，说明这段时间内没有新鲜空气从排气阀排出；当缸内新鲜空气浓度增加到一定程度后，排气道内渐渐有了新鲜空气流量浓度，并且随着扫气过程的进行，排气道内新鲜空气流量浓度逐渐增加；此外图6.17中排气道内新鲜空气流量浓度始终低于缸内新鲜空气的浓度，这与实际的扫气过程吻合，进一步验证了模型的准确性。

图6.18表明的规律与图6.17类似，从图6.18上看，当缸内废气浓度较高时，排气中排出的都是废气，随着缸内废气的减少，排气中排出的废气浓度

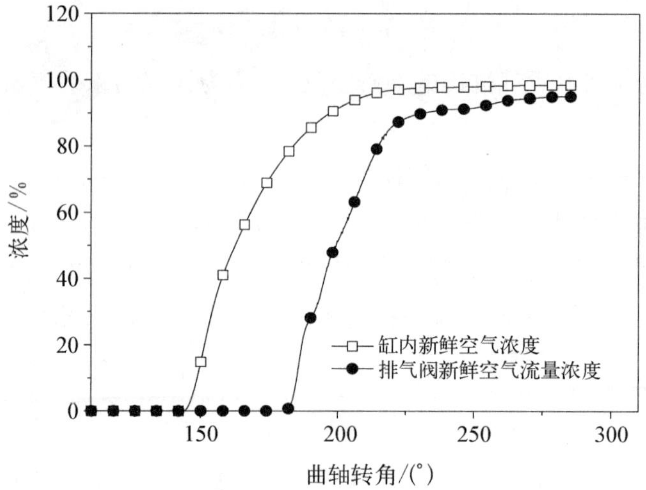

图 6.17　缸内新鲜空气浓度和排气阀新鲜空气流量浓度

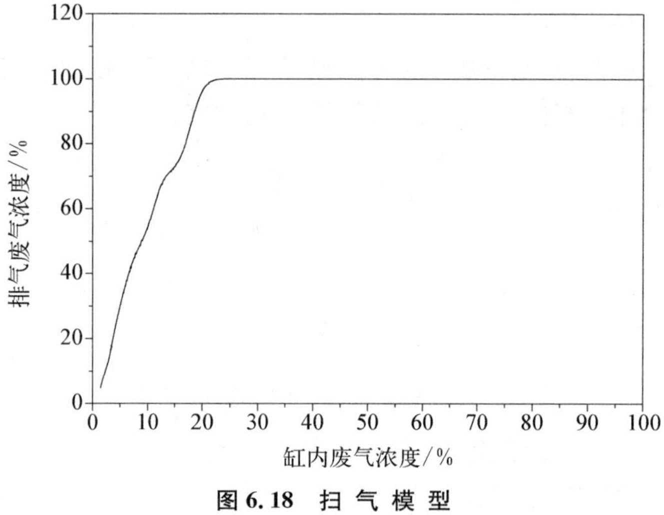

图 6.18　扫 气 模 型

逐渐减小，说明排气中已有新鲜空气排出。

(3) 流量系数。流量系数表征了流道的流通能力，流量系数 C_F 的公式为：

$$C_F = \frac{Q_{m_{实际}}}{Q_{m_{理论}}} \tag{6.8}$$

$$Q_{m_{理论}} = A_2 \cdot \sqrt{2\frac{k}{k-1} \cdot p_0 \cdot V_0 \cdot \left[1-\left(\frac{p_2}{p_0}\right)^{\frac{k-1}{k}}\right]} \tag{6.9}$$

其中，$Q_{m_{实际}}$ 为实际流量；$Q_{m_{理论}}$ 为理论流量；A_2 为气门座面积；p_0 为缸内压力；p_2 为排气道压力；k 为等熵指数（本书取 1.33）；V_0 为缸内气体的比体积。

其中理论流量公式中缸内压力 p_0 和排气道压力 p_2，以及缸内气体比体积 V_0 都是从计算结果文件中提取的。进而得到流量系数曲线（见图 6.19）。

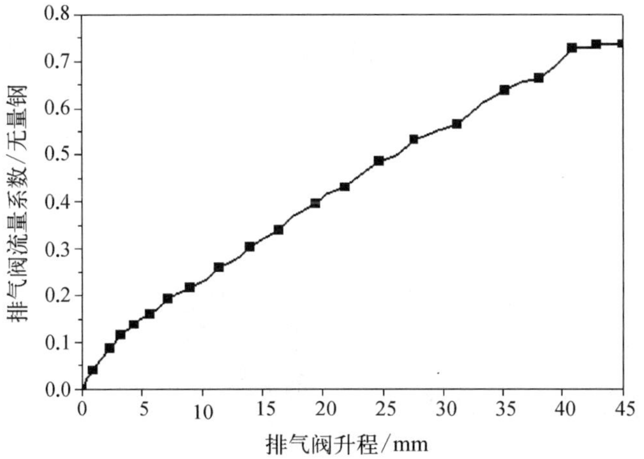

图 6.19　排气阀流量系数曲线

柴油机是通过柴油的燃烧将燃料的化学能转化为机械能对外做功的动力机械。柴油缸内的燃烧状况好坏直接影响到柴油机的功率输出，而柴油机燃烧特性仿真能够方便的观察到柴油机内部各场变量随时间的变化及其空间分布，对于正确认识柴油机缸内燃烧、合理匹配油气室以及获取最佳性能具有重要意义。因此本章对柴油机的燃烧特性进行仿真分析。

6.3.5　船用柴油机燃烧特性

燃烧模拟可以分为三个发展阶段：① 通过分析内燃机工作过程中相互联系的各个过程，开发相应模型；② 试用模型，研究模型的预测对原始假设的敏感性，也就是验证模型；③ 应用模型进行大量的多参数研究、考虑内燃机设计和试用参数对发动机性能、效率和排放的影响。

1）计算模型

在分析柴油机的燃烧时，考虑进排气过程，计算周期为一个循环即 360°

CA。缸内喷油的模拟是柴油机缸内燃烧仿真的难点，当前通用的做法是在几何模型中测取喷油器喷孔的几何位置及矢量方向，之后为每个喷孔建立单一的局部坐标系来指定从喷孔喷出油束的运动。

喷油器的三维结构如图 6.20 所示，从图中可知，船用低速二行程柴油机喷油器的布置不同于四行程柴油机，四行程柴油机通常只有一个位于气缸中心的喷油器，而船用二行程柴油机每个气缸上有两个关于气缸轴线轴对称的喷油器，且每个喷油器上有四个喷孔。喷油器空间布置及喷油器喷孔数量均有可能对柴油机的燃烧特性产生影响。喷油器喷孔在燃烧特性仿真中的喷射方向的位置如图 6.21 所示，计算所采用的喷油规律如图 6.22 所示。

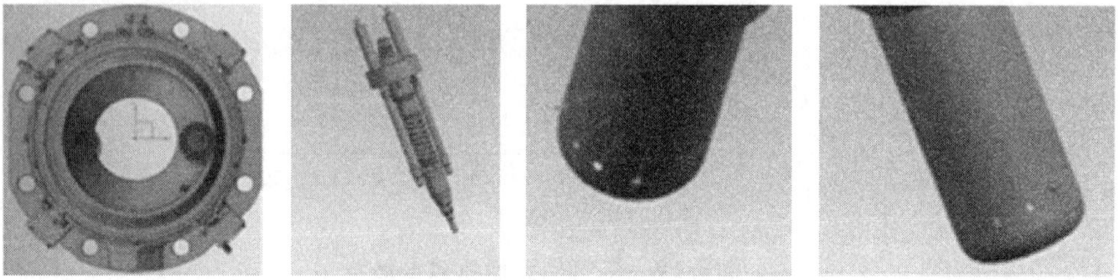

(a) (b) (c) (d)

图 6.20 喷油器三维结构

(a) 喷油器空间位置 (b) 喷油器 (c) 右侧喷孔 (d) 左侧喷孔

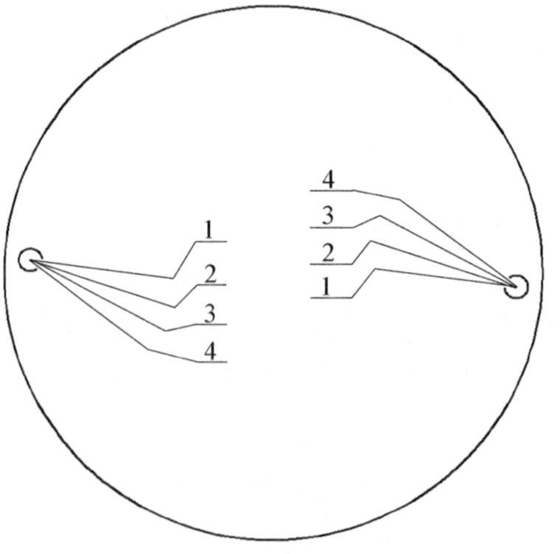

图 6.21 喷 射 方 向

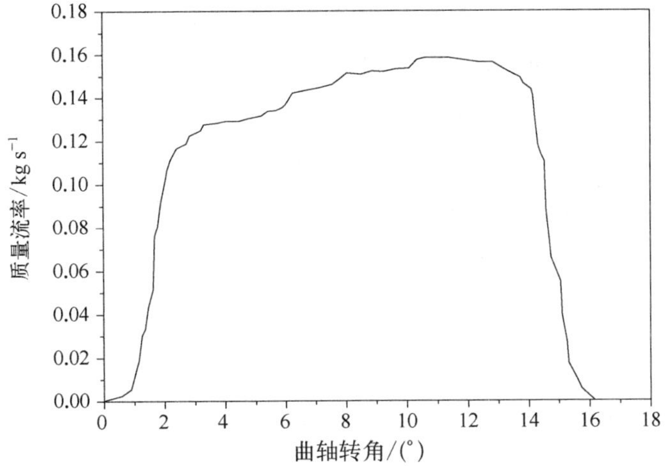

图 6.22　喷 油 规 律

主要采用 k-Epsilon/High Reynolds Number 湍流模型，Huh 雾化模型，Reitz-Diwakar 油滴破碎模型，Bai 撞壁模型，压缩点燃式 Shell 点火模型，燃烧模型则应用适合柴油机燃烧的层流湍流特征时间燃烧模型即 EBU LATCT 模型，因柴油机燃烧生成的 NO_x 主要为 NO，而目前关于 NO 生成的描述应用最广的是扩展的 Zeldovich 机理，本书采用其作为 NO_x 生成模型。

2）模型验证

缸内燃烧仿真所得缸压曲线与某厂商提供的试验缸压曲线对比如图 6.23 所示。

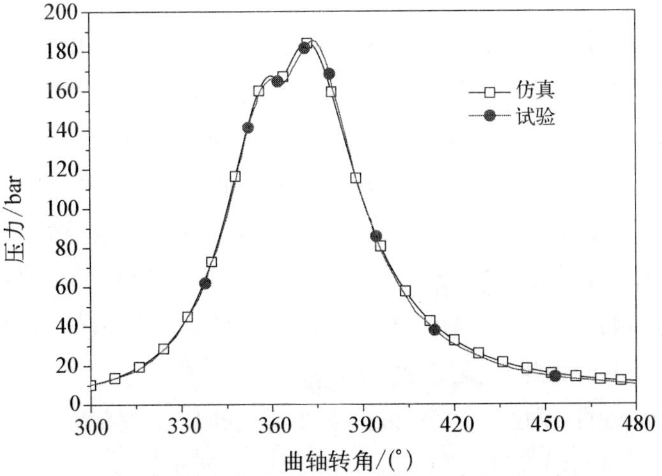

图 6.23　缸压曲线对比图

由缸压曲线对比图可知，燃烧仿真所得压缩压力 167.4 bar，TDC；某厂商的试验压缩压力 166 bar，TDC；压缩压力误差为 0.84%；仿真所得爆发压力 184 bar，12°CA ATDDC；某厂商的试验爆发压力 185.3 bar，14°CA ATDC；爆发压力误差 0.7%，对应的转角相差 2°CA；这是由于燃烧模型、喷油规律和壁面传热等误差所致，总体来看，仿真所得结果比较理想，在工程允许的误差范围内。可以认为该模型是正确的，计算所得结果是可靠的。

3）燃烧过程仿真结果分析

(1) 缸温分析。计算所得的缸温曲线如图 6.24 所示。

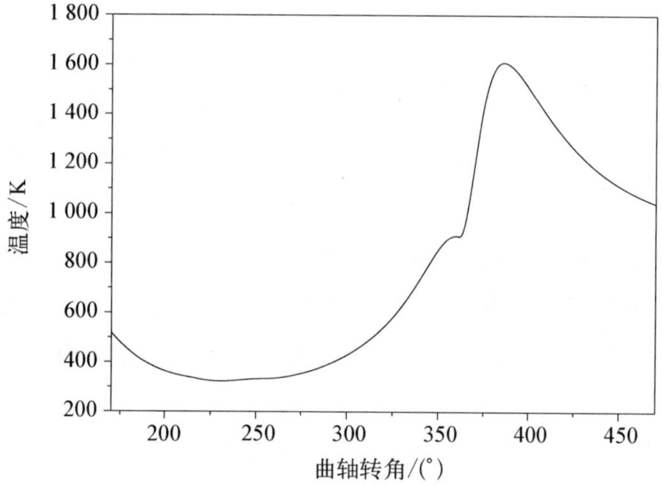

图 6.24 缸温曲线

由图 6.24 可知，缸温曲线存在两个拐点，第一个拐点出现的原因是液态燃油由喷油器喷入气缸，在缸内高温高压环境下，油滴蒸发吸热，使得缸内温度短暂降低，第二个拐点是发生在燃烧进行中，从图中可见这一点出现的位置并非在上止点，这是由于上止点时虽然气缸压缩使缸温升高，但此时的燃烧放热温升较少，温度升高的幅度有限；上止点后，燃油燃烧放热缸温升高成为主导因素，气缸膨胀行程虽然致使缸温略有下降，但其对温度的影响相对燃烧放热对温度的影响要小得多，两者的共同作用致使这一峰值的出现。第二拐点温度即为燃烧的峰值平均温度，约为 1 610 K。

(2) 缸内燃油、温度、NO_x分布。喷油器喷孔所在横截面在不同的曲轴转角下对应的缸内燃油、温度、NO_x分布如图 6.25 所示。

转角	燃油(C12H26)	温度	NO_x
365°CA	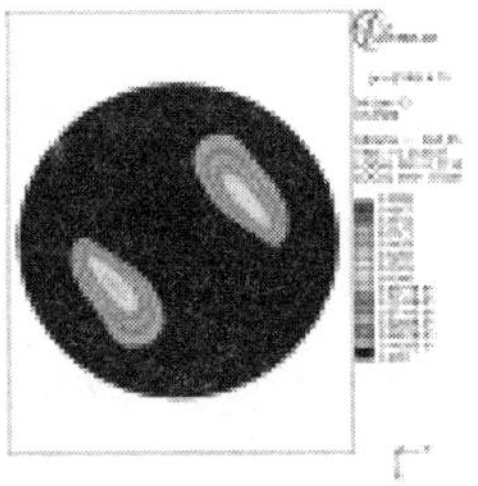	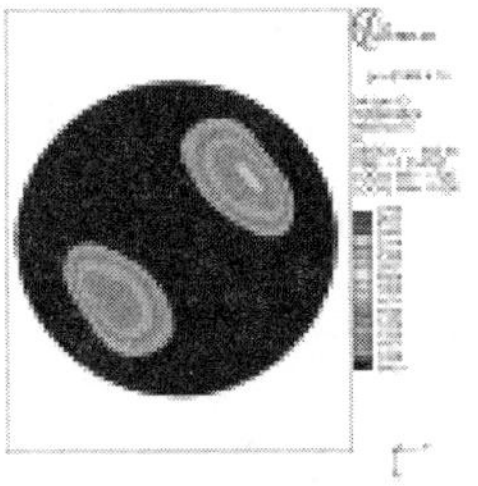	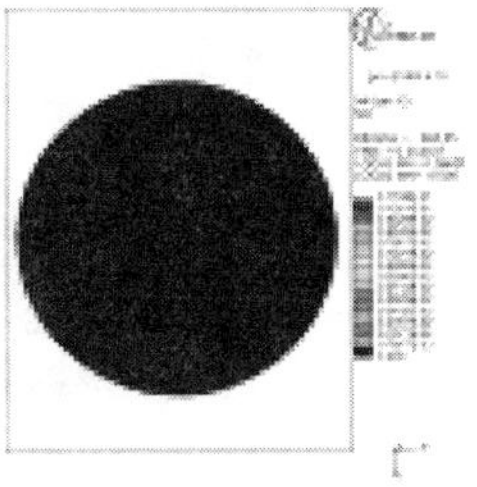
370°CA	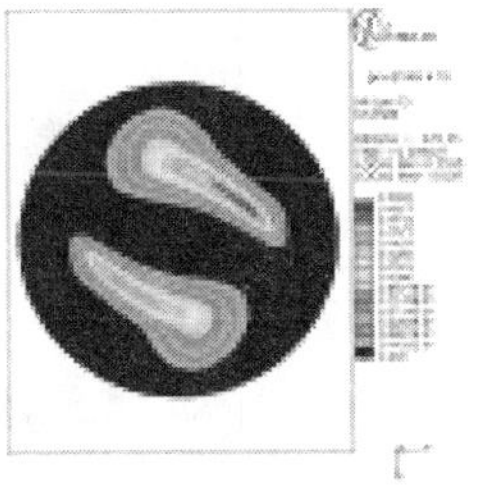	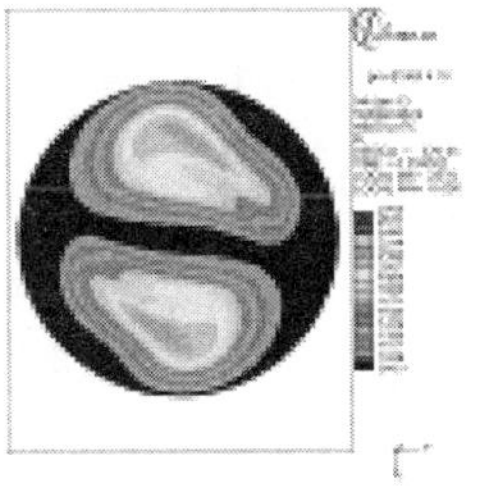	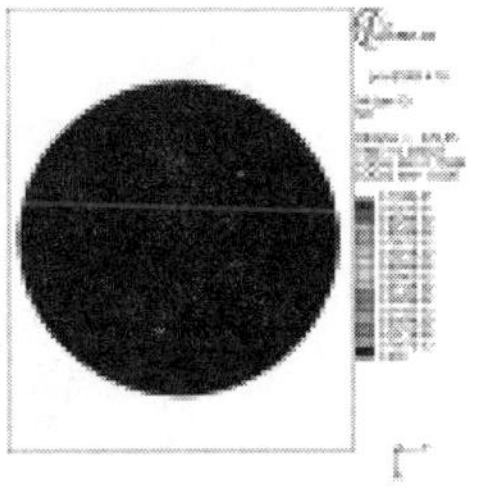
375°CA	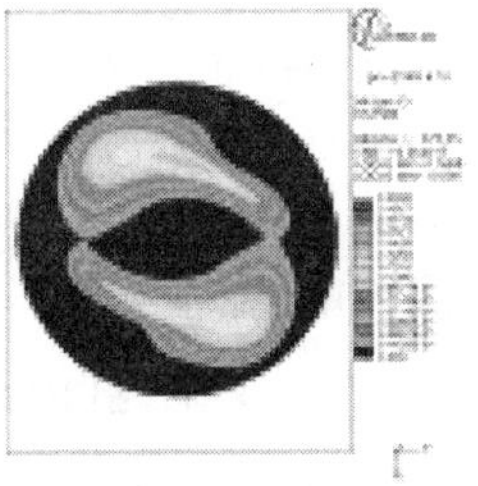	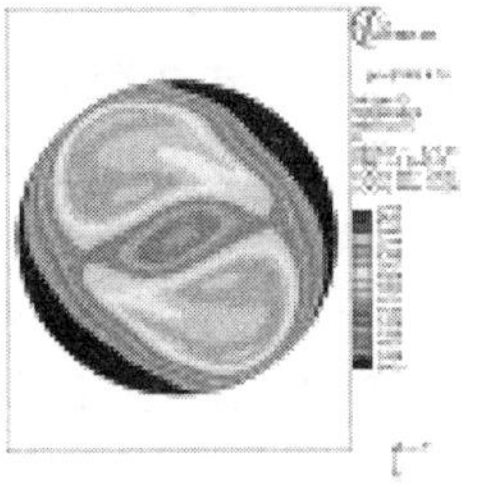	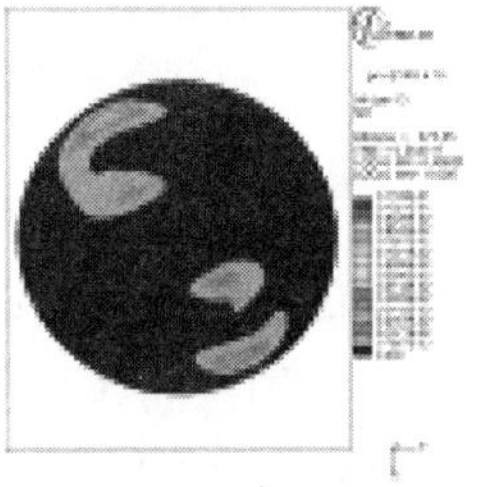
380°CA	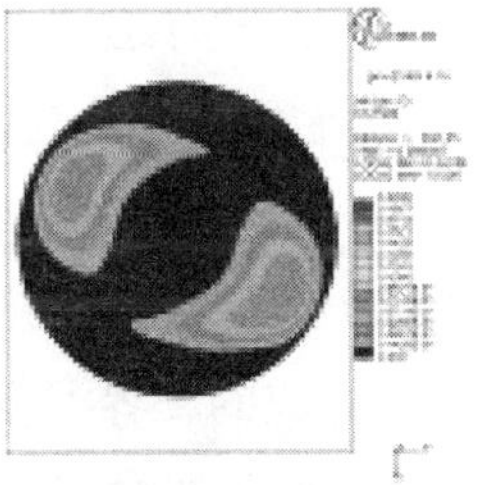	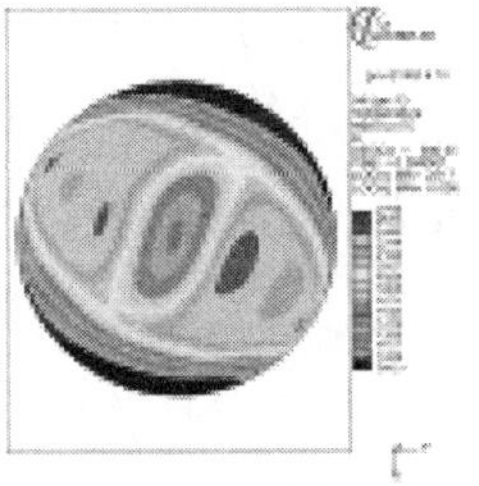	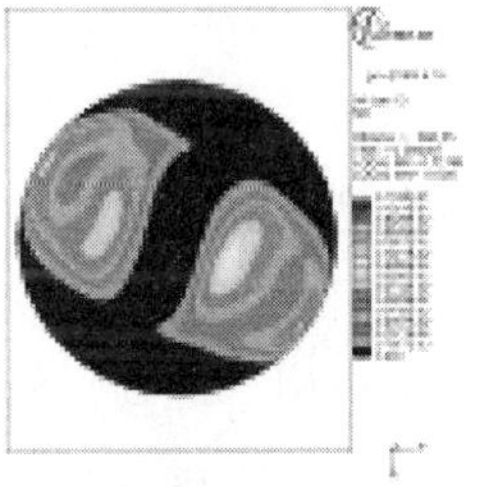
385°CA	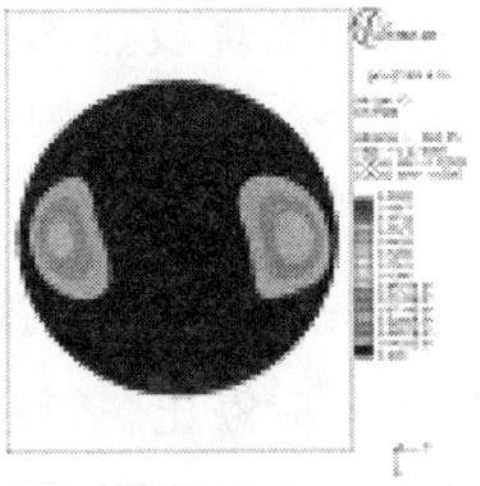	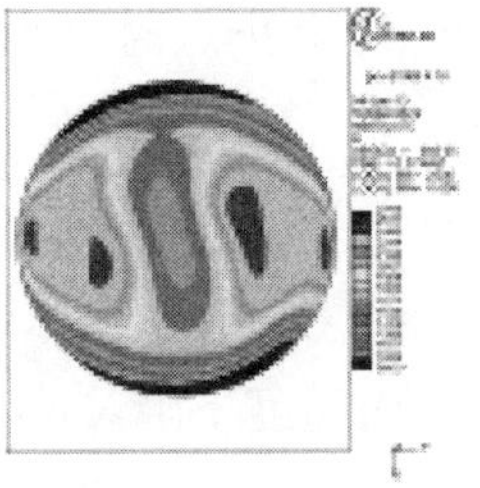	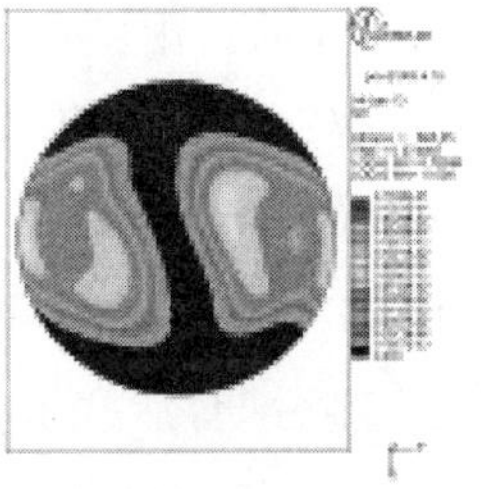

转角	燃油(C12H26)	温度	NO_x
390°CA	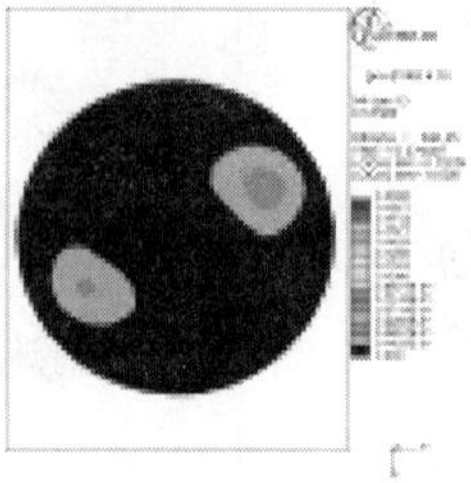	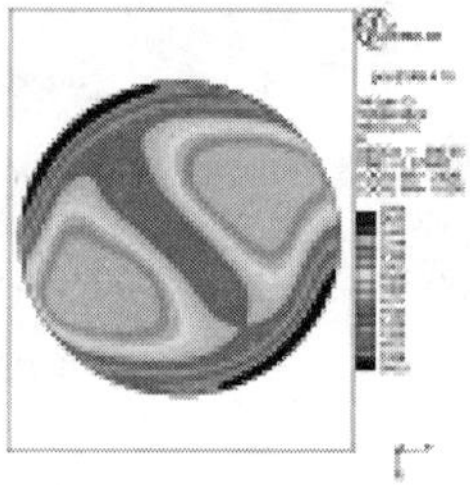	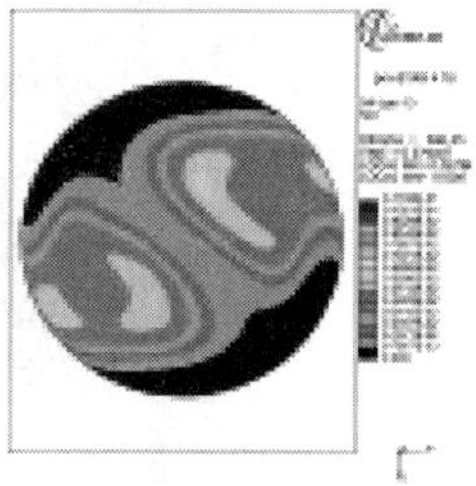
395°CA	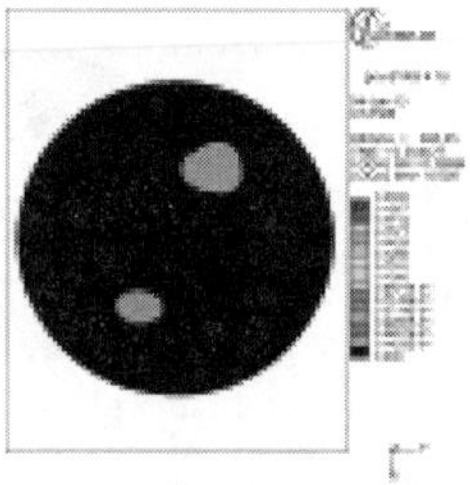	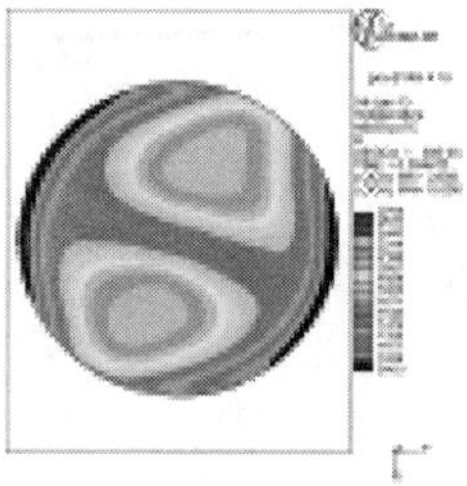	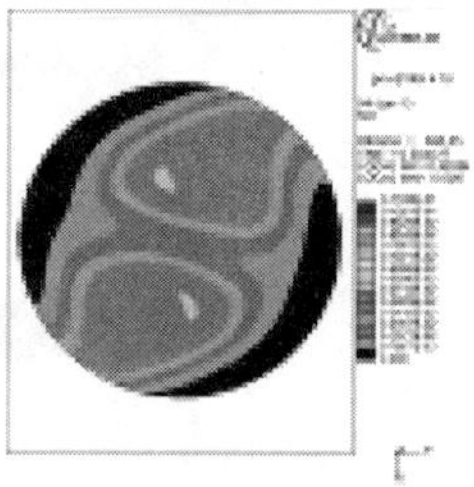

图 6.25　缸内燃油、温度、NO_x分布

由图 6.25 可知，缸内燃油、温度及 NO_x均绕着气缸轴线做逆时针旋转，这是由于缸内涡流的方向是逆时针的，且喷射方向与涡流的方向一致，也是逆时针方向，两者的共同作用导致了燃油、温度和 NO_x在缸内的变化；缸内燃油、温度及 NO_x分布位置类同，375°CA 前缸内尚没有出现 NO_x的分布，这是由于 375°CA 前，缸内燃油的燃烧放热所形成的高温区域的温度不高，没有达到 NO_x产生的条件，375°CA 后，因燃烧的继续进行，缸内高温气团的温度继续升高，局部高温区域满足了 NO_x生成的温度条件时便有部分 NO_x产生，随着扩散燃烧的进行，高温区域向低温区域的温度传递，高温区域的范围逐渐增大，NO_x的生成逐渐增多，这一过程持续到膨胀行程使得缸内温度降低至 NO_x生成的临界温度。

(3) 放热率及排放。燃烧放热率和 NO_x生成历程曲线分别如图 6.26、图 6.27 所示。由图6.26 可知，上止点时缸内燃油开始燃烧放热，柴油机的燃烧呈现出“单峰”扩散燃烧特征，最高燃烧放热率为 37 789 kJ/s，燃烧持续期约为 60°CA；由图 6.27 知约 370°CA，NO_x开始生成，之后 NO_x的生成量迅速增加，约 400°CA 左右，不再有 NO_x生成，NO_x总量冻结在 0.866 g，这是由于燃料燃烧放热后期，活塞下行，缸内温度下降，NO_x的生成反应停止。

(4) 综合性能分析。缸内仿真计算所得功率为 954 kW，平均指示压力

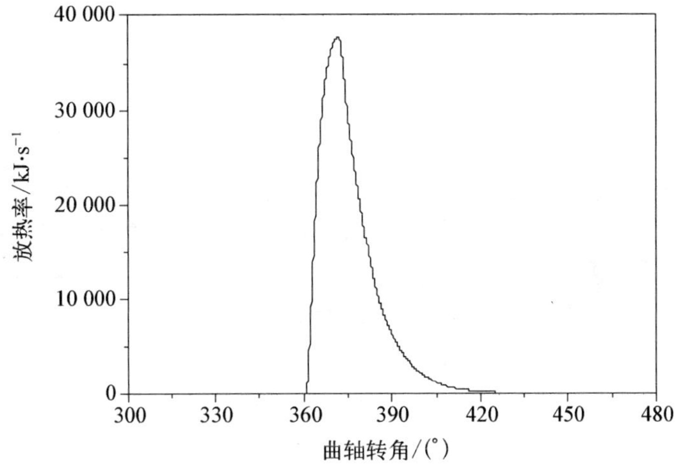

图 6.26 燃烧放热率

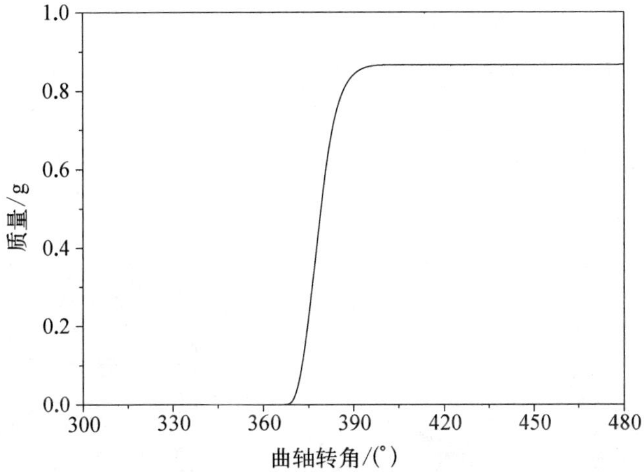

图 6.27 NO_x 生成历程

IMEP 为 2.3 MPa，指示油耗率为 159 g/kW·h，比排放为 9.1 g/kW·h；基本满足设计指标。

6.4 喷雾特性

6.4.1 计算模型

该柴油机喷嘴结构如图 6.28 所示，根据已有的结构模型，应用三维建模软件 UG NX7.5 建立三维模型，现调整视图的位置如下。

图 6.28 喷嘴结构

6.4.2 网格划分

喷雾部分的流域，由于几何特征复杂，如直接从给定的结构模型中抽取流域将不利于后期的网格划分，因此在处理此处的流域时，选择简化的方法。在保证扫气箱容积大小基本相等的情况下，用与原模型几何尺寸基本相当的规则几何模型替代实际结构模型中复杂结构，这样一方面方便了网格划分，减少了网格的数量；另一方面减少了因网格问题所致的计算不收敛问题。网络模型如图 6.29 所示。

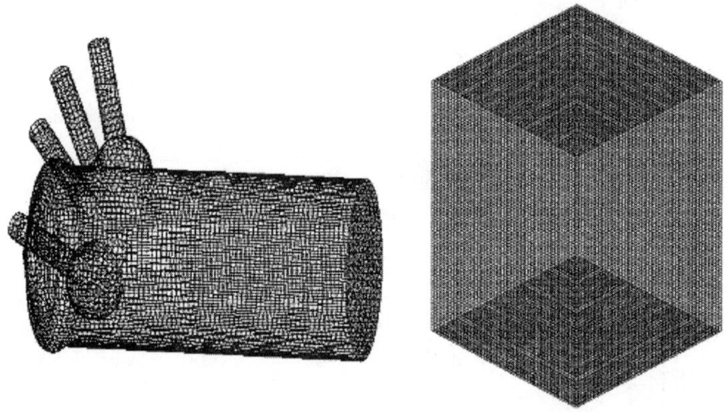

(a)　　(b)

图 6.29 网格模型

(a) 空化过程网格模型　(b) 喷雾过程网格模型

6.4.3 初始条件及边界条件

(1) 数学模型。湍流模型选用标准 $k-\varepsilon$ 湍流模型；多相流模型选用

Mixture 模型；碰撞、破碎模型选用 Stochastic collision、Wave、Break up 模型。使用 SIMPLE 算法进行求解。

（2）初始条件及边界条件。本书分析过程中所采用的主要初始及边界条件由 Fluent 仿真提供。初始及边界条件如表 6.3 所示。

表 6.3　计算的初始及边界参数

输入参数	参数值	备注
入口压力(初始)	80 MPa	喷射压力
出口压力(初始)	18 MPa	喷射背压

6.4.4　船用柴油机喷雾特性

（1）空化结果。船用柴油机喷嘴内部空化过程模拟的主要结果如表 6.4 所示。

表 6.4　计算结果

喷孔号	喷孔质量流量/(kg/s)	流体速度/(m/s)	喷雾半径/m
Outlet1	0.137 426 32	339.924 07	0.011 346 95
Outlet2	0.100 435 48	305.727 54	0.010 228 48
Outlet3	0.100 654 68	305.784 82	0.010 238 68
Outlet4	0.104 182 79	316.053 28	0.010 245 96

（2）喷雾结果。船用柴油机喷雾过程模拟得到的喷雾云图和喷雾锥角如图 6.30 所示。

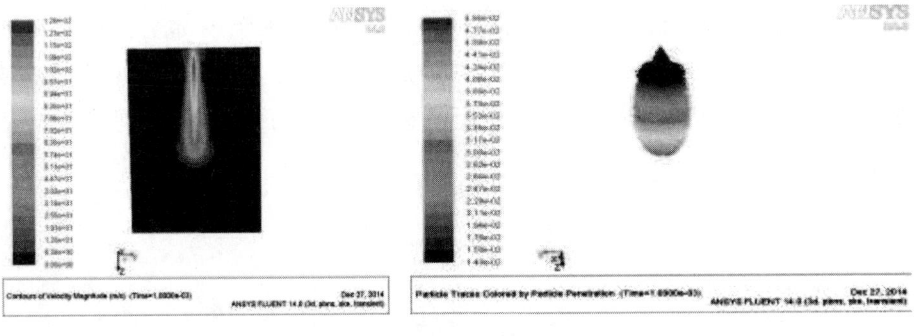

图 6.30　喷雾云图

从图 6.30 可知,柴油喷雾初始阶段油束尖端形成的类似“蘑菇头”形态及其破碎机理,验证了导致柴油雾化的原因是 $K-H$ 不稳定波的增长。研究还发现射流表面初始扰动源是液体内部湍流扰动和喷孔出口处边界层松弛共同作用的结果。

6.5 本章小结

本章建立了某船用低速二行程柴油机的几何模型,并综合运用 STAR-CD,ES-ICE,ICEMCFD 等多款 CFD 软件完成了柴油机的网格划分,得到了柴油机缸内工作过程模拟的三维仿真模型,且对柴油机的扫排气过程、烧热过程进行了仿真分析。

(1) 通过扫排气过程计算结果的处理和分析,获取了扫气效率,给气效率等关键参数,同时得到了扫气模型,流量系数等一维仿真所需要输入的关键参数。计算所得扫气模型及流量系数可以作为 GT-power 仿真计算时的输入参数,为一维系统计算提供支持,构建起一维系统计算与三维单缸计算的桥梁。

(2) 完成了柴油机一个工作循环的燃烧仿真。将计算结果与试验的结果对比,说明燃烧仿真结果准确可靠,其计算结果可用于分析柴油机缸内燃烧特性。之后对仿真所得的缸温、放热率、NO_x生成曲线以及喷油孔所在位置横截面缸内燃油、温度、NO_x的分布加以分析,加深了对柴油机缸内燃烧特性的认识。

(3) 进行了柴油机喷雾过程的模拟,首先进行了喷嘴内部空化过程模拟,得到了各个喷孔的初始流速,质量流量及喷雾直径,作为喷雾过程模拟的初始条件;然后对柴油机缸内喷雾过程进行了模拟,得到了喷雾云图,验证了喷油雾化的主要原因。

第七章　船用柴油机关键部件典型工艺研究

7.1　曲轴红套工艺分析方法

7.1.1　曲臂感应加热中耦合场实现方法

耦合场分析指在有限元分析的过程中，考虑了两种或多种工程学科的交叉作用和相互影响的分析。在曲臂感应加热问题中，交流电磁分析计算出焦耳热源的数据，作为瞬态热分析的热载荷求解温度场随时间的变化，但是在两个物理分析中曲臂材料的性能随温度明显变化的，造成曲臂感应加热问题求解的复杂性，这就需要两种物理分析的相互耦合，即进行谐波电磁场和瞬态温度场的耦合，从而考虑电磁场和温度场之间的相互作用。

(1) 耦合分析类型。耦合场的分析过程依赖所耦合的物理场，可分为两大类，即顺序耦合(间接耦合)和直接耦合。

直接耦合方法，一般只进行一次分析，它使用包含多场自由度的耦合单元，通过计算所包含物理量的单元矩阵或载荷向量的方式进行耦合，尤其是当耦合场之间的相互作用是高度非线性时，直接耦合较具优势，它使用耦合变量一次求解得到所有物理场的结果。

顺序耦合方法包括两个或多个按一定顺序排列的分析，每一种分析属于单一物理场分析，即通过将前一分析的结果作为载荷施加到另一分析中的方式进行耦合，适用于多场的非线性程度不是很高的情况。进行顺序耦合场分析可以使用间接法和物理环境法。

耦合分析是指第一个物理分析的结果作为二个物理分析的载荷，如果分析时完全耦合的，那么第二个物理分析的结果又会成为第一个物理分析的载荷，耦合载荷是其他物理分析的结果。

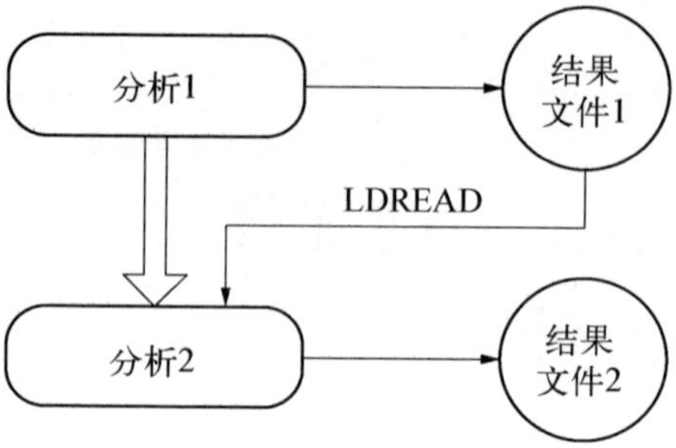

图 7.1 间接法顺序耦合分析流程

① 间接法比较适用于单向顺序耦合，而物理环境法，由于在物理环境之间可迅速切换，对于在多个物理分析间需要双向或迭代耦合非常适用。间接耦合法数据流程如图 7.1 所示，即先进行分析 1 的计算，产生结果文件 1；然后将其通过命令（LDREAD）载入到分析 2 中，进行计算后，最后形成结果文件 2。

② 采用环境法进行分析时，由于整个分析均使用一个数据库，可在物理环境之间迅速切换，对于在多个物理分析间需要双向或迭代耦合的情况非常适用。其数据流程如图 7.2 所示。

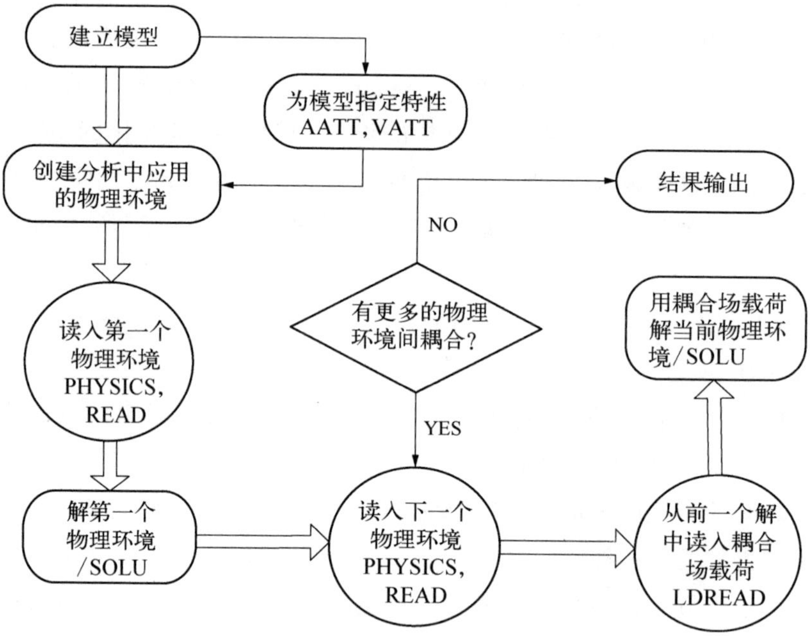

图 7.2 物理环境法顺序耦合分析流程

物理环境方法中整个分析使用同一个数据库，数据库中必须包含所有的物理分析所需的节点和单元；对于每个单元或实体模型图元，必须定义一套属性编号，包括单元类型号、材料编号、实常数编号及单元坐标编号，并且所有这些编号在所有物理分析中是不变的，但是在每个物理环境中，每个编号对应的实际属性是不同的，如实常数和单元类型等。

物理环境法耦合分析可用于进行电磁-热耦合分析。该分析需要将电磁场分析结果中的焦耳热(HGEN)传到热分析中作为体单元载荷，而热分析结果中的温度(TEMP)载入到电磁分析中作为体载荷，以进行两个物理场的迭代耦合。

使用物理环境法进行顺序耦合场分析的基本过程为：

a. 创建满足所有物理环境的模型，每个 ANSYS 实体模型的面或体都要定义对应的单元类型编号、材料属性编号、实常数编号和单元坐标编号，即在物理环境中赋予每个区域准确属性编号，这些编号一旦确定，在整个分析过程中就不再发生变化。模型中多个物理环境中都要分析的面或体的网格划分必须满足所有物理环境分析的要求。

b. 创建物理环境，针对各物理场原理执行该步，作为耦合场分析的一部分。

c. 执行顺序耦合多物理场分析求解，依次进行物理分析。

③ 两种分析方法的对比。

a. 间接法比较适用于单向顺序耦合，而物理环境法，由于在物理环境之间可迅速切换，对于在多个物理分析间需要双向或迭代耦合非常适用。

b. 使用间接法，不同的物理分析最好使用不同的文件名以方便进行后处理，而使用物理环境法，在同一个文件名中通过读入不同的物理环境文件便可对每一个物理分析进行后处理。

c. 在间接法中，运算过程需要人为对其干涉，在两个物理分析之间改变模型及其他参数才能进行下一步运算，而在物理环境法中，可以一次性将运算过程中需要的物理环境文件设置好，开始求解后机器自动运行，直到全部求解完成。

(2) 曲臂感性加热中的电磁-热场耦合。曲臂的感应加热不存在高度非线性相互作用的现象，因此采用顺序耦合解法较为有效和方便。具体方法是：把电磁场与温度场分开，先计算谐波电磁场，然后将其各载荷步的结果信息(热生成率)作为体载荷加载后，再进行瞬态温度场的分析，每计算一次修改一下材料的性能(解决非线性问题)，依次类推，其流程如图 7.3 所示。

(3) 曲臂感应加热中的热-结构场耦合。对于顺序热-结构分析，这里选用

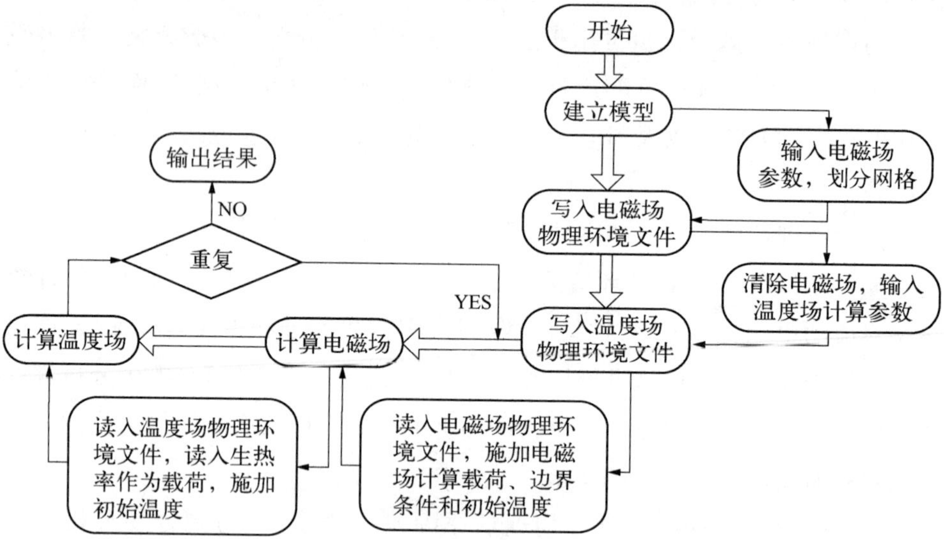

图 7.3　电磁-热场耦合分析流程

间接耦合方法，即做完曲臂的热分析后，把曲臂各节点的温度值作为体积载荷施加到随后的结构分析中(见图 7.4)。

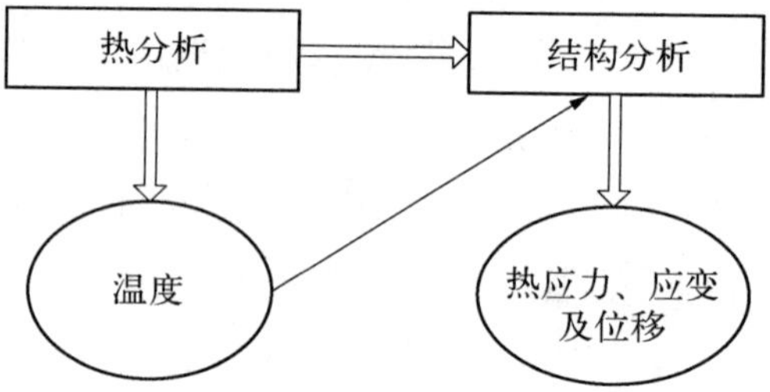

图 7.4　热-结构耦合分析流程

7.1.2　ANSYS 磁-热耦合仿真实例

本例子描述的是瞬态感应加热问题。感应加热的对象是一根长条形的长钢坯，这可以简化为一维问题，其几何模型如图 7.5 所示。

本例子采用的材料是 45 钢，考虑到在感应加热过程中材料各物理参数受温度变化的影响，选用了物理环境法进行感应加热过程的仿真。曲臂感应加热数值模拟所需要用到的材料物理参数：比热容、热导率、换热系数、电导率及相对磁导率。

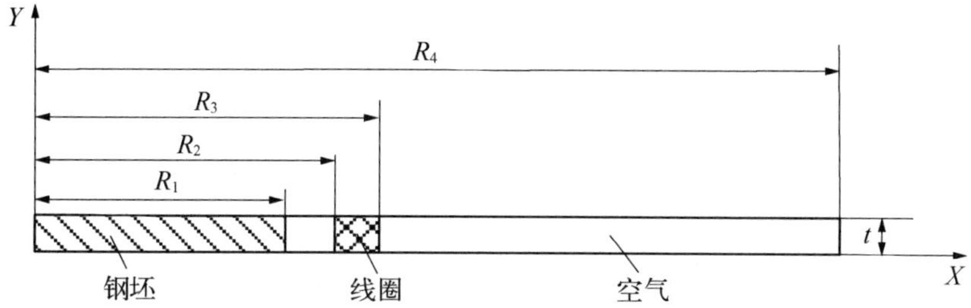

图 7.5　几 何 模 型

其中，$R1=0.015$ m；$R2=0.0175$ m；$R3=0.02$ m；$R1=0.05$ m；$t=0.001$ m。

(1) 有限元模型的建立。在电磁场(物理环境)分析部分，工件、线圈与空气的网格单元类型均采用相同的 PLANE13 单元，但为了施加载荷以及结果处理的方便，分别定义不同的单元类型号；温度场(物理环境)分析部分，忽略线圈的发热问题，线圈和空气单元均设置为 NULL(空单元)，有效的单元是工件热分析单元 PLANE55 和工件表面的辐射单元 SURF19，而且每个单元有不同的节点自由度(DOF)、不同的特性(KEYOPT)和特殊的结果输出。

① PLANE13 电磁场分析单元。该单元是二维耦合场实体单元，具有二维磁、热、电、压电和结构场的分析能力，并且能在各场之间实现有限的耦合。本单元有 4 个节点，每个节点最多有 4 个自由度。本单元具有为 $B-H$ 曲线或永磁体退磁曲线建模的非线性磁能力。PLANE13 单元具有大变形和应力刚度能力。而且，在用于纯结构分析时，PLANE13 单元也具有很大应变的能力。

② PLANE55 热场分析单元。该单元为二维 4 节点热实体单元，PLANE55 单元可以作为平面单元或轴对称环单元，用于二维热传导分析。本单元有 4 个节点，每个节点只有一个自由度——温度。本单元适用于二维，稳态或瞬态热分析。本单元也可以考虑由常速流动的质量所输送的热流。

③ SURF151 表面温度单元。该单元可用于多种载荷和表面效应的应用，可以覆盖在任何二维热实体单元的表面(除轴对称谐波单元 PLANE75 和 PLANE78 外)。该单元可用于二维热分析，多种载荷和表面效应可以同时存在。SURF151 单元有 2～4 个节点，如考虑对流传热和辐

射的影响需要定义一个外部节点。传热量和热对流量以表面载荷的形式施加在单元上。

建立感应加热的电磁场和温度场物理环境文件时，不同区域选用的单元类型和材料属性均不同，如表 7.1 所示。

表 7.1　各分析区域中单元类型和材料属性的选择

分析区域	电磁场		温度场	
	单元类型	材料属性	单元类型	材料属性
工件	PLANE13	MURX(Y) RSVX(T)	PLANE55	KXX(T) ENTH(T)
感应线圈	PLANE13	MURX	NULL	NULL
空气区	PLANE13	MURX	NULL	NULL
工件表面	NULL	NULL	SURF151	EMIS，HF

注：MURX 为相对导磁率，RSVX 为电阻率，KXX 为热导率，ENTH 为焓值，EMIS 为热辐射系数，HF 为换热系数。

在有限元数值模拟计算中，网格划分质量直接影响到计算结果的精确度以及计算的效率问题，由于感应加热时坯料上涡流分布具有明显的集肤效应，通常随电流频率的不同，透入深度在远小于 1 mm 或者几个毫米范围变化，而接近 87%的热量在该层内产生，为确保计算精度，必须保证在透入深度层内至少划分 3～5 层的单元，同时为了降低计算量，越靠近表面网格越密，网格密度由表面向中心逐渐递减。由于假设感应线圈中所施加的电流为均匀电流，在感应线圈所在区域采用四边形映射网格划分，这样规则地划分有利于减少计算量。网格模型如图 7.6、图 7.7 所示。

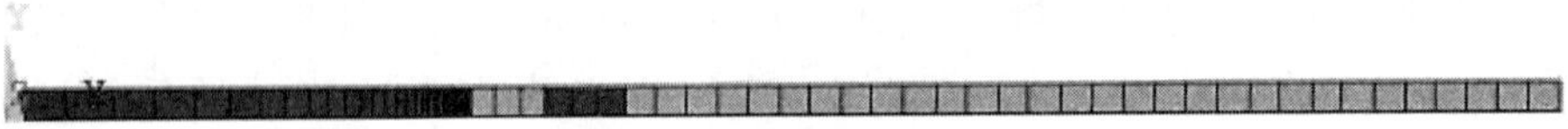

图 7.6　系统网格模型

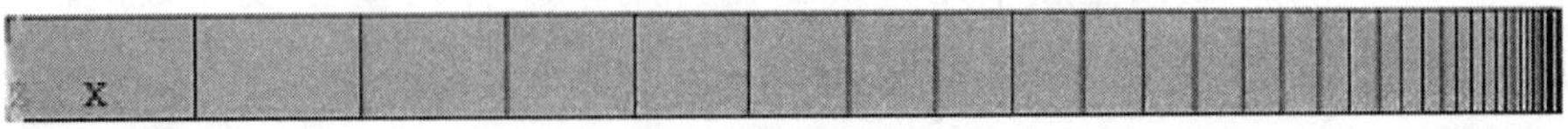

图 7.7　钢坯网格模型

（2）仿真结果。感应线圈电流密度为 $15\times106\ A/m^2$，工作频率为 15 kHz，周围环境温度是 25℃。

在做电磁-热耦合分析之前，分别设定电磁场和温度场的分析参数，其中最为重要的一步是分别设定电磁场与温度场的边界条件。电磁边界条件为远场外缘（即无限远）处磁势为零，在工件中心施加磁力线平行边界，假设电流强度通过线圈内侧横截面时是均匀的；温度场边界条件为 y 轴为对称轴，即温度相对 $x=0$ 轴对称，于是温度关于 x 轴的偏导数为零，同理，在 $y=0$ 处，温度关于 y 轴的偏导数为零。

如图 7.8 所示，由圆钢坯在加热时间为 3 秒的内部温度分布云图，可以看出感应加热中具有非常明显的集肤效应。

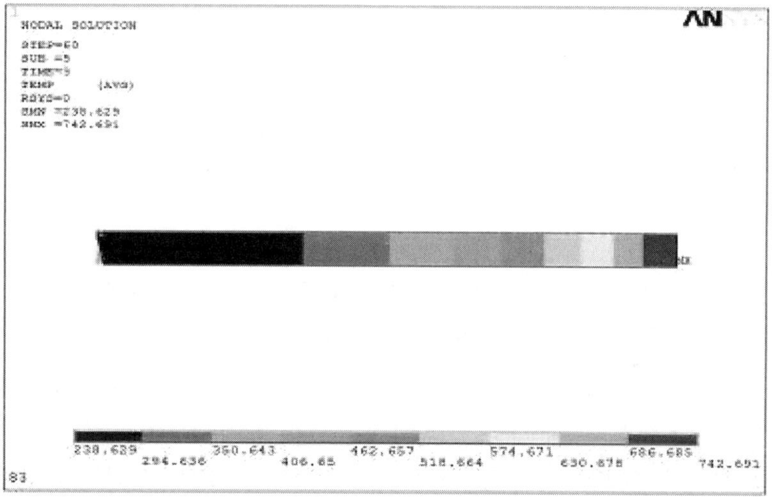

图 7.8　温度场分布等值线图

图 7.9 为圆钢坯的中心（inner 线表示）和表面点（outer 线表示）在不同加热时间点（1～3 s 内）的温升曲线。

如图 7.9 所示，当加热到 1.6 s 时，钢坯表面达到最高温度 720℃左右，之前的温度上升速度很快，后来就进入缓慢上升阶段；钢坯中心在加热初期温度无很大升高，在加热到 0.65 s 后开始持续升温。

通过这例子证明用物理环境法进行感应加热的电磁-热场耦合分析是正确的。

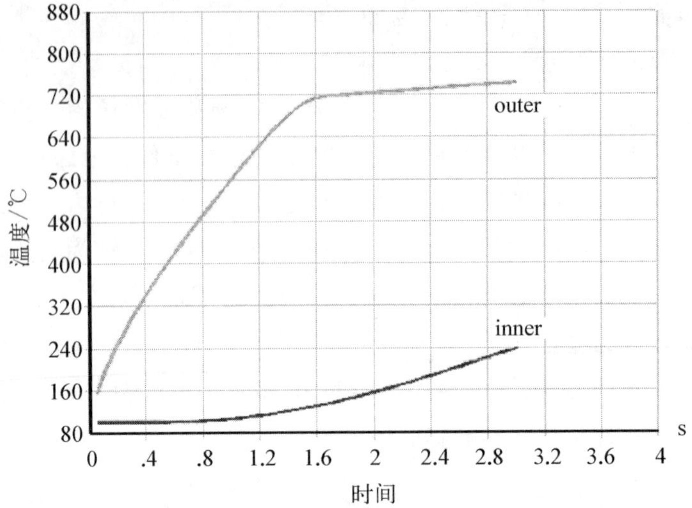

图 7.9　温度变化曲线

7.2　曲轴红套工艺分析

红套技术是曲轴制造的关键技术之一，红套质量的好坏直接影响红套后曲轴的挠度变形及各档长度。通过建立曲轴红套加热数学模型，并利用有限元的方法对红套感应加热的过程进行仿真，获得红套孔在加热过程中的尺寸、形状及温度的变化规律，并以此为依据建立一组优化的红套工艺参数，从而提高红套质量、缩短红套时间，为曲轴红套工艺的科学制定提供理论依据。

曲轴感应加热数值仿真分析

1）曲轴感应加热数值仿真模型的建立

（1）实体模型的建立。曲轴红套过程中最重要的是对曲臂感应加热后温度的控制，加热后曲臂主轴孔内壁温度分布和热膨胀变形是否均匀，对于曲轴红套的质量至关重要。

首先根据曲轴二维图纸和 KGPS－200 型中频感应加热器的感应线圈参数值，在三维软件 UG 中建立曲臂的三维几何实体模型、感应线圈实体模型及空气三维实体模型。考虑到曲臂模型的对称性和复杂性，对其进行适当的简化，建立的几何模型如图 7.10～图 7.12 所示。

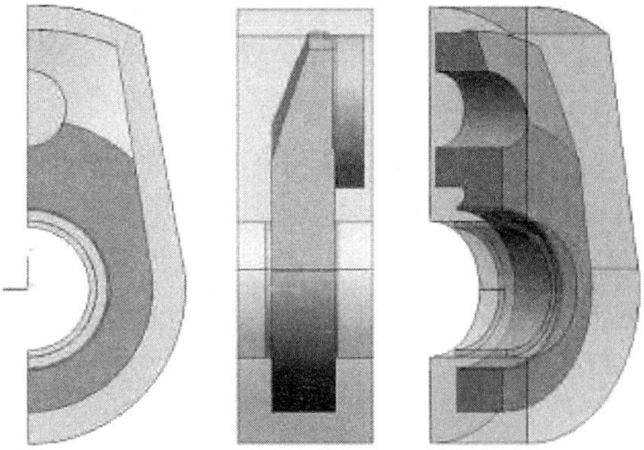

图 7.10　感应加热系统的三维实体模型

图 7.11　曲臂三维实体模型

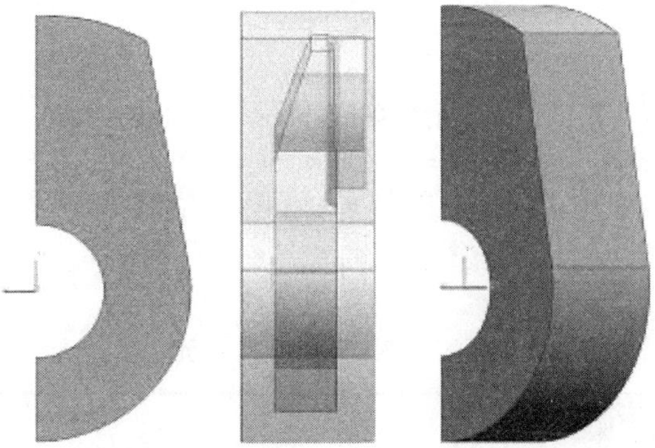

图 7.12　空气的三维实体模型

(2) 有限元模型的建立。曲轴的感应加热问题涉及电磁场、温度场、结构场三个物理场,分别选取 SOLID97 单元、SOLID70 单元和 SOLID45 单元进行电磁-热场、热-结构场耦合分析。

节点法三维谐波电磁场分析使用 SOLID97 单元,单元特性如表 7.2 所示,其形状如图 7.13 所示。

表 7.2　SOLID97 单元

单　元	维　数	形　状	自 由 度
SOLID97	3 - D	六面体 8 节点	AX AY AZ AX AY AZ VOLT AX AY AZ CURR AX AY AZ CURR EMF AX AY AZ CURR VOLT

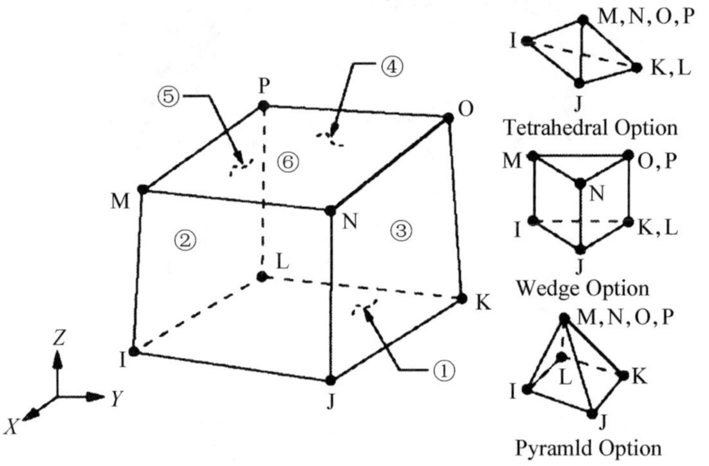

图 7.13　SOLID97 单元形状图

瞬态热分析选用 SOLID70 单元,该单元特性如表 7.3 所示,其形状同 SOLID97 单元的形状一样。

表 7.3　SOLID70 单元

单　元	维　数	形　状	自 由 度
SOLID70	3 - D	六面体 8 节点	温度 TEMP(每个节点)

结构分析选用 SOLID45 单元，该单元特性如表 7.4 所示，其单元形状如图 7.14 所示。

表 7.4　SOLID45 单元

单　元	维　数	形　状	自 由 度
SOLID45	3-D	六面体 8 节点	X，Y，Z 三个方向的位移 UX，UY，UZ（每个节点）

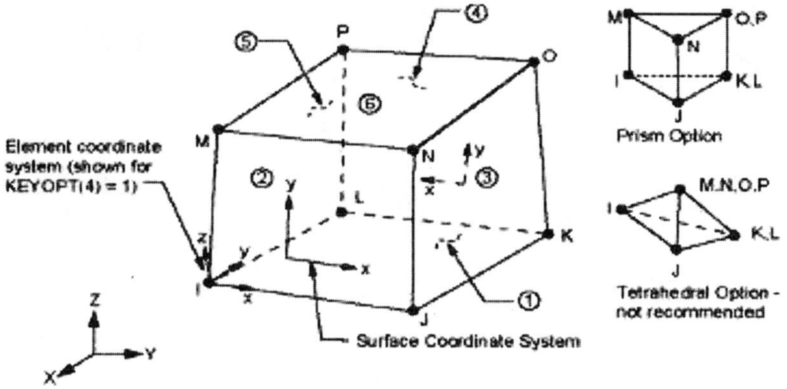

图 7.14　SOLID45 单元形状图

选用上述单元类型后，分别对感应加热系统中各区域进行单元类型及材料属性进行设置，如表 7.5 所示。

表 7.5　电磁-热分析各区域中的设置

分析区域	电磁场		温度场	
	单元类型	材料属性	单元类型	材料属性
曲臂	SOLID97	MURX(T)，RSVX(T)	SOLID70	KXX(T)，C(T)
感应线圈	SOLID97	MURX	NULL	NULL
空气区	SOLID97	MURX	NULL	NULL
曲臂表面	NULL	NULL	NULL	EMIS，波尔兹曼常数

注：MURX 为相对导磁率，RSVX 为电阻率，KXX 为热导率，C 为比热容，EMIS 为热辐射系数。

在有限元法数值模拟计算中，单元网格划分密度的大小直接决定仿真计算的精度。对于曲臂感应加热系统的各部分网格划分，本例分别采用以下方法：感应线圈作为载流体，采用均匀网格划分方法；空气模型用智能网格划分方式，其精度等级为 6 级；在曲臂的应力集中处及集肤效应深度层以内，采用较为密集的单元网格划分，而其他部位则采用相对较为稀疏的网格划分，如图 7.15～图 7.16 所示。

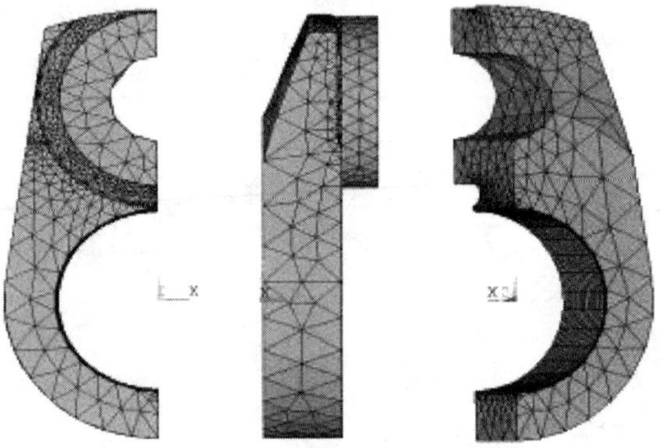

图 7.15　曲臂的网格模型

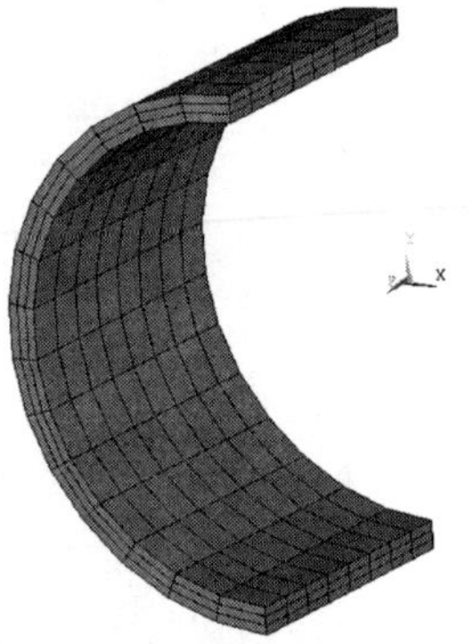

图 7.16　感应线圈的网格模型

(3) 材料性能参数的设定。对曲臂材料的各种性能参数作如下定义：曲臂材料相对磁导率、电阻、焓及热导率随温度变化曲线分别如图 7.17～图 7.20 所示。此外，设曲臂密度 $\rho=7\ 850\ \mathrm{kg/m^3}$，比热容 $c=460\ \mathrm{J/kg\cdot ℃}$，热膨胀系数 $k=1.2\times10^{-5}/℃$，弹性模量 $E=2.1\times10^{11}\ \mathrm{Pa}$，泊松比 $\mu=0.3$，曲臂表面总的换热系数 $\beta=0.68$，线圈与空气相对磁导率 $murr=1$。感应线圈的电流密度 $Js=2.6\times10^5\ \mathrm{A/m^2}$，频率 $F=1\ \mathrm{kHz}$，加热时间 $t=14\ 400\ \mathrm{s}$，均与实验数值相同。

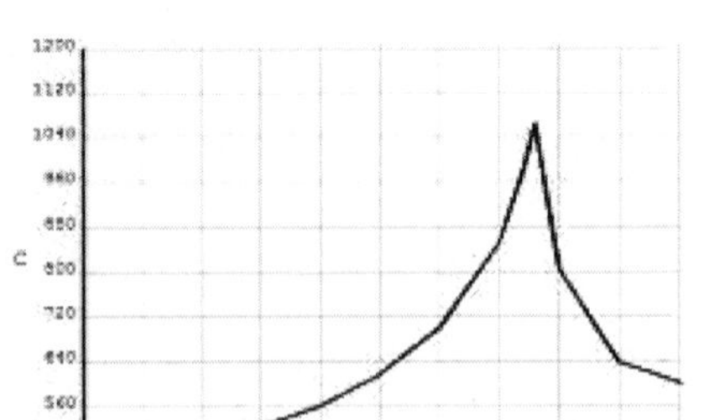

图 7.17　比热容随温度变化的曲线图

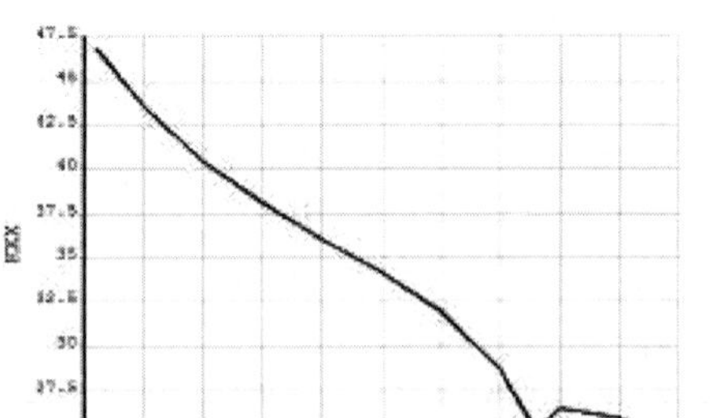

图 7.18　热导率随温度变化的曲线图

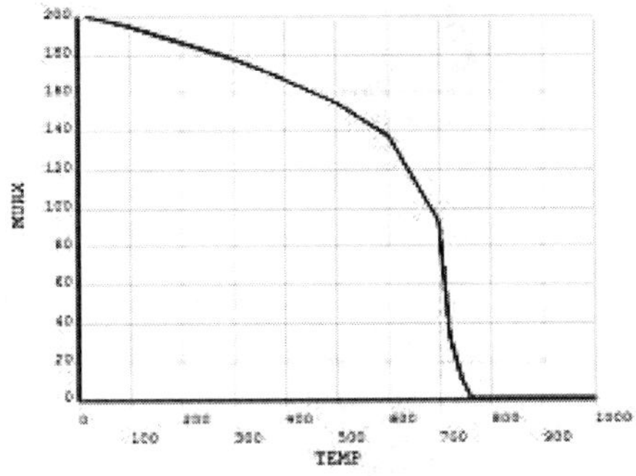

图 7.19　相对磁导率随温度变化的曲线图

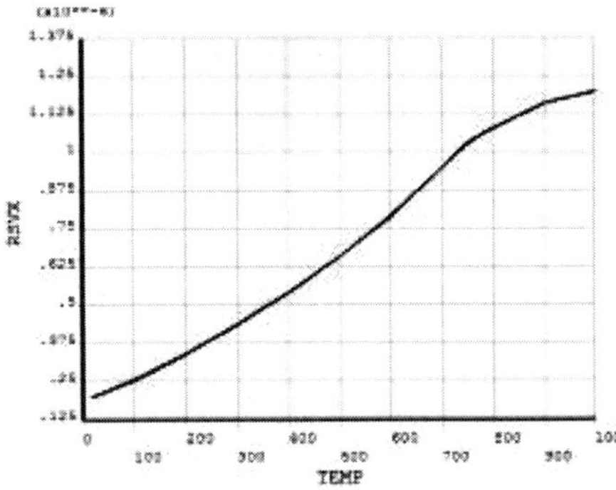

图 7.20　电阻随温度变化的曲线图

(4) 边界条件的施加。电磁场分析：靠近感应线圈的主轴孔内壁满足磁力线平行边界条件，这个部位设定轴向磁势 $AZ=0$；在空气模型的外表面可认为没有磁力线通过，设定其面上的磁势为零；其他部位满足磁力线垂直边界条件，该边界条件为自然边界条件，自动得到满足。

热分析：曲臂表面的总换热系数设为 0.68 曲臂及周围环境的初始温度为室温，即 TEMP=25℃。

结构应力应变场分析：在实际曲轴红套中，曲臂输入端(非加热端)背面搁置于水平台上，因此设定曲柄销孔处横向剖面各节点位移为零，即在各节点施加 z 方向的位移约束 $uz=0$；为避免出现计算过程发散，对该平面上任意一点施以 x、y、z 三个坐标方向约束；曲臂的结构对称面理论上应满足 $ux=0$ 的边界条件。

2) 仿真结果分析

基于上述有限元模型及各参数值，通过 ANSYS 软件进行数值仿真，可得感应加热时间 4 h 后曲臂的温度场分布云图，如图 7.21 所示。

从图 7.21 所示的曲臂温度场分布图可以看出，靠近感应线圈部位的温度明显高于曲臂其他部位的温度，这是感应加热集肤效应的体现。同时，由于曲臂材料的热传导作用，热量逐渐向曲柄销孔处传导，使得靠近曲柄销孔处的曲臂主轴孔内壁温度降低。曲臂经过 4 h 感应加热后，主轴孔内壁最高温度上升到 376.272℃，连杆轴颈外缘最低温度为 33.932℃。

同样基于上述有限元模型及各参数值，通过 ANSYS 软件进行热——结构场耦合仿真分析，可得到感应加热时间 4 h 后曲臂的位移矢量和分布图，如图 7.22 所示。

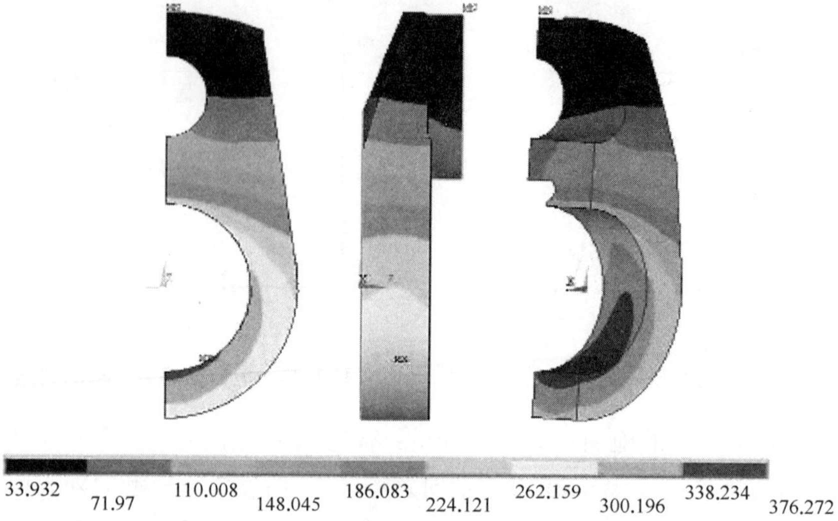

图 7.21　温度场分布图

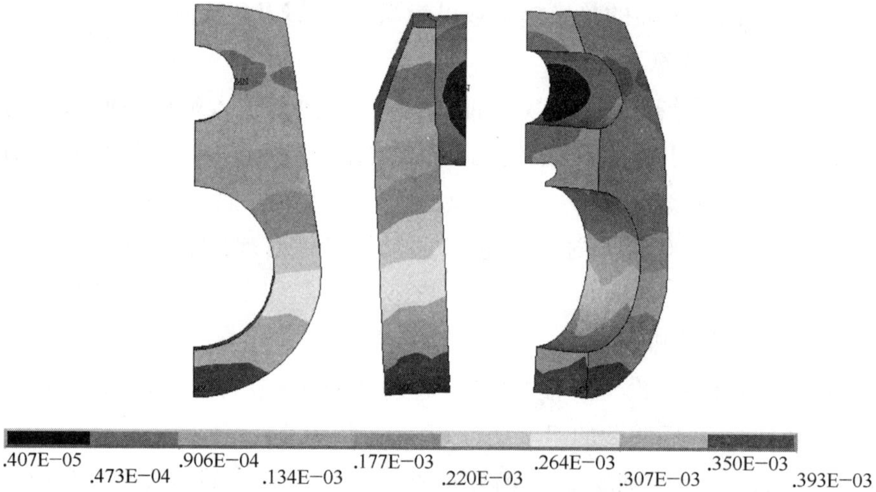

图 7.22　位移矢量和分布图

从图 7.22 所示的曲臂位移分布图可以看出，曲臂在被加热 4 h 后，由于主轴孔外侧因为远离曲柄销孔处的横向剖面（固定平面），该位置产生了最大的位移，其值为 0.393 mm，而曲柄销孔内表面最小位移为 0.004 07 mm。

3）实验验证

本实验采用的是接触式测温法，其原理是将传感器置于与物体相同的热平衡状态中，使传感器与物体保持同一温度的测温方法，其中热电偶就是利用物体电气参数随温度变化的特性来检测温度。

接触式测温仪表比较简单、可靠，测量精度较高；但因测温元件与被测介质需要进行充分的热交换，需要一定的时间才能达到热平衡，所以存在测温的延迟现象，同时受耐高温材料的限制，不能应用于很高的温度测量。

本实验温度测量选用的是深圳优利德 UT326 型号的专业型数字测温表，如图 7.25 所示，该测温仪为热电偶型测温仪，测量精度高，能测量物体和液体内部温度，有主机部分和测温探杆部分组成。其基本量程为－200～760℃，满足实验要求。

曲轴红套的实验过程如下：

(1) 将曲臂 F 端(输入端)朝下放置在调整平台上，用水平仪校对曲臂 A 端(输出端)平面 x、y 方向水平，允许最大误差为 0.05 mm/M，如果误差过大则调整平台上的调整垫块的高度，如图 7.23 所示。

(2) 使用 100 目的砂纸和纯棉布彻底清洁曲臂红套孔(主轴孔)及红套孔内附近的毛刺、污垢，必要时可使用 97.5%酒精。

(3) 用圆形中频加热器，如图 7.24 所示；加热曲臂 A 端红套孔，使用测温仪，如图 7.25 所示，加热期间每隔 1 小时测量曲拐上各测点的温度(每次测量时测温仪和测点接触时间不小于 15 s)并作记录。

图 7.23　曲　拐

图 7.24　圆形加热器

在曲轴感应加热的过程中，实际中更为关注的是曲臂主轴孔内表面处的温度如何变化。因此，选取了曲臂主轴孔内表面的 8 个节点，分别为节点 $A1=2$，$A2=14$，$B1=68$，$B2=135$，$C1=69$，$C2=136$，$D1=61$，$D2=121$，8 个温度测量点具体位置如图 7.26 所示。利用 ANSYS 软件模拟了曲臂红套的过程(仿真加热参数值与实验完全一致)，并分别绘制出各节点温度随时间变化的关系图,如图 7.27～图 7.30 所示。

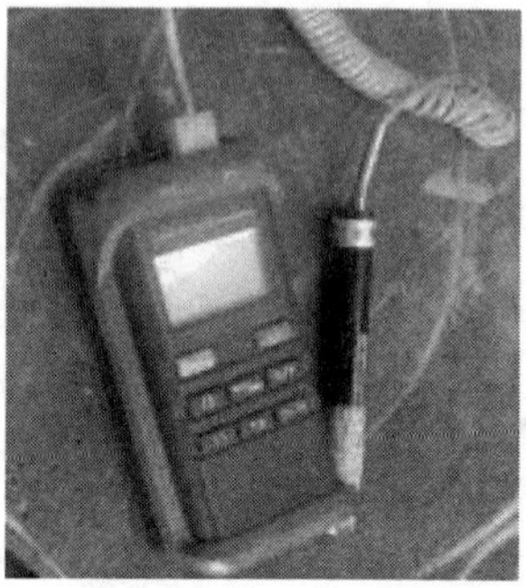

图 7.25　测温仪

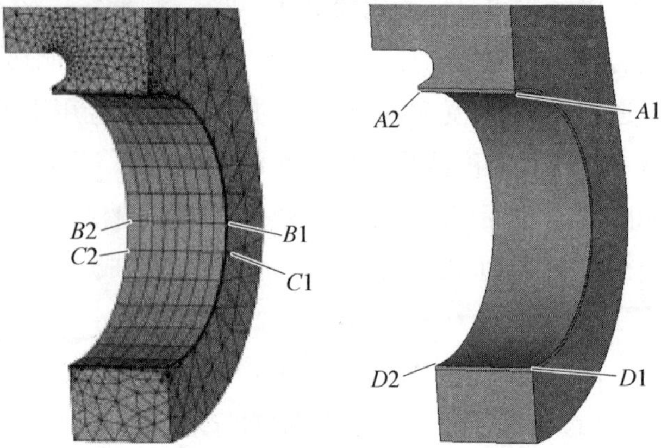

图 7.26　各节点位置

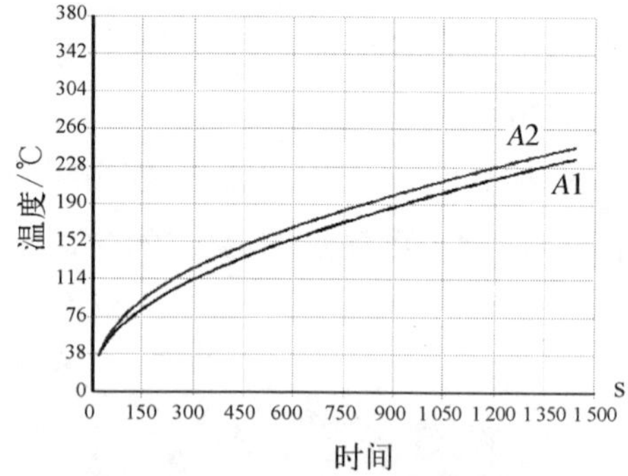

图 7.27　A1、A2 温升曲线图

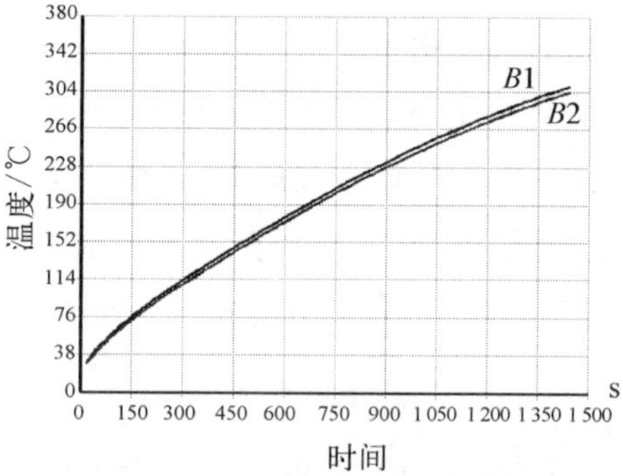

图 7.28　B1、B2 温升曲线图

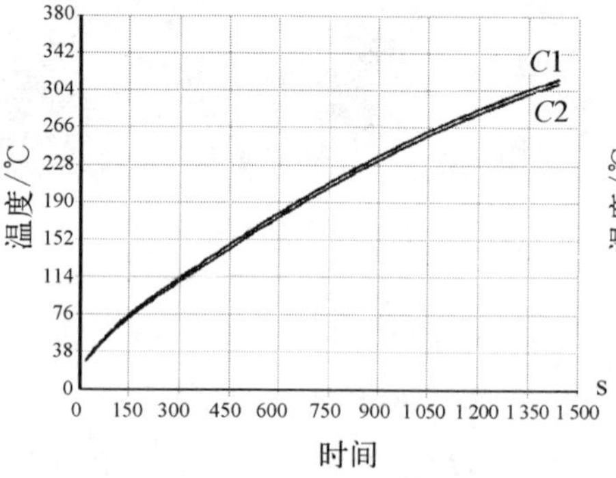

图 7.29　C1、C2 温升曲线图

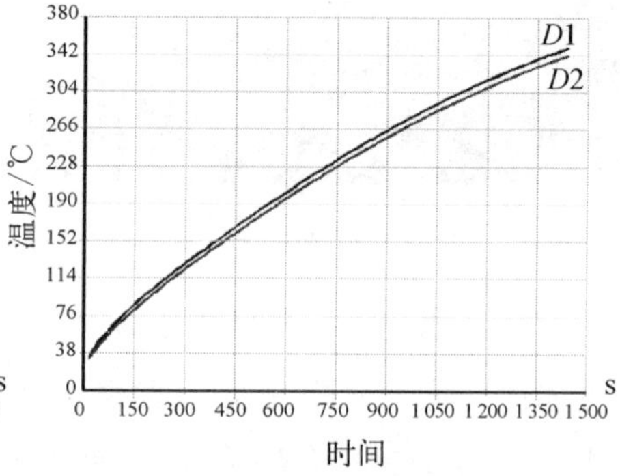

图 7.30　D1、D2 温升曲线图

由图 7.27～图 7.30 可以看出，曲臂经 4 小时加热后在同一圆柱母线上的节点温度值相近，符合实际要求。在主轴孔内壁 A、B、C、D 处的 4 条圆柱母线上的温度逐渐升高，主要是因为随着 A、B、C、D 处的位置与曲柄销孔的距离逐渐增加，向曲柄销孔附近材料传导的热量逐渐减少。为了将仿真结果与试验数据进行比较，表 7.6 给出了图 7.26 所示各点的仿真值与试验温度值。从该表可以看出，两者在数值上比较接近，相互得到印证。

表 7.6　仿真结果与实验数据的比较　（℃）

	位置	温度 时间	1 h	2 h	3 h	4 h
仿真值	$A1$		122.8	168.3	204.7	236.2
	$B1$		126.6	200.7	262	309.7
	$C1$		127.1	203.6	267	315.8
	$D1$		144.2	228.8	297.5	349.1
实验值	$A1$		116	153	182	251
	$B1$		109	235	259	283
	$C1$		141	231	281	307
	$D1$		154	241	309	334

7.3　红套工艺的制定

根据工人经验及上述有限元分析的结果等相关材料制定的超大型曲轴红套工艺的主要内容如下：

（1）准备工序，包括检验曲臂和轴颈质量、探伤、计算红套垫块厚度尺寸、划 1# 缸曲臂的复套对准相位角度线及输出端角度对准线等工序。

（2）曲轴单套，曲轴半组合红套单套顺序是：输出端轴颈 $1a$ 轴颈套入 1# 曲臂 $1A$ 孔内，主轴颈 $2a$ 轴颈套入 2# 曲臂 $2A$ 孔内，主轴颈 $3a$ 轴颈套入 3# 曲臂 $3A$ 孔内，以此类推。将曲臂 F 端朝下放置在调整平台上，用水平仪校对曲臂 A 端平面 x、y 方向水平。

（3）用中频加热器加热曲臂 A 端红套孔，加热期间每隔一小时用测温仪测量曲拐上各测点的温度并做记录。

(4) 按单套顺序,将对应轴颈用葫芦及吊具吊起,将待套的红套轴颈朝下,并用水平仪校对轴颈端面两垂直方向的水平。

(5) 待曲臂红套孔附近各测点温度都达到要求时,用孔径卡棒在不同方向上多次测量加热后的红套孔直径,确保红套孔最小孔径大于卡棒尺寸。

(6) 再次用水平仪校对曲臂 A 端平面 x、y 方向水平,并彻底清洁曲臂红套孔内的毛刺及加热污垢。

(7) 用葫芦匀速缓慢地将轴颈套入红套孔内约 5～10 mm 深,保证轴颈红套部位外圆与红套孔间隙在各处基本均匀。

(8) 用葫芦匀速缓慢地将轴颈套入红套孔内至距垫块约 1～2 mm 处。要求 x 方向两侧间隙基本相同,y 方向靠近曲柄销侧的间隙比另一侧小 0.1～0.2 mm。

(9) 用葫芦将轴颈完全套入红套孔内。

(10) 使用测温仪测量红套孔附近的温度,待曲臂冷却至一定温度以下,方可使用钢丝绳吊离红套平台。

(11) 用砂轮片打磨红套后的曲臂的加热痕迹。其余的曲拐按上述步骤重复进行套合。

(12) 曲轴复套,输出端法兰朝下放置在液压平台上,工人操作平台上升到最上面一个曲拐的位置,用中频加热最上面的红套孔,加热完后打磨、去污,在待套的曲拐——主轴颈部件(单套的产物)上安装配置,用行车和吊具将该部件吊起来,缓慢将轴颈套入红套孔内约 5～10 mm 深,保证轴颈红套部位外圆与红套孔间隙在各处基本均匀。选择合适垫块,将垫块贴住轴颈均匀放置在红套孔边缘。用行车匀速缓慢地将轴颈套入红套孔内至距垫块约 1～2 mm 处。转动部件使轴颈上划的线和曲拐上划的线对齐,用葫芦将轴颈完全套入红套孔内,如果轴颈上划的线和曲拐上划的线没有齐,可用铜锤敲击上部曲拐来修正对齐误差。

(13) 整根曲轴复套后,用砂轮片打磨曲臂外表,除掉加热痕迹。按 $2^{\#}$～$6^{\#}$ 缸相位线工艺图分别在各曲臂的内开档处打 $\Phi15\times5$ mm 的锥孔。

7.4 本章小结

通过建立曲轴红套系统的有限元模型,进行电磁-热耦合分析、热-结构耦合分析得到曲轴中频加热的热膨胀模型、冷却收缩模型，然后依据有限元仿真分析的结果，制定了优化的超大型船用曲轴的红套工艺，优化后的红套工艺能使红套后的曲轴满足挠度、各档长度的要求。

参 考 文 献

[1] 邱俊，闫晓伟. 船用柴油机的现状和发展趋势[J]. 船电技术，2011，33(6)：49－59.

[2] 王海燕，张均东，曾鸿. 大型低速柴油机工作过程建模与仿真[J]. 大连海事大学学报，2006，32(2)：1－4.

[3] 吴金源，王德银等. 船用柴油机产业发展研究[J]. 柴油机，2009，31(5)：1－5.

[4] 吴校明. 基于MARPOL73/78附则的船用柴油机排放控制研究[D]. 上海：上海海事大学，2006.

[5] 庄重. 基于IMO附则的船舶柴油机 NO_X 排放研究[D]. 上海：上海海事大学，2006.

[6] Georg Tinschmann，Dirk Thum. Sailing towards IMO Tier Ⅲ Exhaust after Treatment Versus Engine-internal Technologies for Medium Speed Diesel Engines[C]. CIMAC，2010，paper No. 274.

[7] OKUDE Keiichi，MORI Kazutoshi，SHIINO Shiroh，et al. Effects of Multiple Injections on Diesel Emission and Combustion Characteristics [R]. SAE Paper，2007，01－4178.

[8] 谢荣. 船用柴油机电控共轨喷油技术开发的关键技术[J]. 船舶工程，2009，31(5)：17－19.

[9] HYUN Kyu-Suh. Investigations of Multiple Injection Strategies for the Improvement of Combustion and Exhaust Emissions Characteristics in a Low Compression Ratio (CR) Engine [J]. Appl Energy，2011，88(3)：5013－5019.

[10] Thurnheer T，Edenhause D，Soltic P，et al. Experimental

Investigation on Different Injection Strategies in a Heavy Duty Diesel Engine: Emissions and Loss Analysis [J]. Energy Conver and Manage,2011,52(2):457－467.

[11] 柴油机设计手册编辑委员会. 柴油机设计手册(上册)[M]. 北京:中国农业机械出版社,1984.

[12] 唐开元,欧阳光耀. 高等内燃机学[M]. 北京:国防工业出版社,2008.

[13] Guagliano, M. Vergani, L. Simplified Approach to Crack Growth Prediction in a Crankshaft[J]. Fatigue and Fracture of Engineering Materials&Structures. 1994,17(11):295－306.

[14] 黄幼林. 基于虚拟样机的某 V16 柴油机轴系动力学仿真分析[D]. 中北大学, 2012.

[15] 陈亮,宋希庚,明章杰等. 基于有限元和多体动力学的柴油机曲轴动态强度与冲击响应分析[J]. 振动与冲击, 2008, 27(11):186－189.

[16] 薛继凯,于学兵,陈亮等. 基于有限元和多体动力学的柴油机曲轴强度与应力分析[J]. 振动与冲击, 2011, 33(5):36－38.

[17] 郝志勇,林琼,段秀兵等. 曲轴系统动力学特性的数字化仿真与实验研究[J]. 内燃机工程, 2006, 27(1):38－40.

[18] 赵小勇,孙军,刘利平等. 不同工况下内燃机曲轴轴承的润滑性能[J]. 内燃机学报, 2011, 29(4):348－354.

[19] 何芝仙,干洪,韩后祥. 具有裂纹的曲轴-轴承系统动力学与摩擦学耦合分析[J]. 内燃机学报, 2013, 31(1):90－95.

[20] Yasin Yilmaz, Gunay Anlas. An investigation of the effect of counterweight configuration on main bearing laod and crankshaft bending stress[J]. Advances in Engineering Software, 2009(40):95－104.

[21] 郝志勇,王东华. 多缸机曲轴连续梁计算法的改进[J]. 内燃机学报, 1984, 2(3):263－280.

[22] 施兴之,石金,李杨. 连续梁法计算曲轴应力的研究[J]. 内燃机学报, 1989, 19(2):169－176.

[23] 孙军,桂长林,李震. 内燃机曲轴强度研究的现状、讨论与展望[J]. 内燃机学报,2002, 20(2):179－184.

[24] 王良国，胡德波. 368Q 型发动机曲轴疲劳强度有限元分析[J]. 内燃机学报，2000，18(3)：270 - 274.

[25] 武秀根，郑百林，杨青等. 疲劳累积损伤理论在曲轴疲劳分析中的应用[J]. 同济大学学报(自然科学版)，2008，36(5)：655 - 658.

[26] 张国庆，黄伯超，浦耿强等. 基于动力学仿真和有限元分析的曲轴疲劳寿命计算[J]. 内燃机学报，2006，27(1)：41 - 44.

[27] 姚寿广，冯祥，孙世芳等. 基于有限元方法的 16PA6STC 柴油机曲轴疲劳强度分析[J]. 船海工程，2010，39(5)：79 - 83.

[28] 于洪亮，于功志，段树林等. 船舶柴油机曲轴动态强度分析[J]. 船海工程，2012，41(5)：129 - 131.

[29] 张俊红，程晓鸣，郑勇. 柴油机曲轴动态疲劳强度分析[J]. 拖拉机与农用运输车，2005(6)：66 - 68.

[30] 武秀根，郑百林，杨青等. 柴油机曲轴的多柔体动力学仿真及疲劳分析[J]. 拖拉机与农用运输车，2007，16(2)：1 - 4.

[31] 黄映云，高浩鹏，刘鹏等. 基于多体动力学的柴油机曲轴疲劳强度与寿命分析[J]. 海军工程大学学报，2012，24(5)：54 - 57.

[32] Gul Cevik，Riza Gurbuz. Evaluation of fatigue performance of a fillet rolled diesel engine crankshaft[J]. Engineering Failure Analysis，2013(27)：250 - 261.

[33] M. Fonte，M. de Freitas. Marine main engine crankshaft failure analysis：A case study[J]. Engineering Failure Analysis，2009(16)：1940 - 1947.

[34] 张军昌. 柴油-甲醇双燃料发动机实验研究[D]. 西北农林科技大学硕士学位论文，2004：2 - 4.

[35] 王磊，钮大炜，王积英等. 浅谈如何应对石油能源危机对策[J]. 应用能源技术，2008(8)：4 - 6.

[36] 靖海国. 船用双燃料发动机特性研究[D]. 哈尔滨工程大学硕士学位论文，2011：1 - 3.

[37] 李建基. 全球气候变暖与温室气体排放[J]. 上海电力，2009(1)59 - 62.

[38] 余育聪. 船舶柴油机氮氧化物的排放控制与检验[J]. 交通节能环保，2008(1)：8 - 10.

[39] 郭振华. 大功率用柴油机 NO_X 排放测试计算机预测方法研究[D]. 大连理工大学硕士学位论文，2002：2－3.

[40] 周龙保. 内燃机学[M]. 北京：机械工业出版社. 2010，2016.

[41] Zongying Gao，Jiayi Du，Bifeng Yin. Fuel Injection System to Meet Future Requirements for Large Diesel Engines[C]. CIMAC Congress，Shanghai 2013.

[42] Martin Stoecki，Peter Affolter，Durability and Long-term Stability of Electronic Fuel Injection Systems for Diesel，HFO and Gas engines [C]. CIMAC Congress，Vienna 2007.

[43] Dipl.-Ing. J. Seebode，Dr. Ing. habil G. P. Merker，Heiko Lettmann. Injection Strategies under The Influence of Pressure Modulation and Free Rate Shaping in Modern DI-Diesel Engines[C]. CIMAC Congress，Kyoto 2004.

[44] 陈瑞兴. 船舶柴油机设计[M]. 国防工业出版社，1980.

[45] 李奉香，黄政. 大型低速柴油机曲柄连杆机构的虚拟装配与运动仿真[J]. 武汉船舶职业技术学院学报，2014，13(2)：33－37.

[46] 翟琳阳. 论 V 型柴油机整铸机体的生产工艺[J]. 中国铸造装备与技术，2014(2)：16－19.

[47] 梁艳成，程泊静，黄锦成，等. 柴油机体结构有限元模态分析和模态测试[J]. 装备制造技术，2014，5：2.

[48] 刘家满，蒋文虎，王志宇，等. 柴油机机械开发概述[J]. 柴油机，2014(1)：47－49.

[49] 苏志兵，黄豪中，王雪强，等. 柴油机机体模态分析与试验验证[J]. 内燃机，2014(2).

[50] 汪立志，史红军，雷伟. 船用低速柴油机机座机架焊接检验案例分析[J]. 柴油机，2014，36(3)：48－51.

[51] 马帅，林刚毅，邓健星. W6 X35 型船用低速柴油机的研制[J]. 船海工程，2014，4：33.

[52] 刘啸波，任慧龙，李陈峰. 世界及我国船用低速柴油机行业发展研究[J]. 船舶工程，2013(1)：2.

[53] 邢正双. 基于多体动力学的柴油机机体结构强度分析[D]. 昆明理工大

学，2010.

[54] 张博雄. 6S50MC－C 柴油机主要固定件有限元动力分析[D]. 大连海事大学，2012.

[55] 李欣，左正兴，覃文洁，刘海燕. 某 V 型柴油机机体瞬态动力学分析与疲劳寿命预测[J]. 内燃机工程，2014，03：100－105.

[56] Nenad Vulić. Fatigue Strength Assessment of Marine Four-stroke Diesel Engines Crankshafts[J]. Naše more, Journal of marine science and technology，2003，503：78－85.

[57] V. Hansen，J. F. Olesen，H. Agerskov. An Investigation on the Influence of Root Defects on the Fatigue Life of the Welded Structure of a Large Two-Stroke Diesel Engine[J]. Welding in the World，2004，485.

[58] 邓兆祥，胡玉梅，王欣等. N485 柴油机连杆静强度有限元分析[J]. 内燃机，2001，(6)：12－15.

[59] 王银燕，张鹏奇，王善等. 柴油机连杆杆身疲劳强度可靠性分析[J]. 哈尔滨工程大学学报，2001，22(1)：67－71.

[60] Luo Yongyao，Wang Zhengwei，Zeng Jidi etc. Fatigue of piston rod caused by unsteady, unbalanced, unsynchronized blade torques in a Kaplan turbine [J]. Engineering failure analysis. 2010，17(1)：192－199.

[61] S. Griza，F. Bertoni，G. Zanon et al. Fatigue in engine connecting rod bolt due to forming laps[J]. Engineering failure analysis. 2009，16(5)：1542－1548.

[62] 陈渊博，郝志勇，张焕宇等. 基于弯曲疲劳试验的柴油机曲轴疲劳寿命分析及改进[J]. 内燃机工程. 2011，32(1)：75－78.

[63] 李燕，袁志华，曾俊华等. 基于 ABAQUS 的 4V－105 柴油机连杆有限元分析[J]. 机械传动. 2010，34(8)：39－42.

[64] 马斌. 柴油机连杆的动态应力分析及优化设计[J]. 机械设计. 2012，29(4)：59－62.

[65] Mourelatos ZP. Anefficient crankshaft dynamic analysis using substructureing with ritz vectors[J]. Journal of Sound and Vibration. 2000，238(3)：495－527.

[66] 郝志勇,林琼,段秀兵等.曲轴系统动力学特性的数字化仿真与试验研究[J].内燃机工程.2006,27(1):38-40.
[67] 余云岚,张坚.我国船用低速大功率柴油机曲轴制造技术的发展[C].第五届长三角地区船舶工业发展论坛论文集.2009:35-36,37.
[68] 冯明志,吴惠忠.船舶大功率柴油机的发展与技术创新[J].柴油机.2007,(02):14-16.
[69] 王文军.日、韩、欧造船业发展战略对比[J].船舶经济贸易.2004,(2):2-3.
[70] 张澄宇,赵大利.中国船舶配套业现状及其发展方向[J].船舶工程.2005,27(1):1-2.
[71] 薛忠海.为创建世界第一造船大国多做贡献[J].船海工程.2004,(1):47-49.
[72] 龙立创,陈清.过盈连接装配工艺在设备检修中的应用[J].矿业快报.2002,19:15-16.
[73] 刘勇.半组合曲轴红套滑移后的修复[C].第九届全国内河船舶及航运技术学术交流会论文集.2004:63-64.
[74] 王旭阳.钢板感应加热及热弹塑性变形的数值模拟研究[D].大连理工大学硕士学位论文.2004.
[75] 陈兵芽,刘莹.石蜡驱动器感应加热耦合场的数值模拟[J].制造技术与机床,2008,10(2):91-94,96-97.
[76] 孙凤胜.钢板感应加热局部有限元及实验回归分析[D].大连:大连理工大学硕士学位论文.2005:2-3.
[77] 沈庆通.感应加热进展50年[J].机械工人——行业聚焦.2006,7:36-40.
[78] 周瑞.涡轮增压柴油机建模与仿真的研究[D].哈尔滨:哈尔滨工业大学,2005.
[79] 唐娟,任东军,张成涛等.内燃机燃烧技术的研究现状及发展[J].内燃机与动力装置,2009,(2):1-7.
[80] 田建华.内燃机行业创业机会分析[D].复旦大学,2003.
[81] 潘铁驹.引汽燃烧对柴油机性能的影响[D].上海:同济大学,2002.
[82] 杨树森.柴油机活塞头在机械负荷与热负荷作用下的有限元分析[D].

上海：大连海事大学，2009.
［83］ 吕彩琴，苏铁熊，赵振峰，等. 柴油机活塞在复杂载荷条件下的强度研究［J］. 车辆与动力技术，2009，(2)：31－36.
［84］ 赵宏国. 内燃机燃烧室部件耦合传热仿真研究［D］. 大连：大连理工大学，2007.
［85］ 孙平，张玲，王为成等. 柴油机活塞热负荷的试验研究及其有限元分析［J］. 小型内燃机与摩托车，2008，37(3)：59－62.
［86］ 谢文尚. 2120 柴油机活塞热负荷有限元分析［D］. 广西大学，2011.
［87］ 陈霄. 船用柴油机活塞瞬态温度场与应力场三维有限元分析［D］. 哈尔滨工程大学，2013.
［88］ 夏倩. 柴油机主要零部件的有限元分析与试验研究［D］. 武汉理工大学，2006.
［89］ 何屹. 活塞在温度和机械载荷作用下的有限元分析［D］. 大连海事大学，2007.
［90］ 王忠瑜. 活塞的传热和热强度研究［D］. 重庆大学，2002.